ren
Ägypten
Sudan
schad
Eritrea
Dschibuti
Ethiopien
Südsudan
tralafrikanische
Republik
Somalia
Uganda
Kenia
Demokratische
Republik Kongo
Ruanda
Burundi
Tansania
Sambia
Malawi
ngola
Komoren
Mosambik

ISSIO EHRICH

Putsch

Issio Ehrich

PUTSCH

Der Aufstand gegen
Europas Kolonialismus
in Afrika

QUADRIGA

NACHHALTIG PRODUZIERT

Die Bastei Lübbe AG verfolgt eine nachhaltige Buchproduktion. Wir verwenden Papiere aus nachhaltiger Forstwirtschaft und verzichten darauf, Bücher einzeln in Folie zu verpacken. Wir stellen unsere Bücher in Deutschland und Europa (EU) her und arbeiten mit den Druckereien kontinuierlich an einer positiven Ökobilanz.

FSC www.fsc.org MIX Papier | Fördert gute Waldnutzung FSC® C014496

Originalausgabe

Textredaktion: Verena Schmitt-Roschmann
Umschlaggestaltung: Johannes Wiebel | punchdesign, München
Umschlagmotiv: ©Issio Ehrich
Fotostrecke: © Issio Ehrich
Satz: two-up, Düsseldorf
Gesetzt aus der Adobe Text
Druck und Verarbeitung: GGP Media GmbH, Pößneck

Printed in Germany
ISBN 978-3-86995-148-5

1 3 5 4 2

Titelbild: Tausende Menschen versammeln sich am 2. September 2023 vor der französischen Militärbasis in Niamey, der Hauptstadt Nigers. Sie brüllen »À bas la France«, »Nieder mit Frankreich«. Die Demonstrierenden fordern, dass die einstige Kolonialmacht ihre Soldaten aus dem Land in Westafrika abzieht. Ein Mann ragt aus der Menge heraus. Sein Körper ist in eine Tarnweste gehüllt, sein Gesicht in Tarnfarben bemalt. Er hisst die nigrische Flagge. Auch er schreit. Der Mann wirkt wie die Galionsfigur eines Aufstands. Einer Revolte mit dem Ziel, die Unabhängigkeit Nigers zu erkämpfen – zur Not mit Hilfe des nigrischen Militärs.

INHALT

EINLEITUNG

Soldaten, die Präsidenten stürzen. Nirgends geschah das so oft wie in Afrika. Seit der Mitte des vergangenen Jahrhunderts kam es zu mehr als 100 Putschen auf dem Kontinent[1]. In den ersten Jahrzehnten, nach denen die Staaten ihre Unabhängigkeit von ihren früheren Kolonialmächten erklärt hatten, in den 1960er-, 1970er- und 1980er-Jahren, gehörte der gewaltvolle Griff nach der Macht durch das Militär fast schon zum politischen Alltag.

Menschen auf dem Kontinent fragten sich, ob ihre jungen Demokratien auf dem richtigen Weg seien, ob sie bald Stabilität und Rechtsstaatlichkeit genießen könnten und in größerem Wohlstand leben würden. Vielleicht eines Tages gar wie ihre Nachbarn in Europa. Es gab Zweifel und Hoffnung. In den 1990er-Jahren schien sich die Hoffnung durchzusetzen[2].

In vielen afrikanischen Staaten ging es von der Mitte der 1990er-Jahre an wirtschaftlich voran[3]. Mehrere Staaten zählten bald gar zu den am schnellsten wachsenden Volkswirtschaften der Welt. Weniger Hunger, weniger Kriege. Mehr Einschulungen, erfolgreiche Impfkampagnen und eine bessere medizinische Versorgung. Und: immer häufiger Wahlen in Mehrparteiensystemen. Es gab einen zarten Aufwärtstrend.

In diesem etwas sanfteren sozialen Klima nahm mit der Jahrtausendwende auch die Zahl der Staatsstreiche ab. Die Epoche der Coups d'État, der Putsche, sie schien überwunden. Doch das war sie nicht.

In der Sahelzone, dem Übergang der Sahara-Wüste im Norden in die Savannen weiter im Süden des Kontinents, entlud sich in den 2010er-Jahren Gewalt in einem bis dahin ungekannten Ausmaß. Islamistische Terroristen verübten nicht nur vereinzelte Anschläge oder entführten Zivilisten, sie eroberten ganze Landstriche. Sie zwangen den Menschen die Scharia auf, das islamische Recht. Sie verboten Musik, sie pressten den Menschen die Zakat ab, eine religiöse Steuer. Wer sich den Dschihadisten widersetzte, musste sterben.

Die Sicherheitskräfte der Sahel-Staaten hatten der Gewalt wenig entgegenzusetzen. Auch die Hilfe ihrer Partner aus dem Ausland konnte sie nicht eindämmen. Mehr als 5.000 französische Soldaten waren im Sahel im Einsatz, mehr als 10.000 Blauhelme der Vereinten Nationen, darunter zeitweise bis zu 1.400 Angehörige der Bundeswehr allein in Mali. Hinzu kamen US-Kräfte samt einem Arsenal an modernen Drohnen. Doch sie alle verhinderten nicht, dass sich die Bedrohung der Dschihadisten von Mali nach Burkina Faso und Niger, zuletzt gar vom Zentrum der Sahelzone bis an den Golf von Guinea ausbreitete.

Die Zahl der Todesopfer der Gewalt stieg Jahr für Jahr. Ein blutiger Rekord nach dem anderen. Allein 2023 starben in der Region mehr als 13.000 Menschen in diesem Konflikt. Darunter fast 5.000 einfache Bürgerinnen und Bürger[4]. Die Sahelzone hat den Nahen Osten als Epizentrum des islamistischen Terrors abgelöst[5].

Die Gewalt der Dschihadisten ging einher mit organisierter Kriminalität. Phänomene, die einander oft ermöglichen und durchdringen. Der Drogen- und Waffenhandel florierte. Banden zogen durch den Sahel, sie nahmen sich, was sie wollten. Alte, teils ethnisch aufgeladene Konflikte um Ressourcen, die sich einst noch lokal eindämmen ließen, eskalierten.

Die Gewalt hatte viele Gründe. Sie nahm auch zu, weil die Menschen im Sahel mehrere Härten gleichzeitig trafen. Die Klimakrise erfasste die ohnehin von Dürren geplagte Sahelzone mit besonderer Wucht. Eine zu schnell wachsende Bevölkerung vergrößerte die Konkurrenz um immer weniger fruchtbaren und sicheren Boden. Eine vielschichtige Krise in einer der ärmsten Regionen der Welt.

Millionen von Menschen wurden zu Binnenvertriebenen. Regionen, die zuvor noch Touristen aus aller Welt angezogen hatten, waren plötzlich rote Zonen. Die Wirtschaft in den Sahel-Staaten kollabierte. Menschen hungerten. Einige verhungerten.

Die Staaten entwickelten sich rückwärts. Und niemand war da, um die Entwicklung aufzuhalten. Geschweige denn, ihre Wurzeln zu bekämpfen. Die Institutionen der Länder waren schwach, in weiten Teilen des Sahel kaum präsent. Dort, wo sie sich zeigten, verwalteten sie meist schlecht, waren korrupt, unfähig, unmotiviert. Auf die Probe gestellt, implodierten sie. Viele Menschen mussten fast ohne staatliche Strukturen allein zurechtkommen. Und sie fragten sich: Wie konnte es sein, dass ihre Sicherheitskräfte selbst mit der Hilfe der mächtigsten Armeen der Welt nicht in der Lage waren, die Gewalt zu stoppen? Wie konnte es sein, dass ihre Institutionen mehr als ein halbes Jahrhundert nach der Gründung der Staaten derart schwach geblieben waren? Ihre Wirtschaften so fragil, dass sie keine Krise überstanden, ohne Menschen in den Hungertod zu treiben? Etwas stimmte nicht, etwas Grundsätzliches. Da waren sie sich sicher.

Wut und Enttäuschung wuchsen. Vielen Menschen ahnten längst, dass ihnen in all den Jahren seit den Unabhängigkeitserklärungen 1960 etwas vorgemacht worden war. Waren sie das wirklich: unabhängig? Lebten sie wirklich in souveränen Staaten, in liberalen Demokratien, in denen das Wort der Bürgerinnen und Bürger etwas zählt? Wollten die Partner im Ausland ihnen wirklich helfen?

Etliche Menschen fühlten sich betrogen. Um ihre Chancen auf ein besseres Leben. Sie fühlten sich missbraucht von ihren Präsidenten, die, so sahen sie es, nur ihre eigenen Interessen im Sinn hatten. Von ihren früheren Kolonialherren fühlten sie sich ausgebeutet. Weil die gern über Demokratie und Rechtsstaatlichkeit sprachen, aber mit genau diesen zweifelhaften Präsidenten zusammenarbeiteten. Nicht um zu helfen, sondern um mit ihnen zusammen zu plündern.

Nicht wenige im Sahel glaubten, dass ihre Staaten Fassaden-Demokratien sind, die nur noch eines retten kann: ein radikaler Neuanfang. Oft gab es in der kurzen Geschichte nach den Unabhängigkeitserklärungen der Nationen schon Initiativen dafür. Am Willen und an den Ideen fehlte es nicht. Nur konnten sie sich nicht durchsetzen.

Plötzlich waren sie dann wieder da: die Soldaten, die Präsidenten stürzen. 2020 putschen Militärs in Mali. 2022 in Burkina Faso. 2023 in Niger. Weitere Putsche kamen hinzu.

Vom Atlantik im Westen bis zum Roten Meer im Osten des Kontinents ist ein Streifen Land entstanden, in dem Soldaten das Sagen haben. Rund 3.500 Kilometer ist dieser Streifen breit. Das weltweit längste zusammenhängende Territorium unter Militärherrschaft.

Die Soldaten, die im Zentrum der Sahelzone die Macht ergriffen, rechtfertigten ihre Staatsstreiche alle mit demselben Argument. Sie warfen ihren Präsidenten und deren Partnern aus dem Ausland vor, bei der vielleicht wichtigsten Aufgabe der Staatsführung zu versagen: der Sicherheit der Bürgerinnen und Bürger. Sie erklärten den Krieg gegen den Terror, den ihre Regierungen mit internationaler Hilfe führten, für gescheitert.

Doch mit den Putschen keimte in den Gesellschaften des Sahel etwas auf, das viel größer war als nur der Widerstand gegen eine gescheiterte Sicherheitspolitik. Es keimte etwas auf, das epochale Ausmaße annehmen könnte: der Mut der Menschen, ihre alten politischen Systeme zu zerstören, mit allen denkbaren Mitteln.

Nach den Putschen gingen in Mali, Burkina Faso und Niger Tausende auf die Straßen. Sie trauerten nicht um ihre gestürzten Staatschefs. Sie erklärten sie zum Feind. Und mit ihnen deren Partner in Europa, Männer wie Emmanuel Macron, den Präsidenten Frankreichs. Vor allem die Wut über die ehemalige Kolonialmacht war gewaltig. Doch vielen Menschen in der Region war bewusst, dass andere Staaten in Europa Frankreich im Sahel politisch hinterhertrotten. Auch Deutschland. Sie sahen, dass die vielen Milliarden Euro, die in den Bundeswehreinsatz in Mali flossen, letztlich verpufften. Dass weitere Milliarden, die mit der Entwicklungszusammenarbeit kamen, keinen entscheidenden Unterschied machten. Wie war das möglich?

Spätestens seit sich die Bundesregierung mit Verve dafür einsetzt, Migration nach Europa schon in Afrika zu stoppen, ist den Menschen auf dem Kontinent klar, dass auch Deutschland kein selbstloser Akteur in der Region ist, sondern Interessen hat und zu vielem bereit ist, um sie zu sichern. Wenn es sein muss, auch auf Kosten der Bürgerinnen und Bürger in der Region.

Nicht alle, aber viele Menschen im Sahel stellten sich demonstrativ hinter die Putschisten. Und sie forderten von ihnen nicht nur eine neue Sicherheitspolitik, sie erwarteten jenen radikalen Neuanfang, der sie endlich befreien sollte aus ihrer Lage. Ihr Ziel: das Ende der Fassaden-Demokratien, das Ende der ausbeuterischen Allianzen mit den früheren Kolonialmächten. Von vorn beginnen.

Die Wucht der Massen war groß. Die Soldaten mussten, ob sie es wollten oder nicht, das Schlagwort der »Souveränität«, der echten Unabhängigkeit ihrer Staaten, zum Schlachtruf ihrer Herrschaft machen. Eine Eskalationsspirale entstand. Die Menschen auf den Straßen stachelten die Soldaten an und die Soldaten die Menschen. Der Ruf dieser Bewegung hallte bis über die Sahelzone hinaus nach. Eine Ikone der Postkolonialen Theorien, der Historiker Achille Mbembe aus Kamerun, beschrieb die Serie der Coups d'État im Sahel als den nächsten großen Schritt in der Dekolonisierung Afrikas, als die Vollendung des Unabhängigwerdens. »Afrika tritt in eine neue historische Epoche ein«, sagt er[6].

Die neuen Militärherrscher im Sahel setzten die Forderungen vieler Afrikanerinnen und Afrikaner mit einer Radikalität um, die Beobachterinnen und Beobachter überraschte, nicht wenige erschreckte. Vor allem der Bruch der Junten mit dem sogenannten Westen verlief in einem bemerkenswerten Tempo. In Mali verschlechterten sich die Beziehungen zwischen der Militärregierung und einstigen Partnern so sehr, dass sich die Soldaten aus Frankreich und die Truppen der Vereinten Nationen gezwungen sahen abzuziehen. Zusammengenommen mehr als 15.000 Soldatinnen und Soldaten in kaum drei Jahren.

Die Junten in Mali, Burkina Faso und Niger erklärten ihren Austritt aus dem regionalen Bündnis Ecowas, dem sie nachsagen, vom Westen kontrolliert zu sein. Stattdessen gründeten sie eine Konföderation und vertieften ihre Beziehungen zu anderen Partnern. Zu Russland, wenn es um das Thema Sicherheit geht. Aber auch zu Nationen wie der

Türkei. Und nicht nur beim Thema Sicherheit fanden sie Alternativen zu Europa. Die Soldaten, die ihre Präsidenten gestürzt haben, glauben, dass auch in der Wirtschaftspolitik die Stunde für bessere Deals geschlagen hat. Ihr Griff nach der Macht fällt schließlich in eine Zeit, in der das globale Ringen um Einflusssphären an die Zeiten des Kalten Krieges erinnert. Die Generäle und Offiziere im Sahel erwarten, von allen umgarnt zu werden, jetzt, da ihre Länder nicht mehr klar an Europas Seite stehen.

Noch ist kaum abzusehen, wohin dieser Weg führt. Im Sommer 2024, am Ende der Recherche für dieses Buch, steckt die Region mitten in einem Prozess mit offenem Ausgang. Tag für Tag ändern sich die Dinge, immer wieder kommt es zu Ereignissen, die neue Lesarten ermöglichen. Handelt es sich bloß um einen Moment oder den Beginn einer Entwicklung? Sind die Geschehnisse Teil eines alten Prozesses oder ein historischer Bruch? Ein Bruch oder eine Entwicklung hin zu was? Der Boden, auf dem Prognosen jetzt fußen, ist in permanenter Bewegung.

Hinzu kommt: Mit jedem Tag wird es schwieriger, verlässliche Informationen aus der Region zu bekommen. Es gab nie viele anerkannte, unabhängige Quellen im Zentrum der Sahelzone. Nach den Putschen wurden sie noch seltener. Angesichts der schwierigen Sicherheitslage sind einige Landstriche für Journalistinnen und Journalisten, für Wissenschaftlerinnen und Wissenschaftler schon seit Jahren kaum noch zugänglich. Auch die eigentlich äußerst lebendige Zivilgesellschaft geriet unter Druck. Denn die Soldaten an der Macht bauten vehement ihre Herrschaft aus. Das Zentrum der Sahelzone entwickelt sich zu einer Black Box – zu einem Gebilde, über das es viele Annahmen gibt, aber wenig gesicherte Erkenntnisse.

Führen die Coups d'État am Ende zu noch mehr Unfreiheit und noch mehr Unterdrückung? Amnesty International und andere Menschenrechtsorganisationen beklagten zum ersten Jahrestag des Putsches in Niger ein hartes Vorgehen der Militärs gegen die Opposition, die Zivilgesellschaft und unabhängige Medien. Sie warfen den Generälen vor, politische Gegner zu inhaftieren und Regeln der Rechtsstaatlichkeit zu missachten. Versprechen zum Kampf gegen Korruption seien nicht eingelöst worden. Noch düsterer fällt das Urteil von Menschenrechtsorganisationen für Burkina Faso und Mali aus. Und trotzdem scheinen die Putschisten im Sahel Rückhalt in der Bevölkerung zu haben. In Mali, wo die Soldaten am längsten an der Macht sind, glauben die meisten Menschen Umfragen zufolge noch daran, dass ihr Staat auf dem richtigen Weg ist, dass Rückschritte bei der persönlichen Freiheit Teil des ersehnten Wandels sind[7]. Aus Burkina Faso und Niger gibt es keine vergleichbaren Befragungen. Doch nicht nur in Mali sagen die meisten Menschen, die man zufällig auf der Straße trifft, dass sie bereit sind, es darauf ankommen zu lassen. Sie lassen sich auf die Risiken ein, die von der Militärherrschaft ausgehen. Sie gehen mit bei der Wette auf einen besseren Deal im geopolitischen Gerangel. Dabei ist ein Satz immer wieder zu hören: »Wir haben ja nichts mehr zu verlieren.«

Als im Sahel ein Präsident nach dem anderen gestürzt wurde, dem Westen ein Partner nach dem anderen entglitt, begannen auch in Paris, Berlin und Brüssel Debatten darüber, welche Tragweite diese Entwicklungen haben könnten. Bei Mali, Burkina Faso und Niger handelt es sich schließlich um Schlüsselstaaten. Beim Thema Sicherheit, beim Thema Migration, beim Kampf gegen die Klimakrise. Als sicher gilt zudem: Die Bevölkerung des Kontinents wird global an Bedeutung gewinnen. Nicht zuletzt, weil sie so viel schneller wächst als die Europas. Schon jetzt ist von der »alten Welt« und dem »jungen Afrika« die Rede[8]. Kann den Europäerinnen und Europäern egal sein, was mehr als eine Milliarde Menschen auf ihrem Nachbarkontinent über Frankreich, Deutschland oder Belgien denken?

Lange wurden derartige Fragen vor allem unter Politikern und Experten diskutiert. Die breite Öffentlichkeit trieben sie selten um. Doch wenn der Historiker Mbembe recht behält, sollten sie das. Wenn die Serie der Coups d'État ein historischer Moment ist, wenn die Putsche tatsächlich ein weiterer Schritt in der Dekolonialisierung Afrikas sind, dann kann das nicht nur ein Schritt für Afrika sein.

Nach dem Putsch in Niger im Juli 2023 entstand ein kurzes Zeitfenster, in dem die Sahelzone Schlagzeilen in Europa machte und tatsächlich auch die breitere Öffentlichkeit beschäftigte. Wieder ein gestürzter Präsident, wieder Tausende Afrikanerinnen und Afrikaner, die Putschisten bejubeln. Wieder ein Militärregime, das sich gegen seine alten Partner im Ausland wendet. Für die meisten Menschen in Europa sah es so aus, als würde in Afrika das westliche Modell der liberalen Demokratie feierlich zu Grabe getragen. Redaktionen und ihre Leser ahnten vielleicht, dass dort etwas Großes geschieht. Doch die Aufmerksamkeit der Menschen hielt nur ein paar Wochen an. Und die Debatte kreiste in dieser Zeit vor allem um eine Frage: Steckt Russland hinter den Putschen und dem Aufbegehren der Massen? Ist die Serie der Coups d'État bloß ein Propaganda-Erfolg Wladimir Putins, des russischen Präsidenten?

Während viele Europäerinnen und Europäer Afrika lange nur als Faktor im bis zur Obsession diskutierten Thema Migration wahrgenommen hatten, sahen sie die Entwicklungen im Sahel nun vor allem als Facette eines neuen Ost-West-Konfliktes. Und dann dominierten wieder andere

Themen die Nachrichten. Der Krieg in der Ukraine, der im Nahen Osten. Schnell machten die meisten Menschen in Europa weiter, als wäre nichts gewesen, als wäre in Afrika wieder alles in gewohnter Ordnung. Oder in gewohnter Unordnung. Afrika hat schließlich den Ruf, ein Kontinent in permanenter Krise zu sein.

Haben sich die Menschen in Europa in diesem kurzen Zeitfenster die Frage gestellt, worum es den Afrikanerinnen und Afrikanern geht? Haben sie darüber nachgedacht, ob die einstigen Kolonialherren wirklich nur so getan haben, als würden sie ihre früheren Besitztümer »in die Unabhängigkeit entlassen«? Haben die Europäerinnen und Europäer innegehalten, um zu prüfen, ob sie sich vielleicht selbst etwas vormachen? Interessierte sie das überhaupt?

Zu Beginn des 21. Jahrhunderts unterscheidet sich der Blick der Menschen in Europa und Afrika mitunter grundlegend, der Blick auf die Welt und auf sich selbst. Das gilt, obwohl sich die Kontinente eigentlich so nah sind, obwohl sie eine lange gemeinsame Geschichte verbindet. Noch ist nicht absehbar, ob diese Entfremdung fortschreitet. In Deutschland lösten die Putsche und die Proteste Tausender Afrikanerinnen und Afrikaner teils Unverständnis aus. Und Abwehrreaktionen. Die vom Militär gestürzten Präsidenten galten in der europäischen Politik als legitime Staatschefs, die neuen Machthaber als suspekt. Immer wieder war die Rede von Desinformationskampagnen angesichts der antikolonialen Stimmung, von fehlgeleiteten Massen, von Populismus. Doch so einfach ist das nicht.

Die Menschen, die da in Afrika auf die Straßen gehen, haben viele Argumente auf ihrer Seite, wenn sie von Fassaden-Demokratien in ihren Heimatländern und ausbeuterischen Allianzen mit Politikern in Europa sprechen. Sie haben auch Argumente auf ihrer Seite, wenn sie eine gescheiterte Sicherheitspolitik beklagen oder eine Entwicklungszusammenarbeit, die kaum greifbare Erfolge vorweisen kann. Viele äußern harsche Kritik, doch gelingt es den allermeisten trotzdem, sehr klar zu differenzieren: Ihre Wut richtet sich nicht gegen Franzosen, Deutsche oder Belgier, nicht gegen Individuen. Sie richtet sich gegen die Politik von Regierungen. Ihr Zorn gilt alten Strukturen, die bis in die Gegenwart reichen. Sie sind empört über eine dominierende Geschichtsschreibung, in der Afrikanerinnen und Afrikaner kaum ein Mitspracherecht hatten.

Es gibt auch gute Gegenargumente. Doch in Europa war in den vergangenen Jahren nur selten die Bereitschaft zu erkennen, den Menschen in Afrika überhaupt richtig zuzuhören. Das hätte bedeutet, die Kritik am Status quo nicht gleich abzuschmettern, um das eigene Welt- und Selbstbild zu wahren. Einen Perspektivwechsel wagten die wenigsten – also den Versuch, die Dinge aus der Sicht von Menschen in Mali, Burkina Faso oder Niger zu betrachten.

Frankreich hat sich in großen Teilen der Bevölkerungen im Sahel auf absehbare Zeit als Partner disqualifiziert. Zu verwoben ist die gemeinsame, schmerzhafte und mitunter blutige Geschichte. Für Deutschland aber ist es womöglich noch nicht zu spät. Bis heute sprechen Menschen in Mali davon, dass es die Bundesrepublik war, die ihre Unabhängigkeit 1960 als erster Staat offiziell anerkannt hat. Bis heute gibt es vieles an Deutschland, was sie bewundernswert finden. Nur schwindet dieses Image. Mehr denn je sehen Afrikanerinnen und Afrikaner auch in Deutschlands Politik Doppelzüngigkeit und Bigotterie.

DIE HINRICHTUNG EMMANUEL MACRONS

An einem schwülen Nachmittag am Ende der Regenzeit schlachten Demonstranten Emmanuel und Brigitte Macron. Die Männer zerren ihre Opfer eine Schneise entlang, über feuchten Asphalt, matschigen Sand, durch Pfützen hindurch. Auf der Linken der Männer: die französische Militärbasis in Niamey, der Hauptstadt Nigers. Ein Bollwerk mit mehreren Sicherungslinien. Erst dicke hellbraune Pfeiler mit blau gestrichenen Gittern dazwischen, dann Sandsäcke und Stacheldraht. Auf ihrer Rechten: Absperrgitter. Dahinter Tausende Nigrerinnen und Nigrer. Eine dicht gedrängte, schwitzende Menge. »À bas la France«, brüllen die Menschen dort. »Nieder mit Frankreich.«

Einer der Männer in der Schneise hat Emmanuel Macron in eine französische Flagge gewickelt und ihm eine Schlinge um den Hals geschlungen. Daran hält er ihn fest, verhindert, dass er wegrennt. Ein anderer hat Brigitte Macron mit blauer, weißer und roter Farbe bemalt. Er trägt sie auf seinen Armen die Schneise entlang.

Die Männer nehmen sich Zeit mit der Hinrichtung. Sie zücken dicke Küchenmesser, setzen sie an die Kehlen ihrer Opfer an. So verharren sie einen Augenblick, blicken erwartungsvoll um sich. Nach ein paar Sekunden lassen sie die Messer wieder sinken. Sie spielen mit den Erwartungen der Menge auf der anderen Seite der Absperrgitter, sie zelebrieren ihre Macht.

Als sich, es ist schon mehr als eine halbe Stunde vergangen, das Blut Emmanuel Macrons auf den sandig-matschigen Boden Niameys ergießt, lärmen die Massen wieder: »À bas la France.«

Es ist der 2. September 2023. Emmanuel Macron ist eine Ziege, von den Demonstrierenden auf den Namen des französischen Präsidenten getauft. Brigitte Macron ist ein Huhn, das den Namen der Präsidentengattin trägt. Die symbolische Hinrichtung ist der makabre Höhepunkt eines Kräftemessens zwischen der Bevölkerung eines afrikanischen Staates und seiner früheren Kolonialmacht.

Ein paar Wochen zuvor, am 26. Juli 2023, hat es einen Putsch in Niger gegeben. Der Präsident des Staates, der enge Beziehungen zu Frankreich gepflegt hatte, wurde gestürzt. Von seiner eigenen Präsidentengarde. Seither regieren Soldaten das Land. Und die versprechen, alles anders zu machen als die Politiker vor ihnen. Die Soldaten behaupten, dass korrupte nigrische Eliten einen faulen Pakt mit Frankreich geschlossen hätten. Sie sagen, dass der Kolonialismus in Afrika deshalb nie aufgehört habe. Und sie versprechen, den Bürgerinnen und Bürgern ihres Landes nun echte Unabhängigkeit zu bringen. »La souveraineté«.

Kaum an der Spitze des Staates, forderten die neuen Machthaber die Ausreise des französischen Botschafters und den Abzug der rund 1.500 Soldaten, die Frankreich in Niger stationiert hat. Doch Paris weigerte sich. Emmanuel Macron erkannte die Militärregierung nicht an. Er forderte die sofortige Rückkehr seines gestürzten nigrischen Amtskollegen auf seinen Posten.

Der Protest an jenem 2. September 2023 ist bis dahin vielleicht die größte in einer ganzen Serie von Massenkundgebungen. In nigrischen Sicherheitskreisen ist von 500.000 bis 600.000 Teilnehmern die Rede. In Medienberichten von

»Zehntausenden«. Die Menschen stehen so gedrängt und über ein so unübersichtliches Areal verteilt, dass verlässliche Schätzungen kaum möglich sind. Aber eines ist sicher: Die Bürgerinnen und Bürger, die gekommen sind, eint ein Ziel. Sie wollen aller Welt zeigen, dass große Teile der Bevölkerung hinter den Soldaten stehen. Nicht hinter dem gestürzten Präsidenten. Und schon gar nicht hinter der früheren Kolonialmacht Frankreich.

Der Protest ist womöglich ein entscheidender Faktor dafür, dass die Nigrerinnen und Nigrer das Kräftemessen mit Frankreich für sich entscheiden werden. Die Menschen hinter den Absperrgittern wirken derart aufgepeitscht, dass ein Sturm der französischen Militärbasis nicht mehr auszuschließen ist. Zurückgehalten werden sie nur von nigrischen Sicherheitskräften. Nur wie lange noch? Was, wenn die Junta die Sicherheitsleute abziehen lässt?

Die französische Botschaft in Niamey wurde kurz nach dem Coup von Demonstrierenden angegriffen. Sie schlugen Fenster ein, versuchten, das Gebäude in Brand zu stecken. Sie konnten nur durch den Einsatz von Tränengas davon abgehalten werden. Macron erklärte, dass der französische Botschafter praktisch eine »Geisel« auf dem Komplex sei. »Sie verhindern Lebensmittellieferungen. Er isst Militärrationen«, sagte Macron. Paris warnte, dass ein Angriff auf französische Staatsbürger oder französische Einrichtungen in Niger »sofort und unnachgiebig« vergolten würde. Was wären das für Bilder, wenn französische Soldaten zum Schutz ihrer Militärbasis auf Zivilisten schießen müssten?

Nur ein paar Tage nach jenem schwülen Nachmittag am Ende der Regenzeit werden Demonstrierende auch an der Militärbasis die Lebensmittellieferungen blockieren und den Abtransport von Abwassertanks verhindern. Das behaupten sie zumindest. Noch ehe der Monat September endet, werden sie am Ziel sein: Emmanuel Macron wird nachgeben, den Abzug seines Botschafters und seiner Soldaten verkünden. Die französischen Militärs und der Diplomat werden kaum drei Monate später das Land verlassen haben und mit ihnen etliche französische Unternehmer. Die, so der Vorwurf der Protestierenden, hätten viel Geld mit Geschäften in dem afrikanischen Land verdient. Milliarden, von denen die meisten Nigrerinnen und Nigrer keinen Cent abbekommen hätten.

In jenen Tagen im September geht es um einen Konflikt mit historischen Dimensionen. Und es geht um mehr als den Kampf der Bevölkerung eines afrikanischen Staates gegen seine frühere Kolonialmacht. Die Bevölkerung Nigers ist nur eine von vielen, die aufbegehrt. Eine ganze Region ist in offener Revolte gegen Frankreich: die Sahelzone.

Das arabische Wort »Sahel« bedeutet ins Deutsche übersetzt »Küste« oder »Ufer der Wüste«. Es beschreibt den halbtrockenen Landstrich südlich der Sahara, den Übergang in die Savannen. Er verläuft quer über den gesamten Kontinent. Auch Mali gehört dazu. Schon 2020 stürzten dort Soldaten einen Präsidenten, der enge Beziehungen zu Frankreich pflegte. Auch die Bürgerinnen und Bürger Malis bejubelten den Putsch und forderten einen politischen Neuanfang. Die Beziehungen zwischen der malischen Junta und Paris verschlechterten sich rasant. Die französischen Soldaten zogen ab. 2022 wiederholten sich die Ereignisse in Burkina Faso nach ähnlichem Muster. Putsch und antifranzösische Proteste, erzwungener Abzug französischer Soldaten. Und jetzt auch noch Niger, ein Land, das als »letzte Bastion« Frankreichs im Zentrum der Sahelzone beschrieben wurde.

Eine zweite Gruppe marschiert bei dem Protest am 2. September die Schneise zwischen Militärbasis und Menschenmenge entlang. Die Männer tragen einen Sarg auf ihren Schultern. Sie haben ihn aus Pappkartons gebaut und in eine französische Flagge gehüllt. Am Kopfende des Sargs haben sie ein Plakat befestigt: »63 Jahre Ausbeutung reichen. Es lebe das unabhängige Volk Nigers.«

Als der Sarg aus Pappkartons abtransportiert und das Blut der tierischen Macrons im Boden versickert ist, sitzt einen kurzen Fußmarsch von der Schneise entfernt ein Mann vor einer Tankstelle. An einem Stand verkauft er Umhängebänder, an denen bunte Schilder baumeln. Auf den säuberlich laminierten Drucken sind die neuen Machthaber Malis, Burkina Fasos und Nigers zu sehen. Ernst dreinblickende Männer in Tarnanzügen und mit Barett auf dem Kopf. In der Mitte der Soldaten ist noch ein Mann abgebildet. Er hat den Kopf leicht zur Seite und nach vorn geneigt. Er hat lichtes blondes Haar und einen schwer zu lesenden Gesichtsausdruck. Seine Stirn ist durchzogen von Sorgenfalten. Die Augen des Mannes aber funkeln, lassen ein unermessliches Selbstbewusstsein erahnen. Und seine Lippen ... die formen ein zartes Lächeln. Es ist Wladimir Putin, Russlands Präsident. »Ensemble, nous réussirons« steht über den Köpfen der afrikanischen Junta-Führer und des russischen Staatschefs: »Gemeinsam werden wir erfolgreich sein.«

Autofahrer, die vor der Tankstelle hupend auf und ab fahren, haben sich Russlandflaggen mit Saugnäpfen gekauft und an ihre Scheiben geheftet. Ein Junge, kaum im Teenager-Alter, spaziert vorbei, er hat sich eine der Saugnapf-Flaggen auf die Stirn gepappt. Ob er überhaupt wisse, was er da trage? »Na klar«, sagt er. »Die Flagge Russlands.«

In Niamey ist in jenen Tagen, in denen französische Botschaften brennen und Militärbasen belagert werden, eine ganze Merchandise-Industrie rund um Russland-Fanartikel entstanden. Die »New York Times« wird ein paar Wochen später titeln: »The Hottest New Accessory in Niger? A Russian Flag.« Die russische Flagge als politisches Mode-Statement also, das Che-Guevara-T-Shirt des 21. Jahrhunderts, ein Symbol des Widerstands.

Ausgerechnet der russische Präsident wird in jenen Tagen als Waffenbruder der Militärregime in einem Kampf um Unabhängigkeit gefeiert. Ein despotischer Herrscher, der in Europa Angriffskriege führt, Oppositionelle ermorden oder einkerkern lässt. Der menschgewordene Gegenentwurf zu einem System, das der sogenannte Westen gern für sich in Anspruch nimmt: Demokratie und Rechtsstaatlichkeit. Ein System, das eigentlich schon als die letzte soziale Entwicklungsstufe der Menschheit galt. Der Politikwissenschaftler Francis Fukuyama behauptete nach dem Zusammenbruch der Sowjetunion in den 1990er-Jahren schließlich »Das Ende der Geschichte«. Er meinte, dass sich das Modell liberaler Marktwirtschaften nun endgültig global durchsetzen werde. Er irrte sich. Vor allem in Osteuropa und China, aber auch in Afrika. Jetzt skandieren Menschen im Sahel aus vollem Halse: »Es lebe Putin!«

Der Junge, der sich eine Russland-Flagge mit einem Saugnapf an die Stirn gepappt hat, schlängelt sich an anderen Demonstrierenden vorbei. Er hält erst an den Absperrgittern vor der französischen Militärbasis an. Er will an vorderster Front dabei sein, wenn in Afrika Geschichte geschrieben wird. Wie konnte es dazu kommen?

PUTIN IST NICHT DAS PROBLEM

Ein paar Monate vor dem Putsch in Niger. Ein Park im Zentrum Niameys. Vertrocknetes Gras, Ziegen, die die letzten grünen Halme aus dem Boden rupfen. Der Mann, der für den Alptraum der europäischen Afrikapolitik steht, steuert breiten Schrittes auf eine verrostete Bank zu. Ahmed Bello Issoufou, 37 Jahre alt, vielleicht 1,70 Meter groß. Bello trägt ein Polohemd mit Lacoste-Alligator auf der Brust und eine dicke schwarze Casio-Uhr am Handgelenk. Er setzt sich auf die verrostete Bank.

»Mali, Burkina Faso ... Wir wünschen uns dieselben Entwicklungen auch hier«, sagt er. Bello spielt darauf an, dass es Russland in diesen Ländern bereits gelungen ist, Europa als engsten Partner zu ersetzen. »Wenn sich unsere Regierung weiterhin dem Willen der Bürger widersetzt, ist uns jede Form von Widerstand recht«, sagt er. »Ich will jetzt kein Ultimatum stellen, aber die Leute bereiten sich vor.«

Rückblickend wirkt es so, als ob Bello genau gewusst hätte, was da auf sein Land zukommt – der Sturz des Präsidenten, der Aufstand der Massen, der Widerstand gegen die frühere Kolonialmacht. »Ich wünsche mir nicht, dass es zu einem Putsch kommt«, sagt er. »Aber unsere Bewegung wird einen Wandel bringen.«

Bello ist Führungsmitglied der Bürgerrechtsbewegung »Parade«. Die Buchstaben stehen für Partenariat Alternatif Russie-Afrique pour le Développement Économique, also die russisch-afrikanische Partnerschaft für wirtschaftliche Entwicklung. Das Logo von Parade: eine Karte Afrikas mit einem Farbverlauf von weiß auf Höhe der Sahara über blau im Sahel bis rot weiter im Süden des Kontinents. Es sind die Farben der russischen Flagge. Laut Bello ist Parade bereits in 24 afrikanischen Staaten aktiv.

Bei der Gründung der Organisation vor einem Jahr in Niger, sagt Bello, habe sie rund 200 aktive Mitglieder gehabt. Mittlerweile seien es 300. Hinzu kämen rund 1.000 Unterstützer. »Wir sind im ganzen Land unterwegs, um für eine neue Politik zu werben«, sagt er.

Als Führungsmitglied von Parade habe er schon russische Offizielle getroffen. Igor Gromyko etwa, einen Botschafter Russlands in der Region. »Ich darf leider nicht über die Details sprechen«, sagt Bello. »Ich kann nur sagen, dass wir uns über die Wirtschaft unterhalten haben und dass es noch mehr als das zu bereden gab.«

Es gebe in Niger auch Menschen, die bereits Kontakte zu Wagner geknüpft hätten, versichert Bello, einem berüchtigten privaten Militärdienstleister aus Russland. Wagner war einst eine Schattenarmee Moskaus, die heute zum Teil unter dem Namen »Afrikakorps« offiziell der russischen Führung unterstellt ist. »Die Sache ist viel größer, als ihr es euch vorstellen könnt.«

Sind die Entwicklungen im Sahel womöglich vor allem eines: das Werk Wladimir Putins? Unterstützt von einem Netzwerk an Helfern in der Sahelzone? Von lokalen Handlagern? Womöglich gekauften? Männern wie Ahmed Bello Issoufou?

Dass Russland mit dem sogenannten Westen, also Mitgliedern des Militärbündnisses NATO, um Einfluss in Afrika ringt, ist keine neue Entwicklung. Von den 1950er-Jahren an war Afrika ein Schlachtfeld des Kalten Krieges. Im Kampf der Systeme, dem von der damaligen Sowjetunion geprägten Kommunismus und dem westlichen Modell des Kapitalismus, ging es um globale Vormachtstellungen, um Einflusssphären auf der Welt.

Der afrikanische Kontinent war zunächst noch fest in der Hand Europas. Frankreich, Großbritannien, Belgien und andere europäische Staaten hatten ihre Kolonien schließlich noch in ihrer Gewalt. Die Sowjetunion machte sich im Ringen mit dem Westen aber daran, diesen Zustand zu ändern. Moskau unterstützte Unabhängigkeitsbewegungen afrikanischer Staaten. Dabei setzte der Kreml auf ein griffiges Narrativ: Das Sowjetreich helfe den Unterdrückten, Kolonialismus und westlichen Imperialismus zu überwinden[9].

Das Narrativ war brüchig. Vor der Gründung der Sowjetunion 1922 wäre Russland selbst gern Kolonialmacht in Afrika geworden. Als europäische Staaten den Kontinent vor allem in der zweiten Hälfte des 19. Jahrhunderts[10] unter sich aufteilten, wollte auch der russische Zar ein Stück davon. Russland konnte wegen Nachschubproblemen aber nur einen Teil des heutigen Dschibuti erobern. Der Zar ließ seine Beute »Neu-Moskau« taufen. Doch Frankreich verdrängte die Russen in kürzester Zeit aus ihrer einzigen Siedlung in Afrika[11].

Russland hatte keine Skrupel, keine moralischen Vorbehalte. Es war schlicht zu schwach, um Kolonien auf dem Kontinent zu etablieren. Das Zarenreich unterwarf stattdessen Staaten des Kaukasus und Zentralasiens.

Trotzdem, bei vielen Afrikanerinnen und Afrikanern verfing in Zeiten des Kalten Krieges das Narrativ Moskaus, ein Verbündeter im Kampf gegen Kolonialismus und Imperialismus zu sein. Nach den Unabhängigkeitserklärungen vieler Staaten in den 1960er-Jahren empfingen afrikanische Staatschefs die Entsandten aus der Sowjetunion mit offenen Armen. Der Kreml unterstützte einige der jungen Nationen mit Entwicklungszusammenarbeit, bot Programme für den Studierendenaustausch an, schickte politische Berater. Zugleich lieferte der Kreml Waffen und warb mit Militärkooperationen[12].

Als die Sowjetunion Anfang der 1990er-Jahre zerfiel, geriet Afrika vorübergehend aus dem Blick des Kremls. Die neue russische Führung, erst Boris Jelzin, seit dem Jahr 2000 Wladimir Putin, konzentrierte sich zunächst auf die unmittelbare Nachbarschaft, auf Osteuropa und Zentralasien[13]. Es galt zu schützen, was noch zu schützen war. Doch insbesondere für Putin war das nur ein zeitweiliger Rückzug. Für den Politiker, früher Mitarbeiter des russischen Geheimdienstes KGB, war der Zerfall der Sowjetunion ein Trauma, er ist es noch heute. Seine Politik, so beschreiben es zumindest Kenner des Autokraten, folgt vor allem einem Ziel: Russland wieder zu alter Stärke zurückzuführen.

Der Versuch, in Afrika wieder mehr Einfluss zu gewinnen, begann bereits in den ersten Jahren von Putins Präsidentschaft, beschleunigte sich aber im Jahr 2014. Damals begann zwischen Russland und dem Westen ein neuer Kalter Krieg. In der ehemaligen Sowjetrepublik Ukraine gingen Hunderttausende Menschen auf die Straßen und forderten ein Assoziierungsabkommen mit der Europäischen Union. Eine rote Linie für Putin. Mehrere frühere Ostblockstaaten hatten sich bereits der EU und dem westlichen Militärbündnis NATO angeschlossen. Die Ukraine war für den russischen Präsidenten ein wichtiger Teil der russischen Einflusssphäre – egal, was sich die Bewohnerinnern und Bewohner des Landes wünschten.

Russland begann, was Militärexperten als hybride Kriegsführung bezeichnen würden. Eine Kriegsführung, in der alle erdenklichen Mittel recht sind, um die eigenen Interessen durchzusetzen. Im Kern geht es darum, die eigene

Beteiligung am Konflikt zu verschleiern, um nicht für völkerrechtlich und moralisch verwerfliche Angriffe auf den geopolitischen Status quo verantwortlich gemacht werden zu können[14].

Russland entsandte Kämpfer mit Sturmhauben und grünen Uniformen ohne Hoheitsabzeichen auf die Krim. Diese Halbinsel im Schwarzen Meer gehörte seit 1954 zur Sowjetrepublik Ukraine und blieb nach dem Zusammenbruch der Sowjetunion bei dem seit 1991 unabhängigen Land. Doch war sie auch weiter Stützpunkt der russischen Schwarzmeerflotte. Im Frühjahr 2014 ging alles ganz schnell. Die als »grüne Männchen« bezeichneten russischen Spezialkräfte übernahmen die Kontrolle und sicherten ein fragwürdiges Referendum ab, das zum Anschluss der Halbinsel an Russland führte. Sie operierten auch auf ukrainischem Festland, im Osten des Landes, in den Verwaltungsbezirken Donezk und Luhansk.

Putins Versuch, neue Grenzen zu ziehen, war ein Bruch internationalen Völkerrechts und führte Russland in diplomatische und wirtschaftliche Isolation. Die Europäische Union schränkte wegen der Annexion der Krim den Handel mit Russland ein und verhängte ein umfangreiches Paket an Sanktionen. Die USA leiteten ähnliche Schritte ein.

Der russische Präsident suchte in jenen Tagen nach Wegen, sich aus dieser Isolation zu befreien. Plötzlich war Afrika viel mehr als ein Element putinscher Großmachtfantasien. Der Kontinent bot auch die Möglichkeit, Einkommensquellen zu erschließen, die nicht durch die Sanktionen des Westens blockiert waren[15].

In den Jahren, die auf die Annexion der Krim folgten, entstanden neue Kooperationsverträge zwischen Russland und afrikanischen Staaten. Etliche. Seit 2015 unterzeichnete Moskau mit 43 afrikanischen Staaten Militärabkommen[16].

Russland entwickelte sich zugleich zum größten Waffenlieferanten des Kontinents, stellte zuletzt rund 40 Prozent der Importe größerer Waffensysteme[17]. Sie umfassten einen Wert von mehr als zwei Milliarden Dollar im Jahr[18]. Die Handelserlöse zwischen Russland und Afrika verdoppelten sich fast bis zum Jahr 2021, auf insgesamt auf 17,7 Milliarden US-Dollar[19].

Russland gelang es nach und nach, in vielen afrikanischen Staaten das alte Netz der Beziehungen aus Sowjetzeiten wiederzubeleben. Das ideologische Rückgrat dieser Entwicklung war vor allem eines: antiwestliche Propaganda.

Putin wärmte ein Narrativ auf, das zwar falsch war, sich aber bereits in der Sowjet-Ära bewährt hatte: die Erzählung Russlands als Verbündeter der Unterdrückten im Kampf gegen Kolonialismus und Imperialismus. Der Kreml pochte bei seinem Engagement in Afrika immer wieder auf die Souveränität der afrikanischen Staaten. Und er erklärte, selbst jede Form der Einmischung in ihre Politik zu unterlassen.

Um diese Erzählung zu verbreiten, setzte Russland auf eine umfangreiche Medienkampagne. Der Kreml nutzte eigene Kanäle wie Sputnik und RT (früher Russia Today). Er versuchte zudem, etablierte Medien in der Region zu manipulieren. Journalisten aus der Sahelzone berichten, dass ihnen Bestechungsgelder für russlandfreundliche Berichterstattung angeboten worden seien[20]. Russland finanzierte auch neue Medienmarken in Afrika, um seine Rückkehr auf den Kontinent zu orchestrieren. Hinzu kamen Kampagnen in sozialen Netzwerken wie WhatsApp, Telegram und Facebook. Das Ziel: in den Bevölkerungen der Länder eine Russland-freundliche Stimmung schaffen und zugleich die europäischen Staaten, insbesondere Frankreich, in Verruf bringen. Das Hauptargument dabei: Der Westen beutet die

Staaten Afrikas bloß aus, behandelt sie noch immer wie in Kolonialzeiten. Ein Wandel aber sei möglich. Mit Russland an der Seite führe ein Weg in die Freiheit.

Ahmed Bello Issoufou, das Führungsmitglied der prorussischen Bewegung Parade, kaut während des Gesprächs im Park auf einem Zahnstocher herum. Und weil er sich viel Zeit beim Erzählen lässt, löst sich das Stöckchen langsam in seinem Mund auf. Er spuckt die Splitter auf die vertrocknete Erde, einige bleiben an seiner Unterlippe kleben. »Nein«, wiegelt er ab, er werde nicht vom Kreml bezahlt. Nein, Russland habe ihm keinen Auftrag erteilt. Seine Gruppe sei eine nigrische Graswurzelbewegung. An jenem Nachmittag im März 2023, ein paar Monate vor dem Putsch in Niger, stimmt das womöglich noch. Allerdings nicht mehr lange.

Das Microsoft Threat Analysis Center (MTAC) hat die Kommunikation nach den Staatsstreichen in Mali 2020 und Burkina Faso 2022 ausgewertet[21]. Dem Sicherheitsdienst des amerikanischen Software-Riesen zufolge lässt sich aus den Ereignissen praktisch ein Leitfaden rekonstruieren, eine Strategie Russlands, um Putsche in Afrika zu instrumentalisieren. Microsoft spricht von »Russia's coup playbook in Africa«. Hybride Kriegsführung wie auf der Krim und im Osten der Ukraine.

Russland erklärt diesem »Playbook« zufolge nach einem Putsch schnellstmöglich seine Unterstützung für die Junta – direkt oder indirekt durch Mittelsmänner. Lokale Aktivisten und Gruppen, Microsoft zufolge auch »falsche Bürgerrechtsbewegungen«, greifen die russische Unterstützung des Coups auf. Sie verbreiten das Narrativ, dass der Kreml ein Partner der Bürgerinnen und Bürger des Landes im Streben nach Freiheit und Souveränität sei. Sie behaupten, dass Russland bereitstehe, um beim Aufbau einer neuen und besseren Ordnung zu helfen.

Die lokalen Partner Russlands, also unter anderem die »falschen Bürgerrechtsbewegungen«, nutzen laut Microsoft nicht nur soziale Medien, sondern auch große Kundgebungen, um die Massen zu beeinflussen. Dort prangern sie die alte Führung, vor allem aber die frühere Kolonialmacht Frankreich an und wettern gegen Ausbeutung und Unterdrückung. Zugleich hissen sie die russische Flagge. Die sticht stark heraus und zieht die Aufmerksamkeit der internationalen Presse auf sich. Und da diese dann vor allem über russische Flaggen berichtet und über Putins Einfluss in der Region philosophiert, entsteht Microsoft zufolge der Eindruck, dass die Menschen die Seiten gewechselt hätten, dass sie fortan auf Russland als neuen Partner setzten.

Microsoft geht davon aus, dass öffentlicher Druck durch diese Form der hybriden Kriegsführung entsteht. So können sich die neuen Militärherrscher gezwungen sehen, auf den laut Microsoft womöglich nur vermeintlich populären prorussischen Kurs einzuschwenken.

Nach dem Coup in Mali 2020 dauerte es nicht lange, bis die Junta westliche Partner aus dem Land drängte und russische Militärdienstleister einlud. Mitglieder der Söldnergruppe Wagner. In Burkina Faso war es ähnlich.

In den beiden Nachbarstaaten Nigers entwickelte sich nach den Coups schnell ein mediales Meinungsmonopol. Die Militärregierungen untersagten französischen Sendern wie Radio France International (RFI) oder France 24 die Arbeit. Unabhängige Korrespondenten wurden aus dem Land gedrängt, Recherchen internationaler Journalisten erschwert. Die Bevölkerung der Länder wird seither mit Informationen geflutet, die oft, so scheint es zumindest, Putins Handschrift tragen.

Aus dem Schauspiel, das Aktivistinnen, Aktivisten und die »falschen Bürgerrechtsbewegungen« aufführen, so eine These, die sich aus Microsofts Analyse ableiten lässt, wird eine selbsterfüllende Prophezeiung. Der anfangs nur behauptete Rückhalt der Massen für einen prorussischen Kurs wird in dieser Lesart der Ereignisse nach und nach eine wahrhaftige Unterstützung Putins und seiner Politik.

In den Tagen des Putsches in Niger meldet Ahmed Bello Issoufou sich immer wieder per WhatsApp. Er schickt Bilder und Videos aus vorderster Front. Sie zeigen Tumulte vor der Parteizentrale des gestürzten Präsidenten. Männer randalieren, versuchen, die Scheiben des Gebäudes einzuschlagen, zünden die Limousinen der Politiker der Partei an. Bello schickt auch Bilder vom Angriff auf die französische Botschaft. Von den Versuchen, den Gebäudekomplex in Brand zu stecken. Immer wieder sind Männer mit russischen Flaggen zu sehen. Bellos Männer.

Niger steckt in den Tagen nach dem Putsch, so schildert es Microsoft in seiner Analyse, mittendrin in dem Prozess, den das Unternehmen als Russlands »Coup Playbook« bezeichnet. Parade, die Organisation Bellos, steht demnach im Zentrum der Geschehnisse. »Parade in Niger scheint ein Konstrukt des russischen Außenministeriums (MFA) zu sein«[22], heißt es in dem Microsoft-Bericht. Zusammen mit Social-Media-Influencern wie Kémi Séba und Nathalie Yamb sowie der L'Union des Patriotes Panafricanistes (UNPP), der Union der panafrikanischen Patrioten, zählt Microsoft Bellos Gruppe zu den lautesten prorussischen Stimmen.

Einige Wochen nach dem Coup räumt Bello ein, dass er mittlerweile Geld aus Russland bekomme. Der »New York Times« sagt er, dass er Dutzende Russlandflaggen auf die großen Proteste mitgebracht habe, um sie an die Besucher zu verteilen[23]. Finanziert vom russischen Staat – allerdings nicht direkt, sondern über Mittelsmänner.

Sind die Entwicklungen im Sahel am Ende also tatsächlich das Ergebnis eines geschickt inszenierten Plots aus Moskau? Ein Erfolg von Putins hybrider Kriegsführung? Unterstützt von bezahlten Stimmungsmachern?

Ahmed Bello Issoufou, der mit seinem breitbeinigen Schritt und dem Zahnstocher im Mund auf den ersten Blick wirkt wie ein abgebrühter Kerl, hat noch eine andere Seite. Er ist tatsächlich auch jemand, der sich um andere Menschen sorgt. Bello kam in einem Dorf in der Region Tillabéri zur Welt. Ein Landstrich im Westen Nigers, der an Mali und Burkina Faso grenzt. Der »zone des trois frontières«, dem Dreiländereck. »Als ich ein Kind war, war es wunderschön dort«, erinnert er sich. »Es war grün und fruchtbar.« Doch das änderte sich bald.

Der Sahel ist in seiner Geschichte oft von Dürren geplagt gewesen. Sie treffen die Region immer wieder. In den 1970er- und 1980er-Jahren erreichten sie einen bitteren Höhepunkt. Eine der wichtigsten Wasserquellen der Regionen, der Tschadsee, trocknete fast vollständig aus. Die Wasseroberfläche schrumpfte von 25.000 auf kaum 2.000 Quadratkilometer[24]. In der trockenen Erde lagen Knochen, an denen manchmal nur noch ein paar Leder- und Fellfetzen klebten. Die Gebeine verendeter Tiere. Ganze Herden wurden ausgelöscht. Doch da lagen auch noch andere Knochen. Auch Hunderttausende Menschen im Sahel verhungerten und verdursteten.

Nach dieser Katastrophe entspannte sich die Lage etwas, doch es gab immer wieder Dürren, auch wenn nicht ganz so verheerend. Die sogenannte Desertifikation, die Wüstenbildung, schreitet vielerorts voran.

Außerdem wuchs die Bevölkerung zu schnell für die immer knapperen Böden. Im Schnitt bekommt jede Frau in Niger sieben Kinder[25]. In Mali sind es sechs[26] und in Burkina Faso fünf[27]. Es ist eine Entwicklung, die fast den gesamten Kontinent betrifft. Um 1900 lebten ungefähr 140 Millionen Menschen in Afrika[28]. Schon im vergangenen Jahrhundert verzehnfachte sich die Zahl. Erfüllen sich die Prognosen einer Verdoppelung auf 2,5 Milliarden bis 2050, wird jeder vierte Erdbewohner Afrikanerin oder Afrikaner sein.[29] Bis zum Ende des 21. Jahrhunderts könnten Schätzungen zufolge gar 40 Prozent der Erdbevölkerung aus Afrikanerinnen und Afrikanern bestehen[30]. Dieses Wachstum ist Chance und Risiko zugleich.

Im Sahel ist es vor allem eine Herausforderung: Die Zahl der jungen Menschen, die keine oder nicht genug Arbeit finden, ist schon jetzt gigantisch. Und zur Mitte dieses Jahrhunderts wird Prognosen zufolge jeder dritte Mensch im Teenager- und jungen Erwachsenenalter auf Erden in Afrika leben, ein großer Anteil davon im Sahel[31].

Zu den Dürren und der Bevölkerungsentwicklung kommen die Folgen des Klimawandels hinzu. Die Temperaturen im Sahel steigen eineinhalbmal schneller als durchschnittlich im Rest der Welt[32]. Der Rhythmus aus Regen- und Trockenzeiten, an dem Menschen im Sahel ihr Leben in Jahrhunderten ausgerichtet hatten, ist aus dem Takt. Bauern fällt es immer schwerer, den richtigen Moment für die Saat und Ernte zu finden. »Den Menschen gelang es nicht, sich anzupassen«, sagt Bello. »Wir sind verarmt.« Zudem wachsen die Erwartungen vor allem junger Menschen – in Zeiten sozialer Medien, in denen die ganze Welt auf Knopfdruck sehen kann, wie der Alltag in Frankreich, Deutschland oder den USA aussieht. Alles Faktoren, die Konflikte schüren.

In Tillabéri konkurrieren Viehhirten und Bauern um das immer knappere Land. Die einen meist traditionelle Nomaden, die anderen sesshaft. Anfangs kam es nur vereinzelt zu Gewalt unter ihnen. Doch in der Mitte des vergangenen Jahrzehnts setzten sich in der Region Terrorgruppen fest, die diese Auseinandersetzungen anheizten. Bald trauten sich Landwirte nicht mehr auf ihre Felder. Hirten mussten große Umwege machen oder große Risiken eingehen, wenn sie dem Lauf ihrer Tiere folgten. Den Terrorgruppen fiel es unter diesen Bedingungen leicht, junge Männer zu rekrutieren, die sonst keine Perspektiven auf ein anderes, ein besseres Leben hatten. Neben dem Terror breitete sich die organisierte Kriminalität aus. Menschen, die nichts hatten, fingen an, sich zu nehmen, was sie wollten. »Die Unsicherheit hat alles zerstört«, sagt Bello. »Die Wirtschaft ist völlig zusammengebrochen.«

Bello, der Sohn eines Beamten, studierte nach der Schule Lehramt. Doch er war davon überzeugt, dass er mehr tun müsste, als Literatur und Soziologie zu unterrichten. Er wollte den Verfall seiner Heimatregion stoppen. Er engagierte sich für die Zivilgesellschaft. Seine Themen: Gewalt und Extremismus. Er setzte darauf, Jobs für junge Männer zu finden, Alternativen zu Raub und Terror. Auch für Frauenrechte engagierte er sich. Doch Bello fühlte sich alleingelassen. Vom Staat. Und dem Rest der Welt.

»Der nigrische Staat ist in Tillabéri seit Jahrzehnten abwesend«, sagt er. »Er kümmert sich nicht um die Bedürfnisse der Bürger. Es gibt keine Schulen, kein Essen, keine Sicherheit.« Auch die Partner im Ausland hätten viel zu wenig getan. Die »zone des trois frontières«, in der Bellos Heimat Tillabéri liegt, entwickelte sich zu einer der gefährlichsten Regionen im gesamten Sahel.

Vor ein paar Jahren zog Bello wegen der prekären Sicherheitslage in die Hauptstadt Niamey. »Ein Präsident hat doch eine Verantwortung für sein Volk«, sagt Bello. »Was, wenn er ihr nicht gerecht wird?« Bello fügt hinzu, dass er im Grunde kein Problem mit Franzosen habe. Er sei kein Rassist. Sehr wohl habe er aber ein Problem mit der französischen Politik. »Die Kooperation Frankreichs mit Niger im Kampf gegen den Terror hat nicht funktioniert.«

Bello wurde über die Jahre immer skeptischer. Und immer aktiver in sozialen Medien, wo er seine Regierung und ihre Partner kritisierte. Lange bevor Gelder aus Moskau flossen, versichert er. »Meine Konten in den sozialen Medien wurden mehrmals gesperrt.« Das machte ihn noch misstrauischer.

Anfang 2022 verlor Bello endgültig den Glauben daran, dass seine Regierung mit ihren Partnern in der Lage sein würde, die Sicherheitskrise in seiner Heimatregion zu lösen. Mehr noch: Er verlor auf ganzer Linie das Vertrauen in seine Regierung und alle, die mit ihr zusammenarbeiteten.

Als Aktivist, der sich nicht nur gegen die Ausbreitung des Extremismus stellte, sondern auch für Frauenrechte kämpfte, war er ein Ansprechpartner für viele Menschen, die in Not geraten waren. Damals hörte er auch von einer jungen Frau, die Opfer eines Verbrechens wurde. Sie wurde vergewaltigt von einem Mitglied der nigrischen Regierungspartei. Als Bello am 10. März 2022 zu einer Polizeiwache in Niamey ging, um den Politiker anzuzeigen, passierte etwas, womit er nicht gerechnet hatte. »Ich habe einen Politiker angezeigt, der eine Frau vergewaltigt hat«, sagt Bello. »Und ich wurde festgenommen.« Die Beamten auf der Wache ließen Bello fast zwei Wochen lang nicht mehr gehen. Der Politiker blieb auf freiem Fuß. So schildert es zumindest Bello.

»Ich habe bloß die Wahrheit gesagt«, erzählt er. »Und ich würde es genauso wieder tun.« Als Bello aus dem Gefängnis kam, fragte er sich mehr denn je, in was für einem Staat er eigentlich lebt. Er fragte sich, wer Freund ist und wer Feind. Wer Partner und wer Gegner.

Aus europäischer Sicht ist die Vorstellung, dass ein gewiefter Stratege in Moskau hinter den Entwicklungen im Sahel steckt, ein gruseliger, aber doch ein komfortabler Blick auf die Welt. Wenn es so wäre, müsste sich schließlich niemand fragen, welche Verantwortung Europa selbst in der Region trägt. Doch die Geschichte von Ahmed Bello Issoufou ist vielleicht nicht in erster Linie eine Geschichte russischer Indoktrination und Verblendung. Seine Geschichte ist eher die einer Enttäuschung. Und im Sahel gibt es viele davon.

Russlands hybride Kriegsführung ist mächtig. Doch das ist sie im Sahel nur, weil die antiwestliche Propaganda, die mit ihr einhergeht, auf fruchtbaren Boden trifft. Es gibt keine Belege dafür, dass Russland in einem der Sahel-Staaten die Putsche tatsächlich ausgelöst hätte. Der Kreml hat nur Kapital aus den Coups d'État geschlagen, mit Ressentiments gespielt, die ohnehin tief verankert sind in den Gesellschaften der Region.

Zudem ist Russland trotz Putins wachsenden Engagements in Afrika seit der Annexion der Krim ein ökonomischer Zwerg auf dem Kontinent geblieben. Die Handelserlöse sind zwar auf jene 17,7 Milliarden US-Dollar gestiegen. Doch das ist selbst im Vergleich zu Sowjet-Zeiten mager. Und die EU liegt im selben Zeitraum mit einem Handelsvolumen mit Afrika von 295 Milliarden US-Dollar für Moskau in unerreichbarer Ferne. Selbst China, 254 Milliarden US-Dollar, kann da nicht mithalten[33]. Putin ist nicht Europas Problem im Sahel. Er ist nur ein Symptom des Problems.

Die Erfolge des russischen Präsidenten in Afrika fußen nicht zuletzt auf europäischer Ignoranz. Als in Mali und Burkina Faso geputscht wurde, interessierte das die meisten Menschen in Frankreich, Deutschland und Belgien nicht. Dann kam der 24. Februar 2022. Putin griff wieder die Ukraine an. Nur ging es ihm dieses Mal nicht mehr nur um eine Halbinsel am Rande des früheren Sowjetstaates. Er machte sich daran, das ganze Land zu erobern. Menschen in Europa fingen an, sich zu fragen, wie weit der russische Präsident wohl noch gehen würde. Sie fingen an, auch um ihre eigene Sicherheit zu bangen. Als am 26. Juli 2023 der Putsch in Niger folgte, trieb viele in Europa zumindest für ein paar Wochen um, wie die Menschen auf ihrem Nachbarkontinent Afrika ticken, oder besser gesagt: wo sie sich politisch verorten. Auf Seiten des Aggressors Putin? Oder auf der eigenen? Plötzlich war besonders häufig zu hören, dass Afrika doch ein Schlüsselkontinent sei, wenn es um die Kontrolle von Migration geht, um die Sicherheit und den Zugang zu kritischen Rohstoffen. Das ist ein Problem, ein Grund dafür, dass sich so viele Menschen im Sahel von Europa abwenden: Die meisten Europäerinnen und Europäer interessieren sich vor allem dann für ihre Mitmenschen in Afrika, wenn sie sich von ihnen bedroht fühlen. Oder wenn sie etwas von ihnen wollen. Es geht selten um die Bedürfnisse von Afrikanerinnen und Afrikanern. Es geht meist nur um die eigenen. Das haben nicht nur Ahmed Bello Issoufou und seine Leute von Parade begriffen, das haben auch Millionen andere verstanden. Unter ihnen viele, die keine Unterstützer des russischen Präsidenten geworden sind.

Ein paar Wochen nach dem Putsch in Niger verstummt Ahmed Bello Issoufou, der Aktivist und Frauenrechtler, der zu Putins Sprachrohr in Niger wurde. Er antwortet nicht mehr auf Whatsapp-Nachrichten. Er hebt bei Anrufen nicht mehr ab. Die Bitte um ein weiteres Treffen ignoriert Bello. Monate werden verstreichen, bis er wieder von sich hören lässt. Es scheint so, als wäre er es leid, Menschen in Europa zu erklären, was im Sahel los ist.

DER ZERSCHLAGENE TOPF

Unter die Menschen, die nach dem Putsch in Nigers Hauptstadt Niamey protestieren, hat sich auch eine Frau gemischt, die ein kleines schwarzes »A« zwischen ihre Augenbrauen tätowiert hat. Es steht für ihren Namen: Amina Abdoulwahid. Sie ist Anfang 40, hat ein rundes Gesicht, dunkle, volle Lippen und einen Goldzahn vorne links. Auch Abdoulwahid hat sich bis nach ganz vorn an die Absperrgitter vor der französischen Militärbasis gedrängt. Sie hat einen Kochtopf und eine Kelle mitgebracht, prügelt damit auf den Topfboden ein. Metall knallt auf Metall. Ein Geschepper, das nur von ihrem Gebrüll übertönt wird. »Raus mit den Franzosen!«, krächzt Abdoulwahid. »Diese Verbrecher, diese Heuchler.« Ihre Stimme löst sich auf, sie ist mit rund 100, vielleicht 200 anderen Frauen schon seit ein paar Stunden beim »concert de casseroles«, dem Konzert der Kochtöpfe. Es ist Teil des Protestprogramms jener Tage. Schweißperlen treten auf Abdoulwahids Stirn hervor, sie rinnen über das kleine Tattoo zwischen ihren Augenbrauen, tropfen auf den sandigen Boden. »Wir waren nie unabhängig«, wütet sie. »Unser Präsident ist ein Verräter!«

Genau genommen spricht Abdoulwahid vom Ex-Präsidenten, von Mohamed Bazoum, dem Mann, der am 26. Juli 2023 gestürzt worden ist. Es war früh am Morgen. So erzählen es zumindest Eingeweihte. Bazoum hatte gerade gefrühstückt, als er bemerkte, dass seine eigene Präsidentengarde seine Residenz umstellt hatte. Der Präsident stürzte sich in einen Safe Room, den er für diesen Fall hatte einrichten lassen. Von dort aus fing er an, seine Verbündeten zu kontaktieren, im In- und Ausland. Gegen Mittag erschien auf einem Social-Media-Kanal des Präsidentenamtes ein Post: Teile der Streitkräfte und der Nationalgarde stünden bereit, um die Meuterer anzugreifen, wenn sie nicht aufgeben, hieß es da. Bazoum glaubte an seine Rettung.

Draußen, auf der Zugangsstraße zum Präsidentenpalast, forderten einige Hundert Nigrerinnen und Nigrer die Freilassung ihres Staatschefs. Doch die Soldaten, die die Macht übernommen hatten, gaben Warnschüsse ab, die Menge löste sich auf. Die Stimmen der Gegner des Putsches verstummten binnen Stunden. Und auch Bazoums Hoffnung, dass andere Teile der Streitkräfte die meuternde Präsidentengarde stoppen würden, zerstob. Sie schlossen sich stattdessen ihren putschenden Kameraden an.

Bazoum musste einsehen, dass er auf keine Hilfe seiner Landsleute setzen konnte. Einer der ersten Verbündeten im Ausland, mit denen er sprach, war sein französischer Amtskollege: Emmanuel Macron.

Worüber sich die beiden unterhielten, ist nicht bekannt. Aber Bazoum, der nach ein paar Stunden aus seinem Safe Room gekommen war, machte den Putschisten klar, dass er nicht freiwillig abtreten würde. Vertraute er darauf, dass ihn jemand aus dem Ausland an der Staatsspitze halten würde?

In den ersten Wochen nach dem Coup durfte Bazoum noch Nachrichten schreiben und telefonieren. Es war eine Zeit, in der er jeden Tag mit Macron sprach[34]. Diese Freiheiten endeten am 19. Oktober 2023. Mitten in der Nacht, ungefähr um 3 Uhr, unternahm Bazoum angeblich einen Fluchtversuch. Laut der Junta wurde er dabei von einer »ausländischen Macht« unterstützt[35]. Der Versuch scheiterte. Danach schotteten die Soldaten den gestürzten Präsidenten stärker ab, zusammen mit seiner Frau und einem seiner Söhne. Keine Kommunikation mehr mit der Außenwelt. Keine Besucher. Fortan durfte ihn nur noch sein Arzt regelmäßig sehen.

Dass Bazoum nach dem Coup auf seine Partner im Ausland setzte, vor allem auf Macron, war wenig überraschend für die meisten Nigrerinnen und Nigrer. Die Verbindungen waren eng. Bazoum war ein Hoffnungsträger für Paris. Und nicht nur dort. Auch in Berlin und Brüssel schwärmten Politiker von dem damals 63-Jährigen. Bazoum galt in Europa als mutiger Demokrat, als Verteidiger der Menschenrechte. Er setzte den Kampf gegen die Korruption auf seine Agenda, er warb dafür, mehr Mädchen zur Schule zu schicken – auch ein Versuch, allzu frühe Schwangerschaften in einem Land mit einer der höchsten Geburtenraten der Welt zu verhindern. Bazoum war in vielen Punkten auf Europas Linie. Auch wenn es um Migration ging, den Kampf gegen den Terrorismus und die Energiepolitik der Zukunft. In Paris, Brüssel und Berlin waren sich viele Außenpolitiker sicher, dass er auf keinen Fall die Lager wechseln würde, sich den Zielen und Werten seiner Verbündeten in Europa zutiefst verpflichtet fühlt. Bazoum verwandelte Niger in einen der größten Empfänger westlicher Entwicklungszusammenarbeit in Westafrika[36]. Das Land galt unter seiner Führung als ein »stabiler Partner« in einer unruhigen Region. Vor allem, nachdem sich die Nachbarländer Mali und Burkina Faso vom Westen abgewandt hatten.

»Heuchler«, krächzt Abdoulwahid und drischt wieder auf ihren Kochtopf ein. »Bazoum ist ein Hochstapler.« Ein Präsident, der in Europa als demokratischer Hoffnungsträger gefeiert und zugleich auf den Straßen Niameys als »Heuchler« verschmäht wird?

Amina Abdoulwahid verbreitet keine prorussische Propaganda. Sie hat auch keine russische Flagge dabei. Sie verliert nicht mal ein Wort über Putin oder die Wagner-Gruppe. Ihre Geschichte hat, anders als die von Ahmed Bello Issoufou, nichts mit Russland zu tun. In ihrer Geschichte geht es um eine, wie sie es sagt, »verkommene« Allianz. Einen Pakt zwischen den Eliten ihres Landes und deren Partnern in Europa. Vor allem der früheren Kolonialmacht Frankreich.

Eine Piste aus rotbraunem Sand führt nach Saga, in das Viertel Niameys, in dem Abdoulwahid lebt. Auf einer Seite der Straße liegt der Fluss Niger. Er ist nach dem Nil und dem Kongo der drittgrößte Strom Afrikas. Sein Einzugsgebiet erstreckt sich über mehrere Sahel-Staaten. Der Fluss ist hier in Niamey Hunderte Meter breit, er prägt das Stadtbild. Am Ufer wuchert dichtes Gestrüpp, knallgrün, ein Akzent in einer Stadt, die sonst vor allem aus Schattierungen von Braun zu bestehen scheint. Auf der anderen Seite der Sandpiste liegen Siedlungen aus flachen Lehmbauten. Lehm ist das bevorzugte Baumaterial im Sahel, es ist billig und heizt sich nicht so schnell auf wie Beton. Pfade und Straßen aus rotbraunem Sand winden sich wie Adern zwischen den Bauten durch die Siedlungen.

Seit dem »Protest der Kochtöpfe« sind ein paar Tage vergangen. Am Rande der Hauptstraße, die zu Abdoulwahid führt, verkaufen Jungen, vielleicht zwölf oder 13 Jahre alt, Benzin. Sie haben es in Saftkanister abgefüllt. Ihre Klamotten sind voller Flecken und Schlieren. Einige Hundert Meter weiter, an einer der vielen Adern, die sich in die Siedlungen verzweigen, sitzt Abdoulwahid. Auf ihrer Rechten ihr Haus, ebenfalls ein Lehmbau. Auf ihrer Linken, nicht weit entfernt, eine wilde Müllkippe. Aus mitteleuropäischer Perspektive betrachtet, lebt Abdoulwahid in einem

Armenviertel, doch in Niger gehört sie zur Mittelschicht. Mindestens.

Auf dem Index menschlicher Entwicklung der Vereinten Nationen rangiert Niger auf Platz 189[37] von 193. Rund 40 Prozent der Bevölkerung lebt unter der nationalen Armutsgrenze. Nur die Hälfte der Menschen hat Zugang zu sauberem Trinkwasser. Fast jedes dritte Kleinkind ist unterernährt[38].

Amina Abdoulwahid musste nie hungern. Ihr Vater: Buchhalter. Ihre Mutter: Sekretärin bei der Nationalbank. Sie kam 1983 in Niamey zur Welt und wuchs in privilegierten Verhältnissen auf. Verwöhnt war sie allerdings nicht.

Abdoulwahids Eltern trennten sich früh. Als sie vier Jahre alt war. Sie lebte fortan bei ihrem Vater. Ihre Mutter sah sie kaum noch. »Mich erschüttert seither nichts mehr«, sagt Abdoulwahid. Schon als junges Mädchen lernte sie, für sich selbst zu sorgen, sich zu behaupten. Als Abdoulwahid 13 Jahre alt war, stellten ihre Cousins und Cousinen ihr eine Mutprobe. Sie sagten, dass sie zu feige sei, sich tätowieren zu lassen. Abdoulwahid ließ sich das kleine »A« zwischen die Augenbrauen stechen. Außerdem ein traditionelles Muster, das an eine Blume erinnert, auf den rechten Unterarm. Und ihren Vornamen »Amina« auf den linken.

Abdoulwahid wurde die zweite Frau eines Obersts in der Nationalgarde, bekam drei Kinder. Sie lebt in einer polygamen Ehe. Nicht nur in Niger, in den meisten Staaten der Welt, die diese erlauben, bedeutet das: ein Mann, mehrere Frauen. Oft in einem ökonomischen Abhängigkeitsverhältnis. Doch bei Abdoulwahid kann davon keine Rede sein. Nach der Schule studierte sie Biologie. Mittlerweile arbeitet sie als Laborantin in einem Krankenhaus. Lange Arbeitszeiten, harte Nachtschichten, aber ein sicheres Einkommen. Abdoulwahids Blick auf die Entwicklungen im Land ist der

Blick einer unabhängigen, gebildeten Frau. Einer zähen Frau.

Abdoulwahid führt in ihr Wohnzimmer. Es ist dunkel, dicke Vorhänge wehren die Mittagshitze ab. Sie kramt etwas hinter einem Sofa hervor. Es ist der Kochtopf vom »concert de casseroles«. Viel davon übrig geblieben ist nicht. Der Boden ist ausgeschlagen, der Rest des Topfes ist von Rissen durchzogen – eine Skulptur aus dünnem Metall mit messerscharfen Kanten. »Es war wie eine Befreiung«, sagt Abdoulwahid. Sie spricht darüber, dass sie bei dem Protest all ihre Wut rauslassen konnte. »Das ging vor dem Putsch nicht.« Die Menschen in Niger haben, so sagt sie es, in einer Fassaden-Demokratie gelebt. Unter »Scheinpräsidenten«, mit Freiheiten, die bloß Illusionen waren.

Frankreich prägte die Entstehung des Staateswesens Nigers in Kolonialzeiten nachhaltig. Paris setzte auf eine Selbstverwaltung in engen Grenzen. Frankreich legte dabei fest, wer Aufstiegschancen haben würde, entschied unter anderem, wer in der Kolonie Zugang zu höherer Bildung erhalten konnte, wer gar in Frankreich studieren durfte. Es entstand eine in und durch Frankreich sozialisierte Elite, die nach und nach wichtige Posten in der kolonialen Verwaltung übernahm[39].

Als Frankreich sich 1958 eine neue Verfassung gab, durften auch Politiker aus Frankreichs Überseegebieten darüber abstimmen, es war de facto eine Abstimmung über ihre Unabhängigkeit. In Niger votierte die Mehrheit der Politiker gegen eine sofortige Unabhängigkeit ihres Staates. Sie setzten zunächst auf eine Form erweiterter Autonomie. Was angesichts dieser Vorgeschichte kaum verwunderte. Wenig später erzwang Paris praktisch ein Einparteiensystem und förderte nigrische Politiker, die bereit waren, Frankreichs

Pläne in Niger zu unterstützen. So entstand eine politische Klasse, die eng verwoben war mit den Interessen der Kolonialmacht[40].

Auch Hamani Diori gehörte zu jenen, die sich zunächst gegen die sofortige Unabhängigkeit stellten und Frankreich nahestanden. Diori wurde 1960, im dann offiziell für unabhängig erklärten Niger, der erste Präsident des Landes. Er war nicht nur in seiner Biografie stark von Frankreich geprägt, er stand während seiner Amtszeit auch weitgehend unter dem Einfluss französischer Berater[41].

Die Einführung eines Mehrparteiensystems in den 1990er-Jahren änderte wenig an den Mechanismen, die ihren Ursprung in den letzten Jahren der Kolonialzeit hatten. Frankreichs Einfluss auf die politische Klasse im Land blieb erhalten. Amina Abdoulwahid glaubt gar, dass die Einführung des Mehrparteiensystems Frankreichs Einfluss verstärkt habe. »Jede Partei, die an die Macht gekommen ist, hat nur versucht, Vorteile für das eigene Lager herauszuschlagen«, sagt Abdoulwahid. »Das war genau das, was Frankreich wollte.« Abdoulwahid glaubt, dass Paris die gesellschaftlichen Eliten Nigers gegeneinander ausgespielt habe. Sie vertritt eine machiavellistische These: »Frankreich hat in Niger ein System installiert, das nur ein Ziel hat: Unser Volk zu spalten, um uns weiterhin kontrollieren zu können.«

In den ersten Jahrzehnten nach der Unabhängigkeit der jungen Nation kam es zu einem chaotischen Wechsel aus gewählten Regierungen und Regimen, die durch Staatsstreiche und Militärputsche an die Macht kamen. Die einzige Konstante, so schien es: Wer auch immer das Land gerade führte, pflegte enge Beziehungen zur früheren Kolonialmacht. Die Bedürfnisse der Bevölkerung, echte Demokratie – nachrangig.

Ein Mann in der Geschichte Nigers wirkt wie der Prototyp für Abdoulwahids These einer korrupten politischen Klasse, die auf Frankreichs Linie war: Mahamadou Issoufou.

Issoufou kam 1952 in Dandaji zur Welt, einem Dorf mit ein paar Hundert Einwohnern. Dort war sein Vater ein traditioneller Führer. Die damalige Kolonialmacht Frankreich traf gern Verabredungen mit derartigen gesellschaftlichen Größen und ihren Familien. Eine Möglichkeit, Einfluss auszuüben. Dem jungen Issoufou standen alle Türen offen. Nach der Schule und ein paar Jahren der Universität in Niger ging er nach Frankreich. Master an der Universität Paris IV. Diplom als Ingenieur im Bergbauwesen an der École nationale supérieure des mines de Saint-Étienne. Als Issoufou nach Niger zurückkehrte, bekam er Jobs in Bergbauunternehmen, bei denen der französische Staat Mehrheitseigner war. 1990 gründete er die Partei für Demokratie und Sozialismus (PNDS-Tarraya) mit. 2011 wurde er Präsident Nigers.

Daraus, dass er während seines Aufstiegs Frankreich eng verbunden blieb, machte er kein Geheimnis. Während seiner Präsidentschaft zeigte er sich gern mit seinen französischen Amtskollegen, zwischen 2011 und 2017 mit François Hollande, dann bis zum Ende seiner zweiten Amtszeit 2021 mit Emmanuel Macron. Es gibt auch Fotos der First Ladies, Lalla Malika Issoufou und Brigitte Macron. Auf einigen wirken sie wie Freundinnen, liegen sich strahlend in den Armen, schreiten Hand in Hand eine Treppe im Élysée-Palast hinunter.

Mit Issoufou erlebte auch sein Heimatdorf Dandaji einen erstaunlichen Aufstieg. Der Ort, der bei seinem Amtsantritt offiziellen Zahlen zufolge keine 3.000 Bewohner hatte, erhielt eine neue Moschee und eine neue Bibliothek, Bauprojekte, die mit Architektur- und Nachhaltigkeitspreisen ausgezeichnet worden sind. Auch einen neuen Marktplatz bekam Dandaji. Dazu sanierte Zugangsstraßen.

In der Hauptstadt Niamey ließ Issoufou sich unterdessen vier Villen am Ufer des Niger bauen, nicht weit von Abdoulwahids Viertel Saga entfernt. Sie sind nur leidlich hinter dicken Mauern versteckt. Ausladende Terrassen, die auf verzierten Säulen ruhen, ragen weit hinaus. Kuppeln glitzern in der Sonne. Der Innenhof der vierten Villa: mehrere Fußballfelder groß. Es gibt zwei Flügel. Der linke ist für Issoufous erste Frau Aïssata, der rechte für seine zweite Malika. Das berichten zumindest Arbeiter, die bei den Bauarbeiten mitgeholfen haben. Sie erzählen auch, es gebe so viele Zimmer, dass es ihre Kräfte überstieg, sie zu zählen.

Am Ende von Issoufous zweiter Amtszeit rangierte Niger auf Platz 124 von 180 Staaten auf dem Korruptionswahrnehmungsindex von Transparency International. Und damals, 2021, liefen noch Ermittlungen im vielleicht größten Korruptionsskandal in der Geschichte des Landes. Allein zwischen 2017 und 2019 sollen rund 40 Prozent des Militärhaushalts abgezweigt worden sein, unter anderem, indem für Rüstungsgeschäfte zu hohe Rechnungen gestellt wurden. Angefangen haben sollen die Veruntreuungen schon zu Beginn von Issoufous erster Amtszeit[42]. Für viele Nigerinnen und Nigrer ist klar, wer dahinterstecken muss.

Amina Abdoulwahid ballt ihre Hand und hämmert sich mit der Faust auf die Brust. »Issoufou hat uns wirklich traumatisiert«, faucht sie, die Stimme noch rau vom Protest der Kochtöpfe.

2021 trat Issoufou nicht noch einmal zur Wahl an. Er hatte die Höchstzahl der zulässigen Amtszeiten erreicht. Er überließ die Spitzenkandidatur seiner Partei einem politischen Zögling: einem acht Jahre jüngeren Mann namens Mohamed Bazoum. Jenem Mohamed Bazoum, der bis zu seinem Sturz in Europa als demokratischer Hoffnungsträger gefeiert wurde. Bazoum gewann die Wahl, es war der erste demokratische Machtwechsel in der Geschichte des Landes. So wurde es zumindest in Paris, Berlin und Brüssel kommentiert. Amina Abdoulwahid schlägt sich nochmal mit der Faust auf die Brust. »Bazoum war nur die Fortsetzung seiner Politik«, sagt sie über den Nachfolger Issoufous.

Bazoum, einst Philosophie-Student, Lehrer und Gewerkschaftsaktivist, baute zusammen mit Issoufou die Partei PNDS auf. Er übernahm mehrere Ministerposten im Kabinett seines politischen Ziehvaters. Während die Regierenden in Europa ihn als ein Stück Zukunft darstellten, war er für viele Nigrerinnen und Nigrer die Kontinuität einer bitteren Vergangenheit. Er zeigte zwei Gesichter. Oder, wie es Abdoulwahid sagt: Er war ein »Scheinpräsident« in einer Fassaden-Demokratie, einem System ohne echte Freiheiten für seine Bürgerinnen und Bürger.

2022 sprach Bazoum erstmals als Präsident vor der Vollversammlung der Vereinten Nationen in New York [43]. Er widmete seine Rede vor allem der schwierigen Sicherheitslage im Sahel, dem Kampf gegen den Terrorismus. Er machte deutlich, dass Niger in diesem Kampf nicht allein dastehe: »Ich möchte vor allem Frankreich danken ... Ich möchte auch den Vereinigten Staaten von Amerika, der Bundesrepublik Deutschland und anderen Staaten danken«, sagte er. Als wichtigstes Instrument gegen Extremismus machte er ein gestärktes demokratisches System aus. »Trotz der großen Herausforderungen, die vor uns liegen, bleibt Niger ein robuster und stabiler Staat, untermauert von demokratischen Institutionen«, so Bazoum. Das kam gut an. In Europa.

In Niger wussten viele, dass die gefeierten Wahlen 2021,

der »erste demokratische Machtwechsel in der Geschichte des Landes«, nicht so reibungslos abliefen. Mehrere Oppositionspolitiker wurden nicht zugelassen. Auch der aussichtsreichste Gegenkandidat Bazoums nicht. Der wurde 2017 in einem Fall von Kinderhandel verurteilt, den er als politisches Komplott bezeichnete[44].

Bazoum gewann die Wahl, erhielt 56 Prozent der Stimmen. Als es zu unangemeldeten Protesten kam, nahmen die Sicherheitskräfte mehr als 400 Menschen fest. Zwei Menschen wurden getötet, weitere verletzt[45]. Schon damals, nur kurz nach seiner Wahl, gab es zudem einen Versuch, Bazoum zu stürzen.

Auch um die Meinungsfreiheit war es in Bazoums Niger nicht so gut bestellt, wie es Politiker in Europa behaupteten. Als Bazoum seine große Rede in New York hielt, gab es schon seit mehreren Jahren starke Beschränkungen von Demonstrationen und Kundgebungen. Die Behörden verweigerten immer wieder die Genehmigung. Zu Beginn des Jahrzehnts brachten sie noch die Covid-Pandemie als Argument dafür an. Doch auch als das Virus keine größere Gefahr mehr darstellte, hielt die Unterdrückung der freien Meinungsäußerung auf den Straßen des Landes an.

Ein paar Tage nach Bazoums Rede erlaubten die Behörden den, laut den Veranstaltern, »ersten Protest in vier Jahren« in Nigers Hauptstadt. Ein Lichtblick, der allzu schnell überschattet wurde. Aufgerufen zu dem Protest hatte das Bündnis M62, die »Heilige Union zur Wahrung der Souveränität und der Würde des Volkes«. Die 62 im Kürzel der Gruppe ist ein Verweis auf die Jahre, die seit der Unabhängigkeitserklärung Nigers von Frankreich verstrichen sind. 62 Jahre, in denen Niger aus Sicht der Veranstalter nie eine echte Unabhängigkeit erhalten hat.

M62 mobilisierte in kürzester Zeit Tausende Nigrerinnen und Nigrer und zog mit ihnen zum »Place de la Concertation«, dem zentralen Protestplatz vor dem nigrischen Parlament. Der Protest entwickelte eine Wucht, die offenbar selbst die Regierung Bazoums überraschte. Den nächsten Antrag für eine Demonstration schmetterten die Behörden wieder ab. Der Chef der Bewegung, Abdoulaye Seydou, wurde einige Monate später unter dubiosen Vorhaltungen angeklagt. Und er landete tatsächlich im Gefängnis. Dort saßen bereits andere Vertreter der nigrischen Zivilgesellschaft, Menschen, die unter Issoufou oder Bazoum weggesperrt worden waren.

Amina Abdoulwahid verstaut in ihrem Haus im Viertel Saga allerhand Protestmaterial. Dabei ist auch eine Flagge mit Bildern von Tausenden Nigrern, die vor dem Parlament des Landes protestieren. Das Foto könnte vom M62-Protest stammen. »Frankreich raus!« steht oben auf dem Plakat.

Es stimme nicht, dass die Bevölkerung Nigers ihre Demokratie begrabe, sagt sie. Aber solange Frankreich die Strippen im Land ziehe, sei eine echte Demokratie überhaupt nicht möglich.

Zwei Tage nach dem Sturz Bazoums trat ein Mann mit dem Namen Abdourahamane Tchiani im nigrischen Staatsfernsehen auf. Der Chef der Präsidentengarde entpuppte sich als Putschführer. Tchiani wirkte, während er über die Fernsehbildschirme flimmerte, eher wie ein gemütlicher Onkel, nicht wie jemand, der den Status quo zerschmettern würde. Rundes, fleischiges Gesicht, feine rahmenlose Brille. Er las mit warmer Stimme langsam ein Dekret vor, verhaspelte sich gar an einer Stelle. Er nannte als Grund für den Putsch als Erstes die sich immer weiter verschlechternde Sicherheitslage im Sahel. »Der einzige Grund für diesen Schritt ist es, unser geliebtes Heimatland zu verteidigen.«

Er kritisierte vor allem Bazoums »schlechte Regierungsführung«. Frankreich erwähnte er nicht. Er sprach lediglich davon, dass sich die Sicherheitslage trotz »der Opfer«, die auch die »schätzenswerten und geschätzten« Partner Nigers im Ausland erbracht hätten, nicht verbesserte.

Nicht nur wegen dieser Zeilen schien Tchiani eher für Kontinuität als für Wandel zu stehen. Vor Bazoum diente er dem früheren Staatschef Issoufou als Leibwache. Der Putschführer und Issoufou galten als enge Vertraute. Schnell machten Gerüchte die Runde, dass in Wirklichkeit er, Nigers graue Eminenz, hinter dem Putsch steckt. Selbst der frühere französische Botschafter in Niamey, Sylvain Itté, sprach vor dem Verteidigungsausschuss der französischen Nationalversammlung von einer »direkten Verwicklung« Issoufous in den Sturz Bazoums[46]. Eine andere These besagte, dass Tchiani nur gegen Bazoum rebellierte, um seine eigene Karriere zu retten. Bazoum plante eine Reform des Sicherheitsapparats. Der sollte angeblich auch Tchiani zum Opfer fallen. Ihm drohte womöglich der vorzeitige Ruhestand.

Belegt ist auch dieses Gerücht nicht. Doch es sprach in den ersten Tagen nach dem Putsch auch nichts dafür, dass Tchiani eine antikoloniale Agenda gehabt hätte.

Nachdem er in seiner ersten Fernsehansprache noch von den »schätzenswerten und geschätzten Partnern im Ausland« sprach, schien die Lage Tchiani allerdings schnell zu entgleiten. Als Nigrerinnen und Nigrer wie Amina Abdoulwahid auf die Straßen gingen, Fußballstadien und Plätze füllten. Sie trieben Tchiani vor sich her. Denn sie hatten sehr wohl eine antikoloniale Agenda. Und ihre Enttäuschung über die Entwicklung ihres Landes war so groß, dass sie bereit waren, große Risiken auf sich zu nehmen.

Abdoulwahid ist nicht begeistert davon, dass jetzt Soldaten das Land regieren. Doch sie glaubt, dass dieser Bruch notwendig ist. »In fünf Jahren wird die Welt ganz anders aussehen«, versichert sie. Abdoulwahid hält die Militärregierung für einen Übergang – hin zu einer besseren Zukunft, hin zu echter Demokratie und echter Rechtsstaatlichkeit. »Eigentlich ist Demokratie etwas Großartiges!«, sagt sie.

Abdoulwahid spricht aus, was nicht nur viele Landsleute denken, sondern wovon Menschen in etlichen Staaten des afrikanischen Kontinents überzeugt sind. Das Recherche-Netzwerk »Afrobarometer« wertet regelmäßig die Stimmung in mehr als 30 afrikanischen Ländern aus. Das Ergebnis: Zwei von drei Afrikanerinnen und Afrikanern halten die Demokratie für die beste aller denkbaren Staatsformen. Doch nicht mal jeder Sechste glaubt, in einer richtigen Demokratie zu leben. Und nicht mal die Hälfte vertraut darauf, dass sie einen Präsidenten, der schlecht für ihr Land ist, durch Wahlen loswerden kann[47].

Der Blick vieler Afrikanerinnen und Afrikaner auf ihre politischen Systeme ist düster. Und der Blick auf deren Partner in Europa, vor allem auf Frankreich, noch düsterer. Viele Afrikanerinnen und Afrikaner haben das Vertrauen in die Reden Europas über Demokratie und Rechtsstaatlichkeit verloren. Schließlich arbeiten europäische Regierungen mit ihren korrupten Präsidenten zusammen, tun so, als ob diese Staatschefs Demokraten wären – selbst dann, wenn sie es offensichtlich nicht sind. Mittlerweile trauen viele Afrikanerinnen und Afrikaner insbesondere Frankreich alles zu.

Abdoulwahid geht in ihr Schlafzimmer. Sie zeigt auf ihren Nachttisch. Dort steht ein goldener Bilderrahmen. Darin ein Foto, das einen jungen Marschall der nigrischen Armee zeigt. Er trägt eine festliche weiße Uniform mit einer grünen und einer blauen Klappe auf der Schulter. Oumarou Djibo steht unter dem Bild.

Es ist der Bruder von Abdoulwahids Ehemann. »Er war auch mein Bruder«, sagt sie. Djibo war immer da für Abdoulwahid, auch als ihre Ehe in eine Krise geriet. 2014 wollte sie sich scheiden lassen. Djibo sagte ihr: »Triff keine voreilige Entscheidung. Warte, bis ich von meinem nächsten Einsatz zurück bin, dann sprechen wir über alles.«

Am 3. Oktober 2014 machte Djibo sich mit einem Versorgungskonvoi auf den Weg nach Osten, in Richtung Tschadsee, wo damals die Terrorgruppe Boko Haram besonders heftig wütete. »Zwei Jahre lang wachte ich frühmorgens auf und dachte: Heute kommt er wieder.« Djibo kam nicht.

Der Konvoi des jungen Marschalls wurde bombardiert. Aus der Luft. Ein Kollateralschaden. Das behauptet zumindest Abdoulwahid. »Er war eines der ersten Opfer von Frankreichs Krieg gegen den Terror im Sahel.« Und niemand sei dafür zur Rechenschaft gezogen worden.

Französische Diplomaten geben an, von einem derartigen Bombardement keine Kenntnis zu haben. Sie sprechen von einem möglichen »Vorfall im Bereich der Desinformation«. Abdoulwahid glaubt kein Wort davon. »Die Soldaten, die den Luftangriff miterlebt haben, wurden aus der Armee geschmissen und eingesperrt«, sagt sie. »Es gab nie Ermittlungen zu dem Fall.« Abdoulwahid ist sich sicher: »Die Franzosen haben ihn getötet.« Es ist eine Behauptung, die sich nicht belegen lässt. Doch sie sagt viel aus über das Misstrauen, das in Abdoulwahid über all die Jahre gewachsen ist. Über die Zweifel, die so viele Menschen im Sahel hegen.

Abdoulwahid verließ ihren Mann nicht. Von einem gemeinsamen Leben konnte zuletzt aber auch kaum noch die Rede sein. Er arbeite immer mehr, sei nur noch ein paar

Wochen im Jahr zuhause, sagt Abdoulwahid. Meist schlafe sie allein ein. Nur das Bild Djibos sei immer da, in Gold gerahmt auf ihrem Nachtisch. »Ich habe meinen besten Freund verloren.«

Abdoulwahid knipst das Licht ihres Schlafzimmers aus. Sie tritt vor die Haustür, blinzelt ins grelle Sonnenlicht. Vor ihr liegen die staubigen Straßen Niameys. In den nächsten Wochen, versichert sie, werde sie jeden Tag demonstrieren gehen. »Ich werde nicht mehr schlafen, ich werde nur noch zwischen Arbeit und Protest pendeln«, sagt sie. »Bis die Franzosen das Land verlassen haben.«

FRANKREICH IST NICHT NUR DER SÜNDENBOCK

Eine frühere Kolonialmacht, die eine Fassaden-Demokratie schafft. Mit dem Ziel, ihren Einfluss fern des Heimatlandes nicht aufgeben zu müssen. Korrupte afrikanische Eliten, die mit ihr paktieren. Eine Politik, die sich nicht um die Bedürfnisse der Menschen schert. Wirkungslose Militäroperationen? Vertuschte Kollateralschäden? Was viele in den Tagen des Putsches auf den Straßen Niameys umtreibt, klingt schnell nach Verschwörungstheorie. Zum Teil kursieren tatsächlich krude Thesen, nicht zuletzt wegen der russischen Desinformationskampagnen. Für viele Menschen im Sahel ist Frankreich zur Quelle allen Übels geworden. Doch das hat, allen Falschinformationen zum Trotz, auch gut dokumentierte Gründe. Frankreichs Umgang mit seinen früheren Kolonien trägt längst einen Namen, der in die Geschichts- und Politikwissenschaft Einzug gehalten hat: die »Françafrique«.

Der Begriff existiert schon seit der Mitte des vergangenen Jahrhunderts und beschreibt ein System, das mit verborgenen, moralisch fragwürdigen und immer wieder auch kriminellen Methoden operiert[48]. Journalistinnen und Journalisten, Aktivistinnen und Aktivisten, Wissenschaftlerinnen und Wissenschaftler haben diese Methoden nach und nach offengelegt und zum Teil minutiös protokolliert.

Die Strategie, auf der die klandestinen Aktionen fußen, entstand kurz nach dem Zweiten Weltkrieg. »Es gibt eine Sache, die wir um jeden Preis verhindern müssen, wenn wir nicht endgültig zu einer Macht dritten Ranges absteigen wollen«, hieß es in einem Leitartikel der Zeitschrift »L'Aurore« im Jahr 1945: »den Zusammenhalt des Blocks Frankreich-Afrika«. Es war das erste Mal, das von der Françafrique die Rede war, und das in einer Zeit, in der es darum ging, wie die Weltordnung nach dem Zweiten Weltkrieg aussehen würde[49].

Es war Charles de Gaulle, der den Kern dieses Gedankens in seiner Präsidentschaft zwischen 1959 und 1969 zur gelebten Politik machte. De Gaulle schrieb in seinem Buch »Memoires de guerre« (Kriegserinnerungen): »La France ne peut être la France sans la grandeur.« Frankreich könne nicht Frankreich sein, ohne seine »Größe«. De Gaulle sah Frankreich zeit seines Lebens in seiner globalen Bedeutung bedroht – einerseits von der Sowjetunion und dem Kommunismus, andererseits durch die zunehmende Vormachtstellung der USA und Großbritanniens im westlich-kapitalistischen Bündnis[50]. Das stellte ihn vor eine Herausforderung, als immer mehr Menschen in den Kolonien ihre Unabhängigkeit forderten. Denn diese Kolonien waren ein Garant für gleich mehrere Vorteile Frankreichs in jenem globalen Ringen: Sie waren ein Zugang zu kritischen Rohstoffen wie Öl, Gas und Uran, und sie dienten als militärstrategische Außenposten Frankreichs. Sie erhöhten das geopolitische Gewicht der »Grande Nation« schlicht auch dadurch, dass Paris über mehr Territorium und mehr Menschen verfügen konnte, für einen größeren Teil der Erdbevölkerung sprach.

De Gaulles Lösung für die Unabhängigkeitsbestrebungen von Afrikanerinnen und Afrikanern: Auf dem Papier entließ Frankreich unter de Gaulle 18 seiner ehemaligen Kolonien in die Freiheit. In der Realität installierte der General und Staatsmann aber ein System, das die Kontrolle Frankreichs über seine früheren Besitztümer festigen würde.

Wie in Niger konnte de Gaulle auch in anderen afrikanischen Staaten auf eine durch und teils in Frankreich geprägte Elite setzen. Auf Männer also, denen Paris zuvor Zugang zu klassischer Bildung, zu Schulen und Hochschulen gewährt hatte. Wie in Niger förderte Frankreich auch in anderen Staaten Afrikas dann besonders willfährige Politiker aus diesen Kreisen.

Diese Methode war besonders wirksam, weil nicht nur in Niger, sondern auch in anderen ehemaligen französischen Kolonien zunächst Einparteiensysteme entstanden. Die afrikanischen Staaten müssten schnell aufholen, was sie in den Zeiten der Kolonisierung verpasst hätten, hieß es da. Mehrere, konkurrierende Parteien stünden diesen schnellen Schritten nur im Wege, weil sie in den Gesellschaften Rivalitäten entlang ethnischer, regionaler und familiärer Grenzen verschärfen würden. Selbst einige Vertreter, die sich aufrichtig für eine Entkolonialisierung einsetzten, fürchteten, dass mehrere Parteien nur eine unnötige Spaltung der afrikanischen Gesellschaften bedeuten und dem Opportunismus den Weg bereiten würden. Stimmen wie die von Cheikh Anta Diop, eines senegalesischen Historikers und Anthropologen, setzten sich dagegen nicht durch. Diop sagte 1960 lakonisch: Die Einheitspartei sei eine »sehr gute Methode, wenn es darum geht, ein kleines Territorium zu beherrschen, wenn es darum geht, fast persönliche Interessen zu schützen und sie nahezu dauerhaft zu etablieren[51]«.

Zwischen 1960 und 1989 gab es in Afrika 16 Länder, die noch weitgehend unter französischem Einfluss standen. Darin kam es zu 125 vermeintlich demokratischen Abstimmungen. In nur 23 hatten die Menschen mehr als eine Partei zur Auswahl[52]. Und Cheikh Anta Diop, der sonst mitunter umstrittene Historiker und Anthropologe, sollte recht behalten: Die Einparteiensysteme produzierten immer wieder Staatschefs und Regierungen, die vor allem ihre persönlichen Interessen sicherten. Scheinpräsidenten, die bereit waren zu Deals jedweder Art – insbesondere mit der früheren Kolonialmacht.

Nach den Unabhängigkeitserklärungen vieler afrikanischer Staaten in den 1960er-Jahren entstand auf dem Kontinent Demokratie vor allem auf dem Papier. Schnell folgte der Rückfall ins Autoritäre. De Gaulles Strategie setzte nicht nur darauf, zu kontrollieren, wer in die höchsten Ämter der jungen Nationen aufsteigen konnte. Es ging auch darum, zu bestimmen, wer dort wie lange und unter welchen Bedingungen bleiben würde.

In Niger half de Gaulle dem ersten Präsidenten der Republik Diori dabei, Aufstände niederzuschlagen. So sicherte er ihm zunächst eine lange Regentschaft. Im nigrischen Einparteiensystem wurde Diori zwei Mal wiedergewählt, stets mit 100 Prozent der Stimmen[53]. Dabei warfen ihm viele Menschen in der Heimat Korruption und Misswirtschaft vor. Und allzu enge Verbindungen nach Paris. Nur auf internationaler Bühne wurde Diori als Staatsmann gefeiert[54]. In den 1970er-Jahren allerdings wagte es Diori, darauf zu pochen, die Preise für nigrisches Uran mit der einstigen Kolonialmacht neu zu verhandeln. Als Militärs sich 1974 daranmachten, ihn zu stürzen, rettete ihn keine französische Intervention[55].

Der erste Präsident Togos, Sylvanus Olympio, wollte im Zuge der Unabhängigkeit seines Landes mit mehreren Staaten über wirtschaftliche Beziehungen verhandeln, nicht nur mit Frankreich. Vor allem an den USA und Großbritannien war Olympio interessiert. 1963 wurde er kurz nach Mitternacht zuhause von ehemaligen togolesischen Soldaten überfallen, die zuvor freiwillig in den französischen Streitkräften gedient hatten[56]. Er versuchte, sich in die amerikanische Botschaft in der Hauptstadt Lomé zu retten. Seine Leiche wurde am Morgen danach vor den Toren der Botschaft gefunden.

Der damalige französische Chef-Diplomat in Lomé, Henri Mazoyer, war schon während der Nacht des Mordes über die Vorgänge informiert, was sich heute aus seiner Telefonkorrespondenz rekonstruieren lässt. Er machte offenbar aber keine Anstalten, den Mord zu verhindern[57].

De Gaulles Reaktion auf das Attentat ein paar Tage danach war zwar kein Eingeständnis einer Mittäterschaft, es ließ aber wenig Zweifel daran, dass der Mord in Frankreichs Sinne war. De Gaulle sagte: »Er wurde dort bestraft, wo er gesündigt hat.«[58] Vor der Botschaft Amerikas. Neuer Machthaber in Togo wurde Nicolas Grunitzky, ein alter Verbündeter Frankreichs, der schon zu Kolonialzeiten als Premierminister in Togo fungiert hatte[59].

Auch nach dem Ende von de Gaulles Präsidentschaft blieben die Praktiken seiner Afrika-Politik ein häufig genutztes Mittel. Nicht zuletzt, weil sein persönlicher Berater in Afrika-Fragen, Jacques Foccart, sie förderte. Foccart, auch »Monsieur Afrique« genannt, diente mehreren französischen Präsidenten, prägte bis kurz vor seinem Tod Ende der 1990er-Jahre Frankreichs Politik auf dem Kontinent. Und so gibt es auch aus der Zeit nach de Gaulle unzählige Interventionen im Stile der Françafrique. Mehrfach versuchte Frankreich, unliebsame Präsidenten zu stürzen, so etwa 1977 in der »Operation Crevette« in Benin[60] und 1979 in der »Operation Barracuda« in der Zentralafrikanischen Republik[61]. Immer wieder setzte Paris auch darauf, Regime zu schützen, die gute Beziehungen zu Frankreich pflegten, 1983 in »Operation Manta« im Tschad etwa. Mitunter schritt Frankreich in dieser Manier gar in Staaten ein, die nicht zu seinem Kolonialreich gehört hatten. 1991 waren es nicht zuletzt französische Soldaten, die den kongolesischen Diktator Mobuto Sese Seko trotz Unruhen an der Macht hielten[62].

Über die Jahre und Jahrzehnte gelang es Frankreich mit den Mitteln der Françafrique, die Interessen der »Grande Nation« in vielen Staaten Afrikas zu wahren. Vor allem, wenn es um den Kontinent als militärstrategischen Außenposten und um den Zugang zu Rohstoffen ging.

Paris schloss Dutzende Verteidigungs- und Militärabkommen mit afrikanischen Staaten ab. 1960 hatte Frankreich rund 30.000 Soldaten auf dem Kontinent stationiert und verfügte über etliche Basen. In den 1980er-Jahren waren es noch immer 15.000 Soldaten[63]. Eine Zahl, die vor dem Beginn der Serie der Coups d'État Anfang der 2020er-Jahre nicht viel kleiner ausfiel[64]. Es war eine Präsenz, die es Frankreich seit jeher ermöglichte, sich in den Staaten wahlweise als Garant für Stabilität in Stellung zu bringen oder als Unterstützung beim Wandel. Schutz für freundliche und Angriffe auf feindliche Regime waren praktisch jederzeit möglich.

Zugleich konnte Frankreich auch dank der Françafrique auf dem Kontinent weiterhin im großen Stil auf Rohstoffe wie Öl, Gas und Uran zugreifen. Immer wieder zu Konditionen, von denen vor allem die französische Wirtschaft profitierte.

Ein weiteres Instrument der Françafrique, das bis in die Gegenwart wirkt, ist die Währung Franc CFA. Frankreich installierte sie noch in der Kolonialzeit, um den Handel mit den Kolonien anzukurbeln[65]. Zum Vorteil des Mutterlandes. Das Buchstabenkürzel CFA stand damals für »Colonies Françaises d'Afrique«, der »Franc der französischen

Kolonien in Afrika«. Bis heute wird in Zentral- und Westafrika damit bezahlt. Mit dem Unterschied, dass CFA nun für »Franc de la Coopération Financière en Afrique« steht, der »Franc der finanziellen Zusammenarbeit in Afrika« also. In einer Umfrage sagten im Jahr 2019 noch 96 Prozent der befragten französischen Unternehmer, dass die Währung für sie bei Geschäften auf dem Kontinent ein Vorteil sei[66].

Bis zur Jahrtausendwende war die Währung an den französischen Franc gekoppelt, seither an den Euro. Und noch immer müssen die afrikanischen Staaten einen Großteil ihrer Währungsreserven des CFA bei der Agence France Trésor in Paris hinterlegen, die dem französischen Wirtschaftsministerium untersteht. Sie haben keinen Zugriff auf die Mittel. In den beiden Zentralbanken, die für den CFA geschaffen wurden, hat Frankreich zudem bis heute ein Vetorecht für wichtige Entscheidungen.

Die an den Euro gekoppelte Währung gibt den afrikanischen Staaten zwar eine Stabilität, die sie ohne dieses Instrument womöglich nicht hätten. Sie nimmt ihnen aber auch Kontrolle. Der CFA verhindert eine eigenständige Geldpolitik der Sahel-Staaten. In Krisenzeiten können sie nicht selbst darüber entscheiden, den Wert ihrer Währung anzupassen. Frankreich verhindert mit der Gemeinschaftswährung bis heute, dass sich seine früheren Kolonien zu Ökonomien entwickeln, die wirklich unabhängig von ihrer früheren Kolonialmacht sind[67]. Seit 2019 pocht auch Frankreich auf eine Reform der Währung[68]. Nur verändert hat sich seither nichts.

Lange konnte Frankreich dank wohlgesinnter Partner in Afrika auch sein Gewicht in internationalen Organisationen wie den Vereinten Nationen erhöhen. Bei Abstimmungen in der UN-Vollversammlung etwa.

Die Françafrique etablierte sich als ein effektives Machtinstrument Frankreichs, ganz so, wie es sich Charles de Gaulle einst erhofft hatte. Sie erwies sich auch als ausgesprochen anpassungsfähig. In den 1990er-Jahren etwa entwickelten sich die bis dahin vorherrschenden Einparteiensysteme in Afrika angesichts immer lauterer Proteste in den Gesellschaften nach und nach zu Mehrparteiensystemen. Doch das änderte wenig an Frankreichs Einfluss. Jacques Foccart, de Gaulles »Monsieur Afrique«, sagte einmal: »In Afrika arbeiten wir mit Individuen, nicht mit Institutionen.[69]« Wohl auch ein Grund dafür, dass die Institutionen in den früheren französischen Kolonien heute so schwach sind. Und ein Grund dafür, dass die durch Frankreich geprägten gesellschaftlichen Eliten auch die Mehrparteiensysteme dominierten. Dem Großteil der Bevölkerung wiederum blieb oft nur die Statistenrolle in einem politischen Schauspiel.

Die Françafrique ist eine historische Besonderheit: Bei anderen Kolonialmächten ließ sich zumindest bisher kein Machtinstrument nachweisen, das ähnlich vielschichtig und durchdringend war.

Während de Gaulle und sein Berater Foccart kein großes Geheimnis aus ihren afrikanischen Ambitionen machten, schworen spätere französische Präsidenten immer wieder öffentlich der Françafrique ab. Doch nach ihren Versprechen dauerte es nie lange, bis Zweifel an ihrer Aufrichtigkeit aufkamen. So war es auch bei der jüngsten großen Intervention Frankreichs in Afrika, dem Kampf gegen den Terror im Sahel.

STUMPFE WAFFEN

Über Nigers Hauptstadt Niamey knarzt es. Auf einem Balkon im vierten Stock eines Hauses steht ein Mann. Er trägt ein blaues Gewand und einen schwarzen Turban. Mit seiner rechten Hand stützt er sich an der Brüstung des Balkons ab, mit der linken hält er ein Funkgerät. Mouhamadou Ibrahim lässt für einen Moment seinen Blick über die Stadt schweifen, die ihm zu Füßen liegt, über die rotbraunen Gebäude, die sandigen Straßen. Hier und dort blitzen Wellblechdächer in der Sonne. Dann schaut Ibrahim wieder auf den Apparat in seiner Hand. Stille. Er lässt die Brüstung los und tippt eine sechsstellige Nummer ein. »Eine Frequenz von Nusrat«, sagt er. Ibrahim meint das Terrorbündnis Dschamāʿat Nusrat al-Islām wa-l-Muslimīn (JNIM)[70]. Dabei handelt es sich um einen Zusammenschluss mehrerer Gruppen, die in Westafrika morden und Verbindungen zu Al Kaida pflegen. Knarzen. Rauschen. Wieder Stille. »Wenn sie jetzt funken würden«, sagt Ibrahim, »könnten wir sie hören.«

Ibrahim tippt eine zweite Nummer ein. »Die Nummer des ISSP«, des Islamischen Staates – Sahel Provinz. Eine weitere Terrorgruppe, die in Westafrika brandschatzt. Die Organisation ist verwoben mit dem IS, der aus dem Nahen Osten bekannt ist.

Ibrahim kennt mehrere der Wellenlängen, auf denen Gruppen wie JNIM und der ISSP funken. »Die Terroristen sprechen normalerweise in Codes«, erklärt er. Wenn sie von der »Impfstation« sprächen, dann meinten sie einen Platz mit Bäumen, einen Ort, an dem es Schatten gibt. Ibrahim lässt das Funkgerät sinken. »Ich hab' so viel mitgehört.« Die Vorbereitung von Attentaten, die Planung von Überfällen, Hinrichtungen.

Bis vor kurzem hat Mouhamadou Ibrahim nicht nur mitgehört. Bis vor kurzem war er selbst noch ein Terrorist. Es ist nur ein paar Monate her, da hat auch er im Namen des ISSP gemordet und gebrandschatzt. Ibrahim kennt die Geschichte der Gewalt im Sahel aus eigener Erfahrung.

Wenn diese Geschichte in Europa erzählt wird, beginnt sie meist im Jahr 2012, mit einem Aufstand von Tuareg-Rebellen in Mali, der von Islamisten gekapert wurde. Ibrahim weiß, dass sie eigentlich viel früher anfängt. Er kann davon berichten, wie der Westen dazu beigetragen hat, dass die Gewalt im Sahel eskalierte. Er spricht über die fragwürdigen Methoden mehrerer französischer Präsidenten. Männern, die de Gaulles Françafrique eigentlich zu einem Relikt der Vergangenheit erklärt hatten.

Wieder knarzt und rauscht es. An diesem Mittag Anfang September 2023 bekommt Ibrahim kein Signal rein. Er drängt zur Eile. Der Balkon über den Dächern Niameys ist an guten Tagen ein Ort, an dem man den Funkverkehr der Terrorgruppen belauschen kann. Aber er ist kein guter Ort, um in Ruhe zu erzählen. Der Balkon ist zu exponiert. Ibrahim will nicht, dass ihn jemand entdeckt. Er hat zwar dem Terror abgeschworen, doch das Gefühl, sich verstecken zu müssen, hat ihn noch nicht verlassen.

Ein alter Campingplatz in Niamey. Eine ungepflegte Grünfläche, vertrocknetes Gras, ein paar einsame Akazien. Früher hielten hier abenteuerlustige Touristen für einen Zwischenstopp. Von dem Campingplatz aus brachen sie zu ihren Expeditionen in die Weiten des Sahel auf. Dann erkundeten sie die alte Stadt Agadez, deren historisches Zentrum UNESCO-Weltkulturerbe ist. Oder sie besuchten das mächtige Aïr-Gebirge im Norden Nigers. Der Sahel war nach den Unabhängigkeitsbewegungen der Staaten zeitweise verhältnismäßig sicher. In den 1970er-Jahren entwickelte sich in Niger der Tourismus und spielte schnell eine bedeutende Rolle für die Wirtschaft im Norden des Landes[71]. Auch im benachbarten Mali keimte eine Tourismus-Industrie auf. Die berühmten Felsen von Bandiagara lockten Menschen aus aller Welt an, auch die sagenumwobene Oasenstadt Timbuktu. 2011 besuchten noch 200.000 Reisende das Land[72]. Doch davon kann keine Rede mehr sein.

Seit Jahren ist Tourismus im Sahel undenkbar. Die Sicherheitslage in der Region ist derart prekär, dass Ausländer Niamey nur noch mit bewaffneter Eskorte verlassen dürfen. Der alte Campingplatz ist verwaist, so dass sich hier sogar ein Mann unbeobachtet fühlt, der vor ein paar Monaten noch ein Terrorist war.

Ibrahim sitzt im Schatten eines Reet-Pavillons. Sein schwarzer Turban lässt nur seine Augenpartie frei. Er hat eine markante Zornesfalte und einen breiten Nasenansatz. Unter dem Teil des Turbans, den er sich um den Mund geschlungen hat, zeichnet sich ein voller Bart ab. Ein struppiger Bart. Ein paar Härchen stechen durch das Textil hindurch. Er beginnt, die Geschichte der Gewalt im Sahel zu erzählen. Von Anfang an.

Die Gewalt, sagt Ibrahim, sei ihm nicht in die Wiege gelegt worden. »Meine Eltern waren Viehhirten und Bauern.« Ibrahim ist ein Tuareg, er gehört zu dem traditionellen Nomadenvolk, das heute zum Teil sesshaft geworden ist. Es ist in der Sahara und dem Sahel zuhause, im heutigen Algerien und Libyen, aber auch in Mali, Burkina Faso und Niger. Ibrahim kam 1980 in Bankilaré zur Welt, einem Ort in der Region Tillabéri. Dieselbe Region, aus der auch Ahmed Bello

Issoufou stammt, Putins Sprachrohr in Niger. Auch Ibrahim schwärmt davon, wie friedlich und fruchtbar Tillabéri einst war. Bis jene Dürren die Region heimsuchten. Und auch er spricht davon, wie es vor allem jungen Menschen an Perspektiven gefehlt hat. An Möglichkeiten, sich zu entfalten.

»Wer in Bankilaré aufwächst, lernt zu leiden«, sagt Ibrahim. Seine Eltern zwangen ihn nicht, zur Schule zu gehen. Er selbst sah damals keinen Sinn darin. Er sollte eines Tages schließlich die Herde und die Ländereien seiner Eltern übernehmen. Eine bittere Aussicht angesichts der zunehmenden Trockenheit und der viel zu schnell wachsenden Bevölkerung.

Schon als kleiner Junge fing Ibrahim an, von einem anderen Leben zu träumen. Er entwickelte eine Faszination für die Helden-Epen der Tuareg-Kämpfer. Er ließ sich immer wieder von ihnen erzählen. Mitglieder des alten Nomadenvolkes rebellierten seit Generationen gegen die Staaten, durch die sie zogen. Staaten, deren Grenzen am Ende des 19. Jahrhunderts von europäischen Großmächten auf dem Reißbrett gezogen worden waren[73]. Grenzen, die keinen Raum boten für den Lebensstil der Nomaden. Viele Tuareg kämpften bereits gegen die frühere Kolonialmacht Frankreich.

Auch nach den Unabhängigkeitserklärungen der Länder im Sahel, als viele Tuareg längst sesshaft geworden waren, fühlten sie sich nicht als Teil der jungen Nationen. Die Staaten waren schließlich äußerst zentralistisch organisiert. Ihre Präsidenten kümmerten sich kaum um die Peripherie und die Menschen, die dort lebten. Sie kümmerten sich bestenfalls um den Zustand ihrer Hauptstadt, allzu oft aber vor allem um sich selbst. Weder in Mali noch in Niger waren die Staatschefs demokratisch legitimiert. Anfangs handelte es sich um Herrscher in Einparteiensystemen, die bald weggeputscht wurden. Die Soldaten, die ihre Macht übernahmen, entwickelten sich auch mit dem Segen der früheren Kolonialmacht zu Staatschefs, die teils ebenfalls in Einparteiensystemen Wahlen abhalten ließen und eine Langzeitherrschaft etablieren konnten. Die meisten von ihnen waren Beispiele für jene Schein-Präsidenten in Fassaden-Demokratien, von denen auch Amina Abdoulwahid zu berichten weiß, die Protestierende mit dem kleinen A zwischen den Augenbrauen.

In den großen Dürren der 1970er- und 1980er-Jahre als der Tschad-See fast vollständig austrocknete, spitzte sich die humanitäre Lage auch für viele Tuareg zu. Und die Regierungen in den Hauptstädten waren entweder nicht fähig oder nicht willens, ihre Lage zu verbessern. Die Rebellen, deren Geschichten Ibrahim sich als kleiner Junge immer wieder erzählen ließ, forderten ihren Platz in den jungen Nationen – oder aber ihre eigene Unabhängigkeit. Sie griffen zu den Waffen.

Statt ihnen Gründe zu liefern, sich dem Staat zugehörig zu fühlen, antworteten die Präsidenten Malis und Nigers mit militärischer Gegenwehr. Sie unterdrückten das Problem, lösten es aber nicht. Ibrahim sah in den bewaffneten Tuareg deshalb Freiheitskämpfer, tapfere Krieger, die ihr Leben für ein unterdrücktes Volk riskierten. Als er 14 Jahre alt war, schloss er sich ihnen an.

Anfangs kochte Ibrahim nur für die Tuareg-Kämpfer, doch bald nahmen sie ihn in ihre Ränge auf. »Ich bin nie zur Schule gegangen«, sagt Ibrahim. »Aber ich kann mit verbundenen Augen jede Waffe und jedes Satellitentelefon zusammensetzen.«

Erst in der zweiten Hälfte der 1990er-Jahre machten die Regierungen den Rebellen nennenswerte Zugeständnisse. Sie stellten ihnen größere Autonomie und stärkere Beteiligung an der Regierung in Aussicht. Die meisten Tuareg legten ihre Waffen nieder. Der Tourismus, der wegen der Rebellion fast zum Erliegen gekommen war, lief wieder an. Und auch sonst breitete sich etwas Zuversicht in der Region aus. Mit der Einführung von Mehrparteiensystemen in etlichen Staaten Afrikas wuchs die Hoffnung vieler Afrikanerinnen und Afrikaner auf mehr Demokratie. Und einiges sprach auch dafür, dass Fortschritt möglich sein würde – in Afrika, ja selbst im besonders schwierigen Sahel.

Die Vereinten Nationen veranstalteten in den 1990er-Jahren fast im Jahrestakt große Konferenzen zu den kritischen Themen: Ernährungssicherheit, Menschenrechte, Umwelt. Sie gipfelten im Jahr 2000 in einer Vollversammlung der Vereinten Nationen, die die sogenannten Millenniums-Entwicklungsziele definierte. Dazu gehörten die Bekämpfung extremer Armut und Hunger, mehr Schulbildung, eine gestärkte Rolle der Frauen, geringere Kindersterblichkeit, bessere Gesundheitsversorgung für Mütter, effektiverer Kampf gegen schwere Krankheiten wie HIV und Malaria und größere ökologische Nachhaltigkeit. Und der Aufbau einer globalen Entwicklungspartnerschaft[74]. Afrika südlich der Sahara verfehlte viele der Ziele, die an festgelegten Indikatoren gemessen wurden, doch es gab Fortschritte. Von 1990 bis 2015 verringerte sich die Armutsrate – also der Anteil der Bevölkerung, der in Armut lebt – um 28 Prozent. Der Anteil der Hungernden sank im selben Zeitraum von 33 Prozent auf 23 Prozent. Es gab deutlich mehr Einschulungen. Die Kindersterblichkeitsrate verringerte sich in Subsahara-Afrika. Die medizinische Versorgung verbesserte sich[75]. Zwischen dem Jahr 2000 und dem Jahr 2010 gehörten mehrere Staaten südlich der Sahara zu den am schnellsten wachsenden Volkswirtschaften der Erde. Mit dem Tschad auch ein Land im Sahel[76]. Dem Human Development Index der Vereinten Nationen zufolge verbesserte sich die Lage im Sahel in vielen Punkten sogar schneller als im Rest von Subsahara-Afrika[77].

Es war die Zeit, in der die Touristen durch die Region reisten, Halt machten auf dem Campingplatz, auf dem Ibrahim nun sitzt. Es war auch eine Zeit, in der ein Phänomen zu enden schien, für das Afrika berüchtigt war: die Militärputsche. Seit den Unabhängigkeitserklärungen der meisten Staaten auf dem Kontinent kam es zu mehr als 100 Coups d'État in Afrika. Mehr als in jeder anderen Region der Welt. Die Françafrique war ein Grund dafür. Die afrikanischen Staaten waren aber auch ein Schlachtfeld im Kalten Krieg. Mit der Jahrtausendwende nahm die Zahl der Coups d'État dann deutlich ab.

Ibrahim und vielen anderen jungen Tuareg fehlten trotzdem die Perspektiven. Zu heftig traf die Klimakrise seine Heimatregion, zu rasant war das Bevölkerungswachstum. Und auch staatliche Dienstleistungen kamen bei ihnen kaum an. Doch es gab jemanden, der sich um junge perspektivlose Tuareg wie Ibrahim kümmerte: Muammar al-Gaddafi, der Diktator Libyens, einem Staat, der im Norden des Sahel liegt und ans Mittelmeer grenzt.

Gaddafi regierte Libyen mit brutaler Härte, mit Unterdrückung, Folter, Mord und windigen Geschäften. So hielt er einen Staat zusammen, in dem rivalisierende Clans und Milizen um Einfluss rangen. Zu Beginn der 2010er-Jahre rollte dann eine Welle an Protesten über Nordafrika und Teile des Nahen Ostens hinweg. Menschen in etlichen autoritär regierten Ländern forderten bessere Lebensbedingungen, Freiheit und soziale Gerechtigkeit. Die als »Arabischer Frühling« bezeichnete Bewegung erfasste auch Libyen und entwickelte sich von Protesten zu einem Aufstand und letztlich zu einem Bürgerkrieg.

Gaddafi, der wiederholt auf Söldner aus Subsahara-Afrika gesetzt hatte[78], rekrutierte wieder verstärkt neue Kämpfer, vor allem unter Tuareg in Mali und Niger[79]. Er bot jungen, kampfgestählten Männern wie Ibrahim Arbeit – äußerst gut bezahlte Arbeit.

»Einer von Gaddafis Unterhändlern hat mir drei Millionen CFA in die Hand gedrückt«, erinnert sich Ibrahim. Umgerechnet sind das rund 1.500 Euro. Damals, es war im Jahr 2010, ein Vermögen. Das Geld war für Ibrahims Familie, die er zurücklassen musste, wenn er für Gaddafi in die Schlacht zog. Ibrahim stieg in Niamey in ein Flugzeug, das ihn nach Libyen brachte. Gaddafi hatte, so schildert es der ehemalige Rebell, einen Shuttle-Service für Tuareg-Söldner eingerichtet.

Ibrahim kämpfte monatelang für den Diktator gegen die Aufständischen in Libyen. Er verdiente in jenen Tagen mehr Geld als in seinem gesamten Leben zuvor. Nicht nur aus Niger, auch aus Mali machten sich Tuareg auf den Weg nach Norden, um in Gaddafis Dienste zu treten. So behielt Gaddafi in Libyen die Kontrolle. Es war eine Win-win-Situation: Perspektiven für perspektivlose Männer im Sahel. Stabilität für einen angezählten Diktator. Dieser Zustand allerdings hielt nicht lange.

Schon während des Präsidentschaftswahlkampfs 2006 versprach Nicolas Sarkozy, der die Wahl dann auch gewann, »ein neues, ausgewogenes Verhältnis« zu Afrika. In einer verheerenden Rede 2007 rutschte ihm heraus, dass er den Kolonialismus auch für »Aufbauarbeit« für Gesellschaften halte, die blind für Vergangenheit und Zukunft seien. Danach beteuerte er umso mehr die Abkehr von der Françafrique[80]. Nur folgten den Worten keine Taten. Libyen war zwar nie eine französische Kolonie, sondern eine italienische. Doch was dort auf Geheiß Sarkozys geschah, hatte dramatische Folgen für Frankreichs »pré carré« – Frankreichs Einflusssphäre in Afrika.

Zunächst beschloss der Sicherheitsrat der Vereinten Nationen eine Resolution, die einen Waffenstillstand in Libyen forderte. Sie ermächtigte dazu, Maßnahmen zum Schutz der Zivilbevölkerung zu ergreifen. Der »Arabische Frühling« nährte im Westen allerdings auch die Hoffnung auf Regimewechsel im Norden Afrikas und in Teilen des Nahen Ostens. Da war, so die Erzählung, die Chance, dass in den Staaten Autokratien verschwinden und Kräfte die Kontrolle übernehmen würden, die eher die Werte Europas und der USA teilten.

Gaddafi war ein provokanter Despot, der sich gern als Vorreiter eines dritten Weges in Szene setzte, eines politischen Modells für die sogenannte Dritte Welt. Dieser Weg sah einen eigenständigen Pfad vor, der losgelöst war von den Ideologien des früheren Ostblocks, aber auch vom System des Westens. Gaddafi ließ sich von niemandem etwas diktieren.

Unter den Mitgliedstaaten der NATO tobten Debatten, ob man die entstandene Dynamik in Libyen nicht unterstützen müsste. Und wenn ja, wie. Mitten in diesen Debatten preschte ein Mann vor: Nicolas Sarkozy. Am 19. März 2011 begannen französische Kampfjets in der »Opération Harmattan«, Stellungen des libyschen Diktators zu bombardieren. Wenig später folgten amerikanische, britische und kanadische Angriffe. Sarkozy erklärte diese Intervention kurz nach dem Beginn der Offensive zu einem moralischen Gebot: »In Libyen ist eine friedliche Zivilbevölkerung in Lebensgefahr, die lediglich ihr Recht beansprucht, über ihr eigenes Schicksal zu entscheiden«, sagte er in einer Fernsehansprache. »Wir haben die Pflicht, auf ihren angsterfüllten Hilferuf zu reagieren.«[81] Die Bombardements verschoben maßgeblich die Kräfteverhältnis auf dem Boden. Gaddafi und seine Söldner, unter ihnen Ibrahim, hatten keine Chance mehr gegen die Aufständischen. Der Diktator wurde gestürzt und vermutlich gelyncht[82].

Sarkozy feierte die Operation als Erfolg. Doch es dauerte nicht lange, bis er sich unbequeme Fragen gefallen lassen musste: Was hatte das Eingreifen wirklich gebracht?

Libyen entwickelte sich zu einem Failed State. Das Land zersplitterte in Territorien unter der Kontrolle von Clans und Milizen, die Gaddafi zuvor noch mit eiserner Hand zusammengehalten hatte. Die westlichen Mächte, die interveniert hatten, hatten sich offensichtlich nicht genug Gedanken darüber gemacht, welch ein Machtvakuum sie mit dem Sturz des Diktators auslösen würden. Die »friedliche Zivilbevölkerung«, die Sarkozy angeblich aus ihrer Lebensgefahr retten wollte, wurde zwar nicht mehr von Gaddafi unterjocht, aber in den Konflikten dieser rivalisierenden Gruppen zerrieben. 2020 wurde eine Waffenruhe vereinbart. Doch der Staat Libyen bleibt gespalten, es gibt zwei verfeindete Regierungen. Die Gewalt kann jeden Moment wieder losbrechen.

In den ehemaligen Kolonien Frankreichs glauben viele Menschen, dass es Sarkozy nie um das libysche Volk gegangen ist, vielleicht nicht mal um Geopolitik, sondern nur um sich selbst. 2016 wandte sich der französisch-libanesische Geschäftsmann Ziad Takieddine an die Öffentlichkeit. Und er erzählte eine Geschichte, die kaum zu glauben war, die wie eine wilde Verschwörungstheorie klang. Ende 2006 oder Anfang 2007 habe er mehrere Koffer in das Pariser Innenministerium gebracht, sagte Takieddine. Das Haus wurde damals von Sarkozy geführt. In den Koffern lagen laut Takieddine Millionen von Euro. Der Geschäftsmann behauptete, dass

Sarkozy sich von Gaddafi den Wahlkampf finanzieren ließ, der ihn 2007 an die Staatsspitze gebracht hatte. Sarkozy habe dem Diktator im Gegenzug Anerkennung in Paris und Hilfe bei der Reintegration in die internationale Gemeinschaft versprochen, die ihn weitgehend ächtete. Das Internetportal »Mediapart« veröffentlichte libysche Geheimdienst-Dokumente, die auf ähnliche Geschehnisse hindeuteten[83]. Auch Gaddafis Sohn, Saif al-Islam, machte dazu passende Andeutungen. Nach dem Sturz seines Vaters forderte er Sarkozy auf, »das Geld zurückzugeben«, das er angenommen habe. Insgesamt sei es um rund 50 Millionen Euro gegangen.

Desillusioniert nach einem halben Jahrhundert der Françafrique waren sich viele Menschen in den einstigen französischen Kolonien sicher, dass Sarkozy deshalb so vehement auf eine Intervention in Libyen gepocht hat, weil er den wichtigsten Zeugen eines weiteren schmutzigen Deals Frankreichs mit afrikanischen Eliten aus dem Weg räumen wollte: Gaddafi.

Was zunächst unglaublich klingen mag, ist offenbar nicht ganz abwegig. 2020 nahm die französische Justiz die Ermittlungen in dem Fall auf. Für Anfang 2025 ist ein Prozess wegen illegaler Wahlkampffinanzierung gegen Sarkozy geplant[84]. Die Frage, für wen »Opération Harmattan« ein Erfolg gewesen ist, wie es Sarkozy sagte, bleibt vermutlich aber auch danach unbeantwortet. Für die Menschen im Sahel war die Intervention aber sicher eine Katastrophe.

Nach dem Sturz Gaddafis kehrten Ibrahim und andere Tuareg aus dem Söldnerheer des Diktators in ihre Heimat zurück. Kampfgestählt, schwer bewaffnet – und plötzlich wieder ohne Perspektive. 2012 begehrten einige von ihnen im Norden Malis auf – der Moment, der im Westen oft als Anfang der Geschichte der Gewalt im Sahel gilt. Ibrahim, der schon als kleiner Junge davon träumte, sein ausgegrenztes Volk in einer großen Rebellion zu befreien, kämpfte mit. Die Tuareg-Rebellen hatten das Ziel, einen neuen Staat zu schaffen: Azawad. Sie nahmen eine Stadt nach der anderen ein. Am 6. April 2012 erklärten die Rebellen ihre Unabhängigkeit von der Republik Mali.

Islamistische Kräfte in den Reihen der Tuareg kaperten jedoch den Aufstand. Sie forderten nicht nur einen eigenen Staat, sondern ein Kalifat, eine Herrschaft »des Gesandten Gottes«. Die zentrale Figur dabei: ein Mann namens Iyad Ag Ghali, der sich bald zum Terror-Fürsten im Sahel aufschwingen sollte, zum Chef von JNIM.

Lange glaubte Ibrahim daran, dass sein Volk sich endlich in einem eigenen Staat selbst verwalten könnte. Die malische Armee hatte dem Aufstand wenig entgegenzusetzen. Doch als die Islamisten immer mehr Gewicht in dem Bündnis gewannen und plötzlich nicht mehr nur um das Territorium Azawads kämpften, den Norden des Landes, sondern auch das Zentrum bedrohten, kam es wieder zu einer Intervention. Wieder wurde sie angeführt von einem Mann, der die Françafrique für beendet erklärt hatte: Sarkozys Nachfolger im Élysée-Palast, François Hollande[85].

Die malische Übergangspräsident Dioncounda Traoré hatte sich im Kampf gegen den Aufstand im Norden an Frankreich gewandt und um Hilfe gebeten. Am 11. Januar 2013 bombardierten französische Kampfhubschrauber einen Konvoi der Rebellen auf dem Weg in die zentralmalische Stadt Sévaré. Es war der Beginn der »Opération Serval«. Mit Spezialkräften, Fallschirmjägern, gepanzerten Fahrzeugen und Luftunterstützung half Frankreich, die Islamisten aus den Städten zu vertreiben. Die Rückeroberung dauerte angesichts von Frankreichs Militäraufgebot nur ein paar Monate.

Obwohl ein französischer Präsident unter fragwürdigen Motiven dazu beigetragen hatte, das Chaos in Mali überhaupt erst auszulösen, feierten viele Menschen im Norden Malis nun die französische Armee. Sie hatte sie schließlich von der Herrschaft der Islamisten befreit. Es war, so sehen es einige Beobachter heute, der Moment, in dem Frankreich wieder hätte abziehen sollen. Hollande hielt die Zeit aber noch nicht für reif. Im Gegenteil. Paris nahm zunächst einen massiven Eingriff in die Souveränität des malischen Staates vor.

Noch während des Vormarschs französischer Truppen kam es zur Zusammenarbeit mit Tuareg-Rebellen, die sich ebenfalls gegen die Islamisten stellten, als die ihren Aufstand kaperten. Als malische Soldaten bereit waren, die Tuareg-Hochburg Kidal einzunehmen, die in der Geschichte immer wieder Ausgangspunkt von Aufständen der Volksgruppe war, stemmte Paris sich dagegen[86]. »Wir wollen politischen Dialog, und ich denke, den wird es geben«, sagte Hollande[87]. Es heißt, Paris habe die Befürchtung umgetrieben, dass es sonst zu Vergeltungsmaßnahmen zwischen den Tuareg und den Maliern anderer Ethnien kommen könnte. Doch viele Malier glauben, dass dies nur ein Vorwand war, um sich Einfluss zu sichern. Kidal blieb jedenfalls unter der Kontrolle von Tuareg-Gruppen.

Die Grenzen zwischen ihnen und den Islamisten waren allerdings stets fließend. Der heutige JNIM-Chef Iyad Ag Ghali war einst selbst ein führender Tuareg-Rebell. Und es gibt Bewohnerinnen und Bewohner Nord-Malis, die darüber klagten, dass die Herrschaft der Tuareg-Rebellen der Herrschaft der Islamisten in Sachen Willkür und Brutalität in nichts nachstand. Doch Hollande setzte sich durch.

2015 gelang es unter internationaler Hilfe, einen Friedensvertrag zwischen Tuareg-Rebellen und malischer Regierung auszuhandeln. Es war der zweite Moment, in dem Frankreich die Intervention hätte für beendet erklären können. Doch wieder entschied Hollande zu bleiben.

Während die Tuareg-Rebellen zur Aufgabe des bewaffneten Kampfes bereit waren und auf mehr Autonomie im Rahmen des Friedensprozesses hofften, hatten sich die islamistischen Kräfte um Iyad Ag Ghali zu einem großen Teil bloß zurückgezogen. Paris pochte darauf, sie auszulöschen. Und so ließ Frankreich auf »Opération Serval« im Jahr 2014 die »Opération Barkhane« folgen. Paris ging fortan mit bis zu 5.000 Soldaten auf Terroristen-Jagd, das größte militärische Aufgebot Frankreichs auf dem Kontinent. Die Vereinten Nationen entsandten zudem eine Friedenstruppe, die Multidimensionale Integrierte Stabilisierungsmission der Vereinten Nationen in Mali, kurz Minusma. Teils mehr als 10.000 Blauhelmsoldaten, darunter bis zu 1.400 Angehörige der deutschen Bundeswehr, sollten das Friedensabkommen zwischen früheren Tuareg-Rebellen und dem malischen Staat fördern und die Zivilbevölkerung vor den Islamisten schützen.

Ibrahim streckte damals wie so viele Tuareg die Waffen. Er sah sich als Rebell, nicht als Gefolgsmann Iyad Ag Ghalis. Er kehrte in seine Heimat Bankilaré zurück. Doch der Terror, gegen den er sich damals entschied, sollte ihn bald einholen. Denn auch die Jagd Frankreichs auf Terroristen entwickelte sich zu einem Fiasko.

Auf dem alten Campingplatz, im Schatten des Pavillons, verstummt Ibrahim, als sich eine Kellnerin nähert und eine kalte Cola bringt. Er wartet, bis die Kellnerin wieder verschwindet. Erst dann spricht er weiter. »Man kann den Terror nicht mit Waffen besiegen«, sagt er. »Mit jedem getöteten Terroristen entstehen drei Mal so viele neue.«

Frankreich gelang es, Terroristen auszuschalten, immer wieder auch hochrangige Kader. Einige Beobachter stuften das als einen Erfolg des französischen Ansatzes ein. Nur führten diese gezielten Tötungen nicht dazu, dass sich die Sicherheitslage grundlegend änderte[88]. Und wie so oft, wenn eine Armee gegen eine Kraft vorgeht, die auf Guerilla-Methoden setzt, kam es auch bei »Opération Barkhane« zu sogenannten Kollateralschäden. Der bekannteste Fall: Französische Kampfjets griffen den Ort Bounti im Zentrum Malis an. Sie trafen eine Hochzeitsgesellschaft, töteten 22 Menschen. Untersuchungen der Vereinten Nationen ergaben, dass höchstens drei der Hochzeitsgäste Mitglieder bewaffneter Gruppen waren[89], der Rest unschuldige Männer, Frauen und Kinder. Paris beharrte darauf, dass alle Terroristen gewesen seien.

Ereignisse, die als grobe Ungerechtigkeit empfunden werden, gelten als besonders bedeutsam bei der Radikalisierung. Laut einer Studie der Vereinten Nationen haben mehr als 70 Prozent der Mitglieder extremistischer Gruppen in Afrika »staatliches Handeln« als entscheidenden Faktor ausgemacht, sich anzuschließen. Sie berichteten unter anderem von Familienangehörigen und Freunden, die getötet oder inhaftiert wurden[90].

»Um den Terror einzudämmen, muss man den Kämpfern eine Perspektive bieten«, sagt Ibrahim, »eine Alternative zum Kampf.« Doch das geschah kaum. Insbesondere Frankreich setzte mit »Opération Barkhane« auf einen militärischen Ansatz im Sahel. Zwischen 2012 und 2019 verdoppelte Paris die jährlichen Ausgaben für die Region laut dem französischen Rechnungshof von 584 Millionen auf 1,17 Milliarden Euro. Doch der Großteil der Mittel floss in das Militär. Die Ausgaben für die Entwicklungszusammenarbeit gingen hingegen von 431 Millionen Euro zu Beginn des Konfliktes im Norden Malis auf knapp 324 Millionen Euro im Jahr 2019 zurück. Obwohl Paris die Sahelzone zu einer außenpolitischen Priorität erklärt hatte, machte die Entwicklungszusammenarbeit für die Region nur zehn Prozent der Mittel für den Kontinent aus. Auf Mali entfielen nur 2,5 Prozent[91].

Die Gruppen, die sich später zu JNIM zusammenschließen würden, rekrutierten immer mehr junge Männer und breiteten ihr Herrschaftsgebiet nach dem Beginn der Operation wieder aus. Weitere Organisationen wie der ISSP entstanden. Sie brachten ihre Gewalt vom Norden Malis in dessen Zentrum, von dort nach Burkina Faso und Niger. Bald sollten sie gar den Golf von Guinea bedrohen. Die Zahl der Opfer schoss in die Höhe. 2023 starben laut einer Analyse des Africa Center for Strategic Studies mehr als 23.000 Menschen im Zusammenhang mit der Gewalt islamistischer Terroristen in Afrika. Mehr als 80 Prozent von ihnen im Sahel und in Somalia[92]. Der Sahel entwickelte sich zum Epizentrum dieser spezifischen Form der Gewalt. Die Hoffnungen, die sich mit dem Jahrtausendwechsel in der Region eingestellt hatten, verpufften. Mit dem Terror brach auch die wirtschaftliche und gesellschaftliche Entwicklung ein[93].

Ibrahim war kaum wieder richtig in seinem Leben in Bankilaré angekommen, als der Terror 2018 auch seine Heimat erreichte. Er lebte noch von dem Geld, das er im Dienste Gaddafis verdient hatte. Doch dieses Polster wurde immer dünner. Ibrahim hatte mehrmals geheiratet und vier Kinder bekommen.

Als Kämpfer des ISSP erstmals in Bankilaré auftauchten, predigten und belehrten die Islamisten die Bürger und Bürgerinnen in der Region nur. »Hört kein Radio mehr«, sagten sie. »Verschleiert euch!« So erinnert sich Ibrahim.

Doch bald wurden aus Ermahnungen Drohungen. Und aus Drohungen Gewalt. »Ich habe mich ihnen angeschlossen, als sie anfingen zu morden«, sagt Ibrahim über den ISSP. »Nur so konnte ich verhindern, dass sie meiner Familie etwas antun.« Er ist selbst gläubiger Muslim. »Religion spielte eine Rolle«, sagt er. Sie war aber nach seinen Worten nicht der entscheidende Faktor.

Schnell merkten die Terroristen, dass Ibrahim kein einfacher Viehhirte war, sondern ein erfahrener Kämpfer. Er kletterte die Ränge der Organisation empor. Bald kommandierte er 100 Männer mit Motorrädern und schweren Waffen. »Ich habe entschieden, wer lebt und wer stirbt«, sagt Ibrahim. Immer wieder versichert er, dass er alles getan habe, um Zivilisten zu schonen. Doch sind Zivilisten besonders häufig Opfer der Angriffe von Gruppen wie dem ISSP oder JNIM.

Immer wieder blitzt bei Ibrahim durch, dass der Junge, der die Heldengeschichten der Tuareg aufsog und Gaddafi diente, irgendwann in all den Jahren seine Liebe für den Kampf entdeckt haben muss.

Ein paar Tage nach dem Treffen auf dem Campingplatz sitzt Ibrahim am Rande des nigrischen Nationalmuseums. Ein anderer Pavillon, ein anderer Ort, an dem er sich unbeobachtet fühlt. Durch die Spalten im Holz des Baus bricht Sonnenlicht, taucht Ibrahims wuchtigen Körper in ein grelles Muster.

Als er noch ein Terrorist war, erinnert sich Ibrahim, hatte er ein Mordwerkzeug, das er besonders mochte: die Pulemjot Kalaschnikowa, kurz PK. Ein Maschinengewehr aus russischer Produktion, das fingerdicke Projektile ausspeit. 650 Schuss pro Minute. Die PK steht normalerweise auf einem Waffenstativ. Ibrahim warf sich ein paar Munitionsgürtel über die Schulter und feuerte sie aus der Hüfte ab. »Wenn du mit so einer Waffe kämpfst, weißt du nicht, wie viele Menschen du tötest«, sagt er. »Wenn ich ›Allahu akbar‹ gerufen habe, war mein Kopf leer.«

Ibrahims Kampfname war Abou Warara Wakass. »Der Löwe«. Ibrahim erzählt gern von den großen Schlachten, in die er gezogen ist, zeigt Videos und Fotos seiner Terror-Armee. Ja, sagt er, er sei oft in einen regelrechten Rausch gekommen, wenn er kämpfte. »Schon als Junge war ich gern in gefährlichen Situationen«, sagt er. »Manchmal vermisse ich das.«

Ibrahims Kommandant belohnte ihn mit Geld und Ausrüstung für seine Männer. Bald durfte er rund um Bankilaré gar die Zakat eintreiben, eine religiöse Steuer, die von den Bewohnern eines Kalifats entrichtet werden muss. Finanziell ging es Ibrahim so gut wie seit den Tagen im Dienste Gaddafis nicht mehr. Nach ein paar Jahren hatte er fast alles, was er sich je erträumt hatte: Geld, Status, eine Perspektive.

Anderen jungen Männern ging es ähnlich. Die Terrorgruppen im Sahel finanzieren sich im großen Maße durch Formen organisierter Kriminalität. Das können Raubzüge sein, aber auch Handel mit Drogen und Waffen[94]. Die Grenzen zwischen überzeugten Islamisten und Banditen sind fließend. Wer für JNIM oder den ISSP kämpft, kann sich so oder so nehmen, was er will. Sei es da verwunderlich, sagt Ibrahim, dass sich mehr perspektivlose junge Männer den Gruppen anschließen, als die Franzosen mit ihren Hubschraubern und Kampfjets wegbomben können?

Frankreich ließ sich trotzdem bis zuletzt nicht von einem militärischen Ansatz abbringen. Paris mahnte seine Partner im Sahel gar ab, wenn sie auf einen anderen Kurs setzen wollten. Mit Vehemenz sprach Paris sich etwa gegen Gespräche oder gar Verhandlungen mit den Terrorgruppen aus. Noch 2021 sagte der damalige französische Außenminister »Wir verhandeln nicht mit Terroristen, wir bekämpfen sie.«[95] Dabei gab es Beispiele dafür, dass Versuche, den Terroristen im Sahel Alternativen zum Kampf zu bieten, durchaus funktionieren können. Ibrahim ist eines davon.

Im Laufe des Jahres 2022 erreichten Ibrahim immer wieder Nachrichten eines alten Kampfgefährten, eines Mannes namens Sidi Alactam. Der hatte dem Terror abgeschworen, war nach Niamey gegangen. Alactam folgte dem Ruf des damaligen Präsidenten Nigers, Mohamed Bazoum. Der war zwar in vielen Punkten auf Linie mit Frankreich, doch im Umgang mit den bewaffneten Gruppen hatte er andere Pläne als Paris. Bazoum forderte die Führer der Terrorgruppen zum Dialog auf. Er bot Mitgliedern an, zurück in die Gesellschaft zu kehren. Er garantierte ihnen Straffreiheit und Aussichten auf einen Job[96]. Alactam war Bazoums direkter Draht zu den Kämpfern.

Monatelang bearbeitete er Ibrahim, schickte ihm Fotos von seinem neuen Leben, seinen neuen Klamotten, die nicht vor Wüstensand starrten, von seiner neuen Wohnung, seinen Kindern, die zur Schule gingen. Bilder von einem Leben, in dem man sich nicht mehr verstecken musste.

Ibrahim fing an, sich Fragen zu stellen. Über seine Zukunft und vor allem die seiner Familie. »Was ist all das Geld wert, wenn ich es nicht genießen kann?«, sagt er über die Pfründe seiner Raubzüge und seinen großzügigen Sold.

Eines Tages im Januar 2023 schickte er seine Männer auf eine Mission. Er selbst schnappte sich seine geliebte PK und eine Pistole. Er floh, stellte sich der nigrischen Armee. Nur seine Funkgeräte, mit denen er bis heute die Terroristen belauscht, behielt er.

Als Ibrahim in der Hauptstadt ankam, lief zunächst alles so, wie Alactam es ihm versprochen hatte. Sogar noch viel besser. Er durfte Präsident Bazoum treffen. »Er hat mir eine Million Franc in die Hand gedrückt«, erinnert sich Ibrahim. »Dann hat Bazoum den Innenminister aufgefordert, mir eine Wohnung und ein Auto zu besorgen.« Ibrahim konnte schnell seine Familie nachholen. Und es dauerte dann auch nicht mehr lange, bis er den ersten Job hatte. Ibrahim durfte die Nationalgarde bei ihren Antiterroroperationen unterstützen. »Ich kenne ihre Codes, ihre Verstecke«, sagt er über die bewaffneten Gruppen. »Ich habe der Nationalgarde sehr geholfen.« Der einstige Terrorist wurde zum Terroristen-Jäger. Er wurde zu einem lebenden Beweis dafür, dass der Kampf gegen den Terror nicht aussichtslos ist. Die richtigen Waffen vorausgesetzt. Während die Zahl getöteter Zivilisten in Mali und Burkina Faso von 2021 auf 2022 in die Höhe schnellten, gingen sie in Niger zurück[97].

Opération Barkhane ging trotz allem ohne grundlegenden Strategiewechsel weiter. Während viele Menschen in Mali die Intervention 2012 noch feierten, hatten sie zehn Jahre später den Glauben daran verloren, dass Frankreich ihnen wirklich helfen will. Sie witterten eine weitere Volte der Françafrique. In einer Umfrage der Friedrich-Ebert-Stiftung glaubte jeder zweite Malier, dass die Franzosen sie nicht beschützten, sondern in Wahrheit gemeinsame Sache mit den bewaffneten Gruppen machten[98].

Aus europäischer Sicht ist das schwer vorstellbar. Schließlich war Frankreich unter den europäischen Staaten selbst schwer getroffen durch den islamistischen Terror. Mit etlichen Anschlägen in Paris, Nizza und kleineren Städten. Weit mehr als 200 Menschen verloren dabei das Leben.

Mouhamadou Ibrahim hält sich zurück, wenn es um derartige Fragen geht. Er ist vorsichtig geworden. Sein Leben steht, so kurz nach seiner Rückkehr in die nigrische Gesellschaft, noch auf wackligem Boden. »Ich kenne Frankreich nicht«, sagt er diplomatisch. »Ich stehe auf der Seite derjenigen, die wirklich Frieden schaffen wollen.«

Unbestritten bleibt, dass Frankreich im Sahel jahrelang auf eine stumpfe Waffe gesetzt hat. Paris versuchte, seine afrikanischen Partner davon abzubringen, eine andere auszuprobieren, wie den Versuch, mit den Terrorgruppen und ihren Kämpfern ins Gespräch zu kommen, mit Männern wie Mouhamadou Ibrahim. Die Grande Nation wollte auch nicht, dass die malischen Streitkräfte nach Kidal zurückkehren, in die Hochburg der Tuareg. Und so blieb sie in den Händen der einstigen Rebellen. Paris hatte einen Plan und erwartete, dass seine früheren Kolonien folgen. Wie eh und je.

STRAHLENDE ZUKUNFT

Im Norden Nigers steht ein Bollwerk in der Wüste. Maschinengewehrnester, in denen Soldaten kauern. Ein Schleusensystem aus rostigen roten Fässern, Stacheldrahtzäune und Schranken. Das Bollwerk schützt einen Ort, der eine der größten Hoffnungen des nigrischen Volkes war und zu einer seiner bittersten Enttäuschungen wurde. Ein Ort, der neben der mangelnden Sicherheit ein entscheidender Grund dafür ist, dass viele Menschen in der Region nun bereit sind, die bestehende Ordnung zu zertrümmern.

Amoumoune Allassane nähert sich dem Bollwerk auf der Rückbank eines Jeeps. Allassane ist fast 100 Jahre alt, trägt einen blauen Turban und ein bodenlanges weißes Gewand. Der Jeep passiert die Soldaten, bleibt zwischen den roten Fässern stehen. Der Mitarbeiter einer privaten Sicherheitsfirma umkreist das Auto. Er hat einen Inspektionsspiegel dabei, einen Apparat, mit dem er prüft, ob am Unterboden des Autos Sprengsätze montiert wurden.

»Die werden uns nicht reinlassen«, sagt Allassane. Und probiert es trotzdem.

Der alte Mann öffnet die Tür, setzt erst seinen Gehstock, dann seinen zitternden Fuß auf den sandigen Boden. Der Mitarbeiter des Sicherheitsdienstes fordert ihn auf, unter einem Unterstand einen Moment zu warten. Während Allassane in den Schatten humpelt, telefoniert der Pförtner. Ein paar Minuten vergehen. Er schüttelt den Kopf. Kein Einlass.

Allassane kennt den Ort auf der anderen Seite des Bollwerks. Zu gut vielleicht. Es ist die Uran-Mine der Compagnie Minière d'Akouta, kurz Cominak, ein französisch-nigrisches Joint Venture. Früher hat Allassane für das Unternehmen den wohl wertvollsten Rohstoff des Landes aus der Erde gegraben, den Brennstoff für Atomkraftwerke. Ein seltenes Metall, das Allassane und das ganze Land hätte reich machen können. Es kam anders.

Allassane hat diesem Unterfangen einen großen Teil seines Lebens gewidmet. Er hat für die Aufgabe seine Gesundheit riskiert. Dass Allassane nur noch am Stock gehen kann, hat nicht nur mit seinem hohen Alter zu tun. Allassane hat sich für die Förderung des nigrischen Urans aufgeopfert. Nun schickt der Mitarbeiter der Sicherheitsfirma Allassane weg, als wäre er ein Niemand. Er stört, wenn es um die Imagepflege des französisch-nigrischen Joint Ventures geht.

Es ist Anfang September 2023. Allassane steigt wieder auf die Rückbank des Jeeps. Beim Abfahren wendet er sich nochmal um. Der Himmel über dem Schleusensystem glitzert gelb-orange in der Morgensonne. Er ist gesättigt von Wüstensand. Auf dieser warmen Leinwand zeichnet sich, ein paar Hundert Meter hinter dem Bollwerk, eine graue Hügelkette ab. »Müll, dieser ganze Müll«, sagt Allassane. »In dieser Gegend gibt es eigentlich keine Berge.«

Die Hügelkette ist der Auswurf von einem halben Jahrhundert Uran-Förderung. Die Gesteinsreste sind nicht für die Brennstäbe geeignet, strahlen aber dennoch. Es gibt nur grobe Schätzungen: Dabei ist von 20 Millionen Tonnen dieser radioaktiven Hinterlassenschaften die Rede. Auf Allassanes Linken flimmert am sandigen Himmel eine zweite Hügelkette am Horizont. Das ist der Schutt der Société des Mines de l'Aïr, eines weiteren französisch-nigrischen Joint

Ventures im Uran-Geschäft. Weitere 30 Millionen Tonnen. Auch für Somaïr hat Allassane gearbeitet.

»Ein halbes Jahrhundert Ausbeutung«, sagt er. So wie Mouhamadou Ibrahim die Geschichte der Gewalt im Sahel von Anfang an kennt, so kennt Allassane die Geschichte des Urans in Niger fast von Anbeginn.

Nur ein paar Kilometer von den strahlenden Hügelketten entfernt liegt die Stadt Arlit. Rund 100.000 Menschen in flachen Lehmbauten. In einem wohnt Allassane mit seiner Familie. Das Gebäude wirkt wie ein kleines Labyrinth. Nicht weil es besonders groß wäre, sondern wegen seiner Architektur. Es besteht aus einem Dutzend rot-brauner Wände, die Wohn- und Lagerbereiche markieren. Die meisten haben weder Türen noch Dächer. Der Boden: Sand.

Allassanes Schlafzimmer gehört zu den gemütlicheren. Es hat ein Dach: Holzstreben, über die Planen gespannt sind. Ein schwarzer Vorhang schirmt den Eingang ab. In einer Ecke klappert ein alter Kühlschrank. Daneben liegen Zwiebeln im Sand. Auf der anderen Seite des Zimmers: Allassanes Pritsche. Der alte Mann sitzt da, den Rücken gekrümmt, und erzählt seine Geschichte. Dabei mischt er Französisch, die Sprache der früheren Kolonialmacht, mit Tamascheq, der Sprache seines Stammes. Auch Allassane gehört den Tuareg an.

Auf die Welt gekommen sei er 1927, sagt er. Sicher ist das allerdings nicht. Allassanes Eltern waren Nomaden, sie kümmerten sich nicht darum, ihrem Sohn eine Geburtsurkunde zu besorgen. Sie verbrachten selten mehr als ein paar Monate an einem Ort, zogen immerfort mit ihren Herden durch die Weiten des Sahel. Und in dieses Leben wuchs Allassane hinein. Er lernte, sich um die Ziegen und Kamele seiner Eltern zu kümmern. Er lernte, sich anhand der Gestirne und der Vegetation zu orientieren. Im Sahel wachsen die wenigen Büsche und Sträucher, die widerstandsfähig genug für diese Gegend sind, in einzigartigen Kombinationen. So bilden sie natürliche Wegmarken. Allassane hatte immer nur das Nötigste bei sich. Er schlief unter freiem Himmel. Eine wunderbare Zeit, so erinnert sich Allassane.

Auch er erlebte, wie das traditionelle Leben im vergangenen Jahrhundert beschwerlicher wurde. In einer der vielen Dürren, die den Sahel heimsuchten, verlor er fast seine ganze Herde. Er war damals schon ein erwachsener Mann. Allassane stand vor dem Nichts, als er von einem verheißungsvollen Job hörte. Von einer großen Aufgabe, für die es Männer brauchte wie ihn: Nomaden. Es war die Suche nach dem Brennstoff der Zukunft. Uran. Ein weiches silbriges Metall, das gelb-braun anläuft, wenn es der Luft ausgesetzt ist. Manchmal schimmert es sogar golden.

Französische Geologen sind in den 1950er-Jahren, gegen Ende der Kolonialzeit, in Niger auf Spuren des Rohstoffs gestoßen. Er war damals geopolitisch womöglich der wichtigste auf Erden. Angereichertes Uran in der Menge von ein paar Paracetamol-Tabletten reicht, um eine vierköpfige Familie ein Jahr lang mit Strom zu versorgen. Etwas mehr als eine Handvoll, um eine ganze Stadt zu zerstören. Mit den USA, dem Vereinigten Königreich und der Sowjetunion hatten damals drei Großmächte die Gewalt des Atoms gebändigt. Frankreich durfte, so sah es der damalige Präsident de Gaulle, nicht ins Hintertreffen geraten. Es ging schließlich um Frankreichs Rang als Atom- und damit als Weltmacht.

Dank de Gaulles Françafrique durften französische Unternehmungen auch nach der Unabhängigkeit Nigers im Norden des Landes systematisch nach Uran suchen – jene verheißungsvolle Aufgabe, von der Allassane hörte, als er gerade seine Herde verloren hatte.

Ein Windstoß, der schwarze Vorhang zu Allassanes Zimmer flattert auf. Ein paar Sekunden später fegt eine Wolke Wüstensand hinterher, rieselt in einem trockenen Regen zu Boden. Allassanes Füße stecken in Ledersandalen. Sie sind etwas zu klein, seine Zehen rollen sich an den Rändern ein, um Platz darin zu finden. Die Oberseite seiner Füße ist voller Schwielen, die Seiten sind von dicker Hornhaut überzogen. »Tsch, tsch«, macht Allassane. Er formt einen Laut, der das Schaben von Füßen über losen Sand imitieren soll. »Manchmal bin ich 40 Kilometer am Tag gerannt«, sagt er und fügt ein Heulen hinzu, das an ein Tier erinnert. »Wahouu!« Allassane verfällt oft ins Lautmalerische, taucht beim Erzählen tief in seine Erinnerungen ab. Er nutzt eine einfache Sprache, kurze Sätze. Doch immer wieder spickt er seine Geschichte mit Details, mit Zahlen und technischen Ausdrücken. Er weiß, wovon er redet.

»Als die Weißen kamen, baten sie den Sultan, ihm junge Männer zu geben«, sagt Allassane. Mit »den Weißen« meint er die französischen Geologen. Allassane war einer der Auserwählten. Fortan stand er morgens noch vor dem Sonnenaufgang auf. Die Franzosen schnallten ihm einen Apparat auf den Rücken, einen Geigerzähler, so erinnert sich Allassane. Dann marschierte er los. Wenn das Gerät auf seinem Rücken anfing zu knarzen und zu knacken, hielt Allassane an, malte ein X auf einen Stein und markierte damit die Stelle. Er lief weiter, bis die Sonne im Zenit stand. Am Ende eines solchen Arbeitstages war Allassane stolz. »Ich habe damals geglaubt, dass dieser Job eine unglaubliche Gelegenheit für mich und mein Land ist«, sagt er. »Wir haben nicht verstanden, was da vor sich ging.« Dabei hätte er es ahnen können, sagt er. Nach seinen langen Märschen fuhren die französischen Geologen Allassane und die anderen Uran-Scouts mit Jeeps nach Hause. Die Franzosen saßen vorn, die Nigrer immer hinten auf der Ladefläche. »Wir waren jung«, sagt Allassane und lacht ein bitteres Lachen. »Wir waren auch noch froh, dass wir überhaupt mitfahren durften.«

Allassane glaubte, sich und sein Land voranzubringen. Wie sonst konnte es sein, dass die Franzosen ihm 37.000 Franc CFA im Monat zahlen konnten, heute etwas mehr als 50 Euro, damals viel Geld. Allassane arbeitete vier Jahre als Uran-Scout, dann boten »die Weißen« ihm den nächsten lukrativen Job an. 1971 eröffnete die erste nigrische Uran-Mine, Somaïr, ein Tagebau. Allassanes Aufgabe: Chemikalien mixen, um das Uran aus dem Gestein zu lösen. Dabei hantierte er auch mit Schwefelsäure.

Allassane krempelt seinen Ärmel hoch, legt ein Muster aus feinen Narben an seinem Unterarm frei. Er habe oft keine Handschuhe getragen, sagt er. Die Franzosen hätten die Mitarbeiter lange nicht richtig über die Risiken ihrer Arbeit aufgeklärt. Auch nicht über die vielleicht größte Gefahr: die Radioaktivität. »Früher hab ich nicht mal gewusst, was Uran überhaupt ist«, sagt Allassane. »Ich bin nie zur Schule gegangen.«

13 Jahre seines Lebens widmete Allassane Somaïr. Dann wechselte er in die Mine von Cominak, ein Untertagebau. Der Sohn von Nomaden, der sein ganzes Leben unter freiem Himmel verbracht hatte, erinnert sich noch gut an das erste Mal, als er in die Tiefen hinabstieg. »Mir gingen 1.000 Dinge durch den Kopf, als ich plötzlich die Sonne nicht mehr sehen konnte«, sagt er. Acht Jahre lang bohrte Allassane für Cominak Löcher in die Stollen, um Platz für Sprengsätze zu machen. Acht Jahre lang schaufelte er mit Baggern Geröll aus der Erde. Eines Tages, als er in Eile hinauf ins Tageslicht hastete, stolperte er. Allassane knallte mit seinem Knie auf eine metallene Stufe. Es war sein letzter Arbeitstag, der letzte Tag, an dem er unbeschwert laufen konnte.

Neben Allassanes Pritsche stehen mehrere Gehstöcke, einer ist abgewetzter als der andere. Er kämpft seit jenem Tag in der Mine dagegen an, gänzlich die Beweglichkeit zu verlieren. So wie früher, als er auf die Suche nach Uran ging, steht er nun jeden Morgen lange vor Sonnenaufgang auf. Er greift sich einen seiner Stöcke und marschiert los. Nur schafft er heute keine 40 Kilometer mehr. Meist ist nach ein paar Häuserecken Schluss. Sein Sohn Ali folgt ihm deshalb mit einem Moped. Wenn der alte Mann nicht mehr kann, lässt er ihn aufsitzen und fährt ihn heim.

Auch sonst ist Ali eine Stütze für ihn. Er ist Lehrer geworden, sein Gehalt ist eine der wenigen Einnahmequellen der Familie. Allassanes ältester Sohn ist bereits ausgewandert – wie so viele junge Männer aus Westafrika, die verzweifelt nach Arbeit suchen. Manchmal schickt er Geld, die Familie hat nur das Nötigste.

Nach seinem Unfall hatte Cominak die Behandlung von Allassanes Knie übernommen. Er hat auch zwei Millionen CFA, rund 3.000 Euro, bekommen. Doch das Geld war schon nach ein paar Jahren weg. Für Allassane war es selbstverständlich, Menschen, die ihm nahestehen, zu unterstützen. So machen es viele traditionelle Familien in Niger. Wer etwas hat, teilt mit jenen, die Hilfe brauchen. In Arlit gab es viele davon. Trotz des verheißungsvollen Metalls, das Somaïr und Cominak dort jeden Tag aus der Erde holten. »Ich dachte, das Uran beschert unserer Heimat Wohlstand und Jobs«, sagt Allassane. »Aber die Franzosen haben keinen Cent in unsere Zukunft investiert.«

Hauptanteilseigner bei Cominak und Somaïr ist der französische Energieriese Orano. Ein Unternehmen, das wiederum zu einem großen Teil im Besitz des französischen Staates ist. Es ist mit einem Umsatz von 4,8 Milliarden Euro im Jahr 2023 einer der größten Uran-Förderer der Welt[99].

In der Konzernzentrale in Paris will niemand Fragen zum Geschäft in Niger beantworten. Die Kommunikationsabteilung von Orano weist Allassanes Vorwürfe per E-Mail zurück. Darin ist von umfangreichen Investitionen in die Stadt Arlit und das ganze Land Niger die Rede. Von Programmen zur Bildungsförderung, für Frauen, für die Jugend. Von Investitionen in die Infrastruktur, die Wasserversorgung etwa. 2014 habe das Unternehmen zudem 60 Millionen Euro zugesagt, um die Straße von Arlit in den nächsten größeren Ort Tahoua zu sanieren. Von Umweltzerstörung und mangelndem Schutz der Bevölkerung kann laut Orano auch keine Rede sein. Alle nationalen Standards würden erfüllt, oft übererfüllt, auch bei den Hügelketten aus radioaktivem Gestein, die neben den beiden Minen Cominak und Somaïr in den Himmel ragen. Das Unternehmen verweist zudem darauf, zwei Krankenhäuser in Arlit eröffnet zu haben, die nicht nur Mitarbeiter, sondern auch einfache Bürger nutzen könnten. Die Botschaft: Der Uran-Abbau in Niger ist eine Win-win-Situation für Orano und Niger. Ausbeutung? Keinesfalls.

Erzählt Allassane also Märchen? Ist er selbst nicht der beste Beweis dafür, dass alles nicht so schlimm sein kann? Wurde er etwa nicht gut bezahlt, als er nach Uran suchte? Bekam er nach seinem Unfall nicht zusätzliches Geld? Und wie hätte dieser Mann fast 100 Jahre alt werden können, wenn er schlimmer Strahlenbelastung ausgesetzt gewesen sein soll? Ist Allassane wegen seines Arbeitsunfalls womöglich nur verbittert und redet jetzt schlecht über seinen früheren Arbeitgeber?

Über Arlit geht an einem Morgen Anfang September die Sonne auf. Die Stadt glüht in einem besonders tiefen Orange. Im Zentrum, zwischen einer Schule und einer

Werkstatt für Busse, liegt eine Brachfläche. Harte, trockene Erde, aus der Steine hervorlugen. Ein Mann in einem weißen Turban schleicht, leicht nach vorn gebeugt, darüber. In seiner Hand hält er einen schwarzen Apparat, der wie eine Pistole aussieht. Nur fehlt der Abzug. An der Rückseite des Apparats gibt es ein kleines Display, auf dem Zahlen zu sehen sind.

Der Mann heißt Almoustapha Alhacen. Das Gerät in seiner Hand: ein moderner Geigerzähler. Wie Allassane war auch Alhacen früher Minen-Arbeiter. Als immer mehr seiner Kollegen krank wurden, trieben ihn Sorgen um. Es kam zu unerklärlichen Todesfällen ungewöhnlich junger Menschen in Arlit. Im Jahr 2000 gründete Alhacen die Nichtregierungsorganisation »Aghir In'Man« – Schutz der Seelen.

Alhacen, den Geigerzähler auf den Boden gerichtet, nähert sich einem Stein, der aus der Brachfläche herausragt. Das Gerät fängt an zu rattern, auf dem Display flackern Zahlen. Ein Mikrosievert, zwei Mikrosievert, dann mehr als drei. Normal wäre ein Wert von 0,2 Mikrosievert. »Was, wenn sich hier jemand auf diesen Stein hockt?«, fragt Alhacen.

Der Aktivist pirscht mitunter mehrmals die Woche durch Arlit, um die Strahlenwerte zu messen. Denn Teile des Mülls aus den Minen sind in die 100.000-Einwohnerstadt gekommen. Sie wurden vom Wind herübergeweht, mit den Klamotten der Minen-Arbeiter eingeschleppt. Cominak und Somaïr parkten zudem Geräte, die in den Minen zum Einsatz gekommen waren, in der Stadt. So zumindest Alhacens Vorwurf. »Auf dem Markt wurden auch verstrahlte Stahlträger aus den Minen verkauft«, sagt Alhacen. »Damit wurden Häuser gebaut.«

Ein paar unerklärliche Todesfälle sind noch kein Beweis für ein toxisches Umfeld. Ein Mann, der fast 100 Jahre alt wird, ist aber auch kein Gegenbeweis. Und die Zahlen auf Alhacens Gerät?

Uran hat einen Zellkern, der aus 92 Protonen besteht. Es ist das schwerste natürlich vorkommende Element, das dem Menschen bekannt ist. Und es befindet sich in einem permanenten Zerfallsprozess. Das macht es so interessant. Wegen seiner Instabilität lässt sich der Kern des Urans durch den Beschuss mit Neutronen leicht spalten. Das setzt unvorstellbare Mengen von Energie frei. Der Mensch macht sich diese Eigenschaft seit der Mitte des vergangenen Jahrhunderts zunutze, um Strom zu erzeugen und Bomben zu bauen. Doch auch wenn der Kern nicht künstlich gespalten wird, setzt Uran radioaktive Strahlung frei. Trifft sie auf den menschlichen Körper, kann sie zerstörerische Prozesse in Gang setzen: Genmutationen, die Krebserkrankungen auslösen können.

Orano verweist auf interne Studien, die bestätigen sollen, dass es keinen Zusammenhang zwischen dem Uran-Abbau und erkrankten Menschen in Arlit gibt. Doch fest steht: Die Strahlenwerte in der Stadt sind viel zu hoch. Alhacen half bereits 2010 der Umweltschutzorganisation Greenpeace bei einer Studie, die feststellte, dass die Radioaktivität in mehreren Wasserquellen der Region Grenzwerte der Weltgesundheitsorganisation überschreitet[100].

Es ist schwer, den Zusammenhang zwischen der erhöhten Strahlung und den Erkrankungen und frühen Toden von Alhacens einstigen Kollegen und Mitbürgern nachzuweisen. Das würde ein langwieriges und systematisches Monitoring in der Bevölkerung voraussetzen. Doch das gibt es nicht, zumindest kein unabhängiges. Deshalb lassen sich nur Parallelen ziehen: Grundsätzlich sind Menschen überall auf der Welt radioaktiver Strahlung ausgesetzt. Uran ist schließlich ein Teil der Natur. In großer Höhe ist der Anteil der kosmischen Strahlung besonders stark. Ein Flug über den Atlantik verursacht deshalb im Schnitt eine zusätzliche Belastung von 100 Mikrosievert. In Deutschland sind Piloten und Flugbegleiter deshalb überwachungspflichtig[101]. Es gibt gar Studien, die bei ihnen ein erhöhtes Krebsrisiko festgestellt haben[102].

Auch zu Minen-Arbeitern in der Uran-Wirtschaft gibt es eine umfangreiche Studie. Das Ergebnis: ein erhöhtes Risiko für Lungenkrebs, selbst bei leichten Strahlenwerten[103]. Die Studie basiert auf Daten von Arbeitern aus der ehemaligen DDR, wo in der Wismut-Mine bis 1990 Uran abgebaut wurde[104]. Für Niger fehlen derartige Daten. »Doubou Ta Tchika«, sagt Alhacen. Das Sprichwort in Alhacens Muttersprache Haoussa besagt in etwa: »Diebe kommen billig davon.«

Alhacen schleicht weiter. Am Rande der Brachfläche, nicht mehr weit von der Schule entfernt, bedeckt ein Film aus gelbem Staub den Boden. »Schwefelreste aus der Uran-Produktion«, erklärt Alhacen. »Auch das ist giftig.«

Der Aktivist wirft Orano Greenwashing vor, die Inszenierung von sozialem und ökologischem Engagement, um seine tatsächlich ausbeuterischen und zerstörerischen Praktiken zu kaschieren. »Ja«, sagt er. Die Krankenhäuser, von denen Orano in seiner Mail berichtet, gebe es wirklich. Die Mitarbeiter des Unternehmens würden auch gut bezahlt, seien versichert, bekämen gar Kindergeld. Nur, fügt Alhacen hinzu: »In den Krankenhäusern gibt es manchmal nicht mal Paracetamol.« Und über die gut bezahlten Arbeitskräfte, rund 1.000 seien es, ergänzt er: »Orano setzt seit einigen Jahren auf Subunternehmer.« Die würden nicht von Orano versichert, sie kriegten keine fetten Gehälter. Als Blendwerk beschreibt Alhacen die angeblichen Investitionen Oranos in die Infrastruktur Arlits. »Wir haben oft keinen Strom und kein Wasser«, sagt er. »Ein Blick auf unsere Straßen reicht.«

Die 60-Millionen-Euro-Trasse, von der Orano in seiner E-Mail berichtet, ist eine Sandpiste, die von Kratern durchzogen ist. Ein Lastwagenfahrer, für den sie die wichtigste Verbindung von Arlit mit dem Rest des Landes ist, erzählt, dass er für die gut 600 Kilometer bis nach Tahoua fünf Reifenwechsel einplane. Selbst für Geländewagen sei es besser, im losen Sand neben der Straße zu fahren, um Achsen und Rücken zu schonen. Die Bewohner Arlits nennen die Piste spöttisch »Rue d'Uranium«, die Straße des Urans. Denn es ist auch die Strecke, über die Orano den vielleicht wertvollsten Rohstoff des Landes an den Golf von Guinea karrt, um ihn dann mit Schiffen nach Europa zu exportieren. Die Straße ist zum Sinnbild einer Geschäftspraktik geworden, bei der die Reichtümer Nigers das Land verlassen und dafür nichts zurückkommt. Win-win? Von wegen.

Nur ein paar Minuten von der strahlenden Brachfläche in Arlit entfernt liegt ein weiteres der vielen einstöckigen Lehmhäuser. Ein kleiner Innenhof, eine Leine, an der traditionelle Gewänder hängen, Kindershorts, bunte Tücher. Ein Pavillon. Der Aktivist Alhacen sitzt im Schatten. Sein Haus ist etwas gediegener als Allassanes Heim, doch von prunkvoll kann keine Rede sein. »Orano ist nur eine Seite der Medaille, die politische Klasse in Niger ist die andere«, sagt der Aktivist. »Da gibt es eine Handvoll Menschen, die sich mit den Schätzen unseres Landes bereichern, die nigrische Bevölkerung aber bekommt nichts ab.«

Während in den ersten Jahren von Orano in Niger, damals hieß das Unternehmen noch Areva, vor allem Franzosen die Geschicke der Tochterfirmen Cominak und Somaïr gelenkt hätten, säßen mittlerweile Nigrer an deren Spitze, sagt Alhacen. »Seither ist alles nur noch schlimmer geworden.« Und praktisch alle im Land glauben zu wissen, warum.

Seit der Unabhängigkeit Nigers haben zehn verschiedene Präsidenten das Land regiert. Meist Männer ganz im Sinne der »Françafrique«, Männer mit besten Beziehungen nach Paris. Keiner rüttelte am Deal mit dem französischen Staatskonzern Orano. Im Gegenteil. Die politische Klasse Nigers ist seit jeher oft selbst tief verwickelt in das Geschäft. Ein Beispiel ist wieder Mahamadou Issoufou, der ehemalige Präsident mit den prunkvollen Villen am Ufer des Niger in Niamey. Die Bergbau-Unternehmen, für die Issoufou nach seinem Studium in Frankreich in Niger arbeitete: Cominak und Somaïr. Sein Weg in die Politik begann nicht mit der Gründung seiner Partei PNDS. 1980 wechselte er von Somaïr direkt ins Ministerium für Industrie und Bergbau. Nicht als einfacher Mitarbeiter, sondern als Direktor[105]. Issoufou wusste, wie all seine Vorgänger, was im Norden des Landes geschah, und doch änderte er nichts daran.

Issoufou war Teil eines Klüngels aus Geld und Macht, eines undurchsichtigen Gebildes, in dem auch die frühere Kolonialmacht Frankreich eine Rolle spielte. Bis zum Putsch.

Die Proteste, die den neuen Machthabern um Abdourahamene Tchiani einen antikolonialen Kurs aufzwangen, beschränkten sich nicht auf die Hauptstadt Niamey. Auch weiter im Norden des Landes, in Agadez, gingen Menschen auf die Straße. Ja sogar inmitten der Wüste in der kleinen Stadt Arlit. Dort schleppte sich auch ein Mann auf eine der Demos, der fast 100 Jahre alt war und nur noch am Stock laufen konnte: Amoumoune Allassane. Er forderte nicht nur den Abzug der französischen Soldaten im Land. Er verlangte auch das Ende von Orano in Niger.

Ein staubiges Büro in Arlit ein paar Wochen nach dem Putsch. Die Wände sind mit Dokumenten übersät. Einige stecken in Rahmen, andere sind nur mit Tesafilm an die Wand gepappt. Sie zeigen im Detail die Unternehmensanteile an Cominak und Somaïr. Zwei Drittel Frankreich, ein Drittel Niger. So an der Wand zur Schau gestellt, wirken sie wie Dekoration.

Das Büro gehört Bassirou Moussa Balele. Er ist der amtierende Direktor für das Minenwesen in Arlit. Balele ist 50 Jahre alt, trägt einen Blaumann, er misst fast zwei Meter, hat kräftige Schultern. »Die sind nicht glücklich über diese Idee«, sagt Balele. Mit »die« meint er die Direktoren von Cominak und Somaïr. Und die Idee, von der er spricht, ist Allassanes Plan, zusammen mit einem Journalisten aus Deutschland das Betriebsgelände der Unternehmen zu besuchen und ihm zu zeigen, was auf der anderen Seite des stählernen Bollwerks in der Wüste liegt.

Das Telefon klingelt. Balele hebt ab. »Aha«, sagt er. Ein paar Minuten vergehen. Balele legt das Telefon beiseite, blickt auf. »Aha«, sagt er noch einmal. Das Ministerium für Minenwesen in Niamey war am Apparat. Die Junta ordnet an, dass Cominak und Somaïr dem Journalisten aus Deutschland ihre Minen zeigen müssen. Die Botschaft ist unmissverständlich: Fortan wird nicht mehr in Paris entschieden, wenn es um Nigers Uran geht.

Balele ruft den Chef von Cominak in Arlit an. Verwirrte Reaktion. »Was? Schon heute Nachmittag?« Die Antwort Baleles: »Ja, 15 Uhr.«

Ein paar Stunden nach dem Telefonat sitzt Amoumoune Allassane wieder auf der Rückbank des Jeeps. Der Wagen schiebt sich die »Rue d'Uranium« hinauf in Richtung Cominak. In der Ferne ist schon die graue Hügelkette zu erkennen. »Tchiani und seine Junta sind die Ersten, die sagen: Genug ist genug«, sagt Allassane. Am Schleusensystem angekommen, winkt der Pförtner Allassane dieses Mal freundlich herein.

Zum ersten Mal seit seinem Unfall quetscht sich der alte Mann wieder durch das stählerne Drehkreuz am Haupteingang. Auf der anderen Seite sagt er: »Hier sieht noch alles aus wie früher.« Vor Allassane liegen ein paar einstöckige Bauten, die an eine Kaserne erinnern. Die Umkleiden für das Minenpersonal. Sandpfade durchziehen das Gelände wie Tentakel. Hin und wieder sind sie von rot-weißen Schranken unterbrochen. Allassane humpelt auf eine Freifläche. Ungläubig stochert er mit seinem Stock auf dem Boden herum. »Hier war es«, sagt er. Allassane meint den Zugang zur Mine, zum Tunnelsystem, das sich Hunderte Kilometer unter der Erde erstreckt, dem Weg zum Uran. »Dass es einmal dazu kommt, habe ich mir nie vorstellen können«, sagt Allassane. Er meint, dass der Eingang versiegelt wurde.

Seit der Unabhängigkeit Nigers hat Cominak hier rund 75.000 Tonnen Uran aus der Erde gebaggert. Bei Marktpreisen im Jahr 2023: mehr als zehn Milliarden Euro. Jetzt gibt es in den Tiefen nichts mehr zu holen. Cominak hat die Arbeiten in der Mine 2021 beendet und den Zugang zur Mine geschlossen.

Der Chef der Mine stapft herüber. Er trägt schwere Sicherheitsstiefel und einen Helm mit Schutzbrille. Er sieht Allassane, sein Gesichtsausdruck verfinstert sich. »Der kann nicht mitkommen«, sagt er. Die Anordnung der Junta gelte nur für den Journalisten. Ein paar Minuten später wendet er sich einem seiner Kollegen zu und flüstert einen Hauch zu laut: »Unsere früheren Mitarbeiter sind heute unsere Feinde.«

Allassane humpelt zu einem Unterstand, um im Schatten

zu warten. Der Chef der Mine steigt in einen Jeep und fährt langsam den Hügel aus radioaktivem Geröll hinauf. Auf halber Höhe ertönt ein schrilles Fiepen. Ein Geigerzähler. Die Strahlenbelastung ist so hoch, dass Menschen sich ihr nur kurz aussetzen sollten. Zwei Mikrosievert. Wenig später sind es vier, am Ende mehr als sieben Mikrosievert.

Aus der Nähe wirkt der Hügel wie eine Mondlandschaft: graue Erde, die von Furchen durchzogen ist, kleine Hügel und Täler. Der Grat des Hügels ist von einer glatten Lehmschicht überzogen. Darauf stehen Bagger und Planierraupen. Der Chef der Mine erklärt, dass Orano ein aufwändiges Instandsetzungsprogramm für das Betriebsgelände aufgesetzt habe. Das Gestein, das mit Uran in Kontakt war, werde mit Lehm versiegelt. Damit die Witterung diesen Panzer nicht zerstört, würden darauf Steine in verschiedenen Größen gelegt. 2027 solle alles fertig sein, sagt er.

Nur ein paar Minuten vergehen, bis der Minenchef zur Eile drängt. »Die Strahlenwerte sind zu hoch«, erklärt er. »Wir können nicht länger bleiben.« Dabei ist der Grat bereits mit jener Lehmschicht bedeckt, die die radioaktive Gefahr unter sich begraben soll. Zum Teil sogar mit besagten Steinen. Der Minenchef versichert, dass am Ende alles sicher sein werde. »Nachdem die Arbeiten hier erledigt sind, wird es auch noch mindestens fünf Jahre lang ein Monitoring geben.«

Allassane wartet am Fuße des Müllbergs. »Der sah nicht glücklich aus«, sagt er über den Chef der Mine. »Er ist zwar ein Nigrer, aber er ist kein guter Nigrer ... Er vertritt Frankreichs Interessen.«

Der alte Mann zwängt sich wieder durch das stählerne Drehkreuz, wohl zum letzten Mal in seinem Leben. Der Gedanke daran, wie viel Reichtum Orano dem nigrischen

Volk gestohlen habe, könne er kaum ertragen, sagt er. Auch nicht das viele Leid, das die Radioaktivität gebracht habe. Allassane klopft sich mit dem Finger an die Stirn. »Ich kann es nicht fassen, dass aus meiner Generation außer mir niemand mehr da ist ... Das will mir nicht in den Kopf gehen.«

Als Allassane das Betriebsgelände verlässt, wirkt er trotzdem nicht verbittert. Im Gegenteil. Dass die Junta den Minen-Chef dazu gezwungen hat, Besucher reinzulassen, ist für Allassane ein Zeichen, dass jetzt alles anders wird. Es sei noch nicht zu spät dafür.

Anders als Cominak ist die nahe Somaïr-Mine noch in Betrieb. Zudem gibt es mit Imouaren ein weiteres gewaltiges Uran-Reservoir, das wohl größte auf nigrischem Staatsgebiet, vielleicht gar eines der größten der Welt[106]. Es ist noch nicht mal angezapft. Orano hatte sich nur ein paar Monate vor dem Putsch Schürfrechte bis zur Mitte des Jahrhunderts gesichert.

»Ich kenne mich nicht mit dem Klimawandel aus«, sagt Allassane. »Aber Experten sagen, dass es künftig nicht ohne Atomkraft gehen wird.« Damit hat er vielleicht recht, in der Branche gibt es viele, die von einer Renaissance der Atomkraft sprechen – auch wenn etliche namhafte Experten dagegenwetten. Auch Frankreichs Präsident Macron hatte den Begriff der Renaissance verwendet, als er 2022 den Bau von bis zu 14 neuen Reaktoren in Frankreich verkündete. Die Atomkraft stehe »im Zentrum« der französischen Klimapolitik, sagte Macron. »Unser großes Ziel ist es, Frankreich als erstes großes Land in 30 Jahren von fossilen Brennstoffen unabhängig zu machen.«[107] Da wusste er noch nicht, dass Niger womöglich bald als Quelle für den Brennstoff der Atomkraft ausfallen würde. Auch die USA, Kanada und Japan setzen wieder auf Atomenergie. Auf der Weltklimakonferenz 2023 in Dubai kündigten sie an, ihre Energieerzeugung aus Atomkraftwerken bis 2050 zu verdreifachen. Anders sei das 1,5-Grad-Ziel nicht zu erreichen.

Seit dem Putsch in Niger beteuert Paris nun immer wieder, dass Frankreich ja noch andere Uran-Quellen habe, Kasachstan etwa[108]. Doch das täuscht kaum darüber hinweg, dass Niger ein bedeutendes Fördergebiet ist. 2022 stammte jede vierte Tonne Uran, die in Europa zum Einsatz kam, aus den Minen im Norden des Landes. Eine Quelle, die nun auf absehbare Zeit zu versiegen droht.

Nach dem Coup sind die Exporte aus der Somaïr-Mine praktisch zum Erliegen gekommen[109]. Im Juni 2024 entzog die Junta dem Unternehmen Orano dann noch die Genehmigung, aus der Imouraren-Mine zu fördern[110]. Die Junta ist im Geheimen angeblich bereits dabei, mit anderen Staaten über die Förderung und den Export des nigrischen Urans zu verhandeln[111]. Die französische Tageszeitung »Le Monde« kommentierte: »Der Fall mischt die Karten für die nukleare Souveränität Frankreichs neu[112].«

Allassane ist sich sicher, dass Unternehmen aus dem Ausland eine immer kleinere Rolle spielen werden. Er glaubt an die Fähigkeiten des nigrischen Volkes. »Unsere Jugend ist viel gebildeter, als wir es damals waren«, sagt er. Bald, so prophezeit er, werde eine neue Generation von Nigrerinnen und Nigrern den besonderen Rohstoff aus dem Norden des Landes selbst auf den Weltmärkten vertreiben. »Niger ist ein reiches Land«, sagt er. »Wir brauchen Frankreich nicht.«

POSTKOLONIALISMUS

Die Militärs im Sahel setzen seit den Coups d'État einiges daran, mit der Françafrique zu brechen. Doch tatsächlich geht es um viel mehr als den Kampf gegen die ausbeuterische Macht- und Wirtschaftspolitik Frankreichs in Afrika. Es geht auch um den Kampf gegen eine Denkweise, eine Sicht auf die Welt, die in Europa vorherrscht. Noch immer.

Das Verhältnis von Kolonialmächten zu ihren Kolonien über ihre angebliche Unabhängigkeit hinaus hat ein ganzes wissenschaftliches Feld entstehen lassen: die Postkolonialen Studien. Es ist ein Fachgebiet, das seit den 1980er-Jahren global als etabliert gilt[113]. Die intellektuellen Früchte der postkolonialen Denker allerdings haben sich ausgerechnet in Europa kaum verbreitet[114]. Sie inspirieren Experten-Zirkel, im öffentlichen Diskurs spielen sie kaum eine Rolle. Sonst wären die Debatten über die Putschserie im Sahel wahrscheinlich anders verlaufen.

Dass in Medienberichten, in Talkshows und in Politiker-Reden das Ringen des Westens mit Russland um Einflusszonen die zentrale Frage war, ist bezeichnend. Es zeigt, dass die einstigen Kolonien im Denken vieler Menschen in Frankreich, Deutschland und anderen europäischen Staaten noch immer zuallererst eine Verfügungsmasse sind, ein Objekt, das man besitzen oder verlieren kann. Es ist nicht zuletzt der verzerrte Blick Europas, der im Mittelpunkt der Postkolonialen Studien steht.

Der Historiker und Politikwissenschaftler Achille Mbembe schreibt, dass Subsahara-Afrika aus europäischer Sicht vor allem eine Projektion sei, ein »erfundenes Etwas«[115]. Subsahara Afrika sei, so Mbembe, die »Antithese, vor deren Hintergrund der Westen sich den Ursprung seiner eigenen Normen vorstellt«[116].

Als europäische Staaten anfingen, die Welt zu erkunden und zu unterwerfen, waren sie von verschiedensten Motiven getrieben. Macht- und Geltungssucht, Gier und christlicher Missionierungsdrang gehörten zu den entscheidenden. Doch war für die Verbrechen, die im Namen des Kolonialismus begangen wurden, eine moralische Rechtfertigung nötig. Nicht immer für die einzelnen Kolonialbeamten. Einige lebten ohne Reue ihre sadistischen Triebe aus. Wohl aber für die Gesellschaften Europas.

Die Fürsprecher des Kolonialismus erkannten den Unterworfenen, den Kolonisierten und Versklavten, den Ausgebeuteten und Misshandelten die Menschlichkeit ab. Sie behaupteten, dass die Bewohner Subsahara-Afrikas dem Reich der Tiere näherstünden als dem der Menschen[117]. Eine Unterscheidung, die tief verwurzelt ist im Kosmos christlicher Moralvorstellungen. Darin ist das Tierische das Teuflische, das Übel, dem der Mensch widerstehen muss. Das Tierische ist in dieser Weltsicht auch etwas, das der Mensch, die »Krone der Schöpfung«, unterwerfen darf. »Seid fruchtbar und mehret euch und füllet die Erde und machet sie euch untertan; und herrschet über die Fische des Meeres und über das Gevögel des Himmels und über alles Getier, das sich auf der Erde regt!« So steht es im Alten Testament.

Die Fürsprecher des Kolonialismus schrieben, in diesem Denken gefangen, dem Afrikanischen das Triebhafte zu, die Unfähigkeit, das Tierische im Inneren zu kontrollieren. So rechtfertigten sie alles, was sie Afrikanerinnen und Afrikanern antaten. Und sie nutzten perfiderweise die gleiche Argumentation, um ihre vermeintliche Überlegenheit zu behaupten: das tierische Afrikanische als Gegenentwurf zur Krone der Schöpfung in Europa.

Dieser rassistische Blick auf die Bevölkerungen Subsahara-Afrikas wirkt bis heute nach. Und er ist auch in den Debatten zu erkennen, die auf die Putschserie im Sahel folgten. Wer davon ausgeht, dass Millionen von Menschen von russischer Propaganda geblendet in ihr Unheil marschieren, spricht ihnen ab, eine eigenständige Agenda zu haben. Ihre Ideen, Wünsche und Forderungen werden kurzerhand zur Nebensache erklärt angesichts der heiß diskutierten hybriden Kriegsführung eines gewieften Strategen im Kreml.

Die Postkolonialen Studien gehen somit viel tiefer, als es die Offenlegung von ausbeuterischen Methoden im Stile der Françafrique tun. Es geht nicht mehr nur um Handlungen, es geht um das Denken und Fühlen, um das Wahrnehmen, das diese Handlungen ermöglicht.

Der Name »Postkoloniale Studien« ist vor diesem Hintergrund irreführend. Suggeriert er doch, dass der Kolonialismus vorüber sei, dass es um Phänomene geht, die nach dessen Ende eingetreten sind. Doch letztlich geht es auch um eine Kontinuität. Viele Vertreter Postkolonialer Studien sehen in ihrer Arbeit eine Form des Widerstands gegen die koloniale Herrschaft und ihre Konsequenzen. Sie postulieren, dass der Kolonialismus immer neue Formen findet, um die kolonisierten Staaten auszubeuten[118].

Für einige Vertreter des Feldes ist Postkolonialismus eine Spezialform des Imperialismus, »der die Möglichkeit weltweiter Interessenwahrnehmung und informell abgestützter kapitalistischer Durchdringung großer Wirtschaftsräume einschließt«[119]. Spätestens bei einer derart komplexen Sicht auf den Kolonialismus lassen sich die Entwicklungen im Sahel nicht mehr nur als ein französisches Problem beschreiben.

Deutschland, so scheint es, ist derzeit noch weit davon entfernt, wirklich anzuerkennen, welche Rolle es im Sahel spielt. Die Bundesrepublik hat kaum damit begonnen, die eigene unmittelbare Kolonialgeschichte aufzuarbeiten.

Die schmerhafte Auseinandersetzung mit dem Nationalsozialismus überlagerte lange die Debatte[120]. Deutschland ruhte sich auch lange darauf aus, dass es nicht so große Territorien unterworfen hatte wie Großbritannien und Frankreich und dass die deutsche Kolonialgeschichte im Vergleich relativ kurz war[121]. Allerdings scheiterte es weniger am Willen als an der Fähigkeit. Der frühere deutsche Staatssekretär für Äußeres, Bernhard von Bülow, forderte vor Beginn der deutschen Kolonialzeit in den 1880er-Jahren einen »Platz an der Sonne« für die deutschen Reichsbürgerinnen und Reichsbürger[122]. Deutsche Unternehmer pochten ebenso auf Kolonien. Otto von Bismarck, der Kanzler des Deutschen Reiches, war nicht begeistert von der Idee, er zählte zu den Gegnern einer deutschen Kolonialpolitik. »Einerseits beruhen die Vortheile, welche man sich von Colonien für den Handel und die Industrie des Mutterlandes verspricht, zum größten Theil auf Illusionen. Denn die Kosten, welche die Gründung, Unterstützung und namentlich die Behauptung der Colonien veranlaßt, übersteigen sehr oft den Nutzen, den das Mutterland daraus zieht, ganz abgesehen davon, daß es schwer zu rechtfertigen ist, die ganze Nation zum Vortheile einzelner Handels- und Gewerbszweige, zu erheblichen Steuerlasten heranzuziehen«, schrieb er. »Endlich würde der Versuch, Colonien auf Gebieten zu gründen, deren Oberhoheit andere Staaten, gleich ob mit Recht oder mit Unrecht, in Anspruch nehmen, zu mannigfachen und unerwünschten Conflikten führen können.« Doch der Druck aus der Heimat auf Bismarck war groß[123], auch wenn die Gründe dafür, warum der Reichskanzler seine Meinung änderte, Rätsel aufgeben.

1884 lud Bismarck zur Berliner Konferenz, um die Eroberung des afrikanischen Kontinents in geregelte Bahnen zu lenken und keine Konflikte zwischen den europäischen Mächten zu schüren. Insbesondere das rohstoffreiche Kongo-Becken drohte zu einem Streitpunkt zu werden. Als Ziel erklärte Bismarck bei der Eröffnung der Konferenz, »den Eingeborenen Afrikas den Anschluss an die Zivilisation zu ermöglichen, indem das Innere dieses Kontinents für den Handel erschlossen« werde. Ein Argumentationsmuster, das typisch war für die damalige Zeit. Die Kolonialmächte rechtfertigten ihre Verbrechen nicht nur damit, dass sie den Unterworfenen die Menschlichkeit aberkannten und ihre eigene Überlegenheit postulierten. Sie taten auch noch so, als würden sie ihre Verbrechen ganz im Sinne ihrer Opfer begehen.

Auf der Berliner Konferenz bestätigten die Kolonialmächte eine Aufteilung des Kontinents, die sich bereits in den Jahren zuvor abgezeichnet hatte. Das Deutsche Reich begann noch im Jahr der Konferenz, Landstriche in Afrika zu annektieren. Bald gehörten Teile der heutigen Staaten Ruanda, Tansania, Namibia und etliche weitere dazu.

Es entwickelte sich damit nach Großbritannien und Frankreich zur drittgrößten Kolonialmacht. Auch wenn das Deutsche Reich nur relativ kurz aktiv war und ein vergleichsweise kleines Territorium zu Kolonien erklärte, waren die Verbrechen, die es beging, nicht minder grausam. Die planvolle Ermordung der Herero und Nama im heutigen Namibia war wohl der erste Genozid des 20. Jahrhunderts und kostete Zehntausende Menschen das Leben. Im damaligen Deutsch-Südwestafrika setzte Berlin auch auf Konzentrationslager und Zwangsarbeit.

Der brutalen Niederschlagung des Maji-Maji-Aufstands im damaligen Deutsch-Ostafrika, zu dem Teile des heutigen Tansanias, Burundis und Ruandas gehörten[124], fielen sogar noch mehr Afrikanerinnen und Afrikaner zum Opfer. Die Kolonie war eine bedeutsame Quelle des Kaiserreichs für Baumwolle. Deutsche Plantagenbesitzer zwangen dort »faule Neger« zur Arbeit. Doch es kam immer wieder zu Aufständen[125].

Deutsche Offiziere schufen deshalb Ende des 19. Jahrhunderts ein Söldnerheer, für das sie vor allem Kämpfer aus dem heutigen Sudan und Mosambik rekrutierten. Daraus wurde die »Schutztruppe für Ostafrika«.

Anfang des 20. Jahrhunderts wagten dennoch mehr als 20 verschiedene Volksgruppen in der Kolonie den Widerstand, den Maji-Maji-Aufstand. Die Schutztruppe für Ostafrika ging nicht nur mit Maschinengewehren gegen die Einheimischen vor. Der Gouverneur der Kolonie, Gustav Adolf Graf von Götzen, kommentierte später: »Wie in allen Kriegen gegen unzivilisierte Völkerschaften war auch im vorliegenden Fall die planmäßige Schädigung der feindlichen Bevölkerung an Hab und Gut unerlässlich.«[126] Die deutschen Offiziere ordneten an, die Dörfer, Felder und Getreidespeicher der Bewohnerinnen und Bewohner zu zerstören. Eine Politik der verbrannten Erde. Schätzungen zufolge starben bis zu 300.000 Menschen[127]. Deutsche Kolonialbeamte ließen einige ihrer Opfer enthaupten und ihre gekochten Schädel zurück ins Reich transportieren. Dort bildeten sie das Material für die Pseudoforschung, die Grundlage obskurer Rassentheorien werden sollte.

Anders als die Ermordung der Herero und Nama stufen Historiker die Ereignisse im heutigen Tansania trotzdem nicht als Völkermord ein. Ein Grund: Es war nicht das Ziel des Kaiserreichs, die Menschen in Deutsch-Ostafrika auszulöschen. Es brauchte schließlich Arbeiter für die Baumwollplantagen[128].

Es dauerte bis zum Jahr 2021, bis eine deutsche Regierung die Verbrechen im damaligen Deutsch-Südwestafrika, die Ermordung an den Herero und Nama, als »Völkermord« anerkannte. Im Falle von Deutsch-Ostafrika kreist die Debatte unter anderem um die Rückgabe dessen, was die deutschen Besatzer einst geraubt hatten. Die Schädel ihrer Opfer, die sie damals mitnahmen, liegen noch immer in den Kellern von Museen in der Bundesrepublik. Obwohl die Angehörigen, für die in ihren Kulturen eine angemessene Bestattung ihrer Ahnen existenziell ist, sie seit Jahren zurückfordern.

Von diesem schleppenden Umgang mit der eigenen direkten Kolonialgeschichte, so scheint es, ist Deutschlands Weg noch weit, um die subtileren Formen des Postkolonialismus im Sahel zu erkennen.

Europäer traten auf dem afrikanischen Kontinent während der Kolonialzeit auf, als wären allein sie der Gipfel der Schöpfung, als verträten allein sie die Werte des Guten und Wertvollen. Sie taten dabei so, als wollten sie im Grunde nur das Beste für ihre Opfer. So wie einst Bismarck die Aufteilung des Kontinents unter europäischen Großmächten damit adelte, »den Eingeborenen den Anschluss an die Zivilisation zu ermöglichen«. Tatsächlich brachten die Europäer dann vor allem Gewalt und Ausbeutung.

Heute ist nicht mehr von »Zivilisation« die Rede, aber von Wahlen und Menschenrechten. Doch auch Deutschland liefert noch immer Beispiele dafür, dass sich an der Scheinheiligkeit von damals nicht so viel geändert hat, wie man es nach mehr als 100 Jahren erwarten könnte.

DER PAKT MIT DEN JÄGERN

Fatouma Barry lebt. Das 13 Jahre alte Mädchen sitzt am Rande eines Wohnviertels auf einem Plastikstuhl. Daneben auf der einen Seite ein Zelt aus alten Planen und Decken. Auf der anderen ein baufälliger Verschlag ohne Fenster. Die Behausung von sogenannten IDPs, Menschen, die in ihrem eigenen Land vertrieben wurden.

Barry ist in Sévaré in der Region Mopti, einem letzten Zufluchtsort im Zentrum Malis. Vor den Toren der Stadt sterben in jenen Tagen Anfang 2020 praktisch jeden Tag Menschen[129].

Barrys Körper ist in ein dunkelbraunes Gewand gehüllt, das mit Glitzersteinchen bestickt ist. Ihr Gesicht lugt unter einem Schleier hervor. Ebene Haut, zarte Augenbrauen. Ein schüchternes Lächeln. Als Barry ihren linken Arm bewegt, folgt ihre Hand nur zögerlich, sie wackelt dem Impuls leblos hinterher. Barrys Hand fehlen zwei Finger. Die übrigen sind geschwollen und zu groben Krallen deformiert, über die das Mädchen keine Kontrolle mehr hat.

»Ich war glücklich«, sagt sie. Barry spricht von der Zeit vor ihrer Flucht nach Sévaré, von ihrem Leben in ihrem Heimatdorf Ogossagou. Die Menschen hätten viel gelacht, erinnert sie sich. »Ich hatte Freundinnen.« Das ist ein paar Monate her.

Am 23. März 2019, früh am Morgen, riss Lärm das Mädchen aus dem Schlaf. Barry hörte ein Knallen, dann Schreie. Schlaftrunken taumelte sie zur Tür. Draußen sah Barry ihre Nachbarinnen und Nachbarn zwischen den Hütten Ogossagous umherrennen. Sie sah, wie ihre Körper von Kugeln durchschlagen wurden und leblos in den Staub fielen. Dann sah sie auch die Männer mit den Gewehren. »Ich hab das Bewusstsein verloren«, sagt Barry. Wie viel Zeit verging, weiß sie nicht. Aber Barry erinnert sich genau an den Moment, in dem sie aufwachte. »Ich war allein unter den Toten ... Es waren so viele.«

Der Angriff auf Barrys Heimatdorf Ogossagou machte Schlagzeilen. Mehr als 150 Menschen verloren das Leben – Männer, Frauen, Alte und Kinder[130]. Die meisten waren einfache Bürgerinnen und Bürger, Viehhirten der Ethnie Peul, so wie Barry.

Die Angreifer hatten ihre Opfer nicht einfach erschossen. Sie hatten sie zerstückelt. Im Brunnen des Dorfes lagen Leichen. Einige wurden bei lebendigem Leib verbrannt, anderen hatten die Angreifer die Köpfe abgeschnitten. Trophäen, die sie mitnahmen. Sie zündeten rund 400 Hütten an und brannten die Getreidespeicher nieder. Das Feuer, so vermutet Barry, habe ihr auch die linke Hand genommen.

Während Barry erzählt, blitzt ihr schüchternes Lächeln auf. Als wollte sie den Schrecken wegschmunzeln. Sie erinnere sich nicht nur an die Schreie der Opfer, die sie aus dem Schlaf rissen, sagt sie. Sie erinnere sich auch an die Rufe der Täter. »Sie haben Dogon gesprochen«, sagt Barry. Dogon ist die Sprache einer anderen ethnischen Gruppe, die im Zentrum Malis zuhause ist.

Der Angriff auf Ogossagou war damals das blutigste Massaker in der jüngeren Geschichte Malis[131]. Ein mögliches Verbrechen gegen die Menschlichkeit[132]. Es war so grausam, dass es bald sogar eine Regierung 4.000 Kilometer entfernt auf die Probe stellte: die Regierung der damaligen Bundeskanzlerin Angela Merkel.

Der Fall Ogossagou zeigt, wie auch Deutschland immer wieder auf fragwürdige Verbündete setzt und damit viele Menschen im Sahel gegen sich aufbringt. Damals war es der malische Präsident Ibrahim Boubacar Keïta, kurz IBK. In Berlin als stabiler Partner gehandelt, galt er in jenen Tagen in Mali als korrupt, unfähig und lethargisch. Und als ein Mann, dem im Kampf gegen den Terror alle Mittel recht sind. Auch die dubiosesten.

Vor den Toren der Stadt Sévaré, dort, wo 2020 praktisch jeden Tag Menschen sterben, steht eine Hütte mit Reetdach. Sonnenlicht wirft einen grellen Keil hinein. Er beginnt an der Türschwelle und endet vor den Füßen eines Mannes, der auf einem alten Benzinkanister sitzt. Der Mann hat ein einläufiges Schrotgewehr auf dem Schoß. »Die ist zum Jagen«, sagt er. Einen Atemzug später dreht er sich um, greift in eine der dunklen Ecken der Hütte. Er zieht ein Sturmgewehr heraus, Typ AK47, Kalaschnikow. »Und die ist zum Töten.«

Der Mann heißt Moïse Sagara, er ist der Generalsekretär von Dan Na Ambassagou, den »Jägern, die auf Gott vertrauen«. Dan Na Ambassagou ist eine Miliz der Volksgruppe Dogon. Experten der Menschenrechtsorganisation Human Rights Watch machen sie für den Angriff auf Barrys Dorf verantwortlich. Und nicht nur auf dieses. Die Jäger sollen mehrere Dörfer überfallen haben, in denen überwiegend Angehörige der Peul leben. Der Sonderbeauftragte der Vereinten Nationen für Völkermorde hat Dan Na Ambassagou in den Blick genommen. Er spricht von einem ethnisch aufgeladenen Konflikt[133].

Sagara, der Generalsekretär der Miliz, schüttelt den Kopf. Von Massakern könne keine Rede sein, es gehe um den Kampf gegen den Terror. Dan Na Ambassagou sei eine

Bürgerwehr, eine Gilde traditioneller Jäger, die 2016 gegründet worden sei. Zum Schutz von Zivilisten, nicht für ihren Tod. So behauptet es Sagara. Sie sei entstanden, um dem Staat zu helfen, der Regierung unter Präsident Ibrahim Boubacar Keïta, Deutschlands Partner in Mali.

2015 eskalierte die Gewalt islamistischer Terroristen, die bis dahin vor allem den Norden Malis plagte, auch im Zentrum des Landes[134]. Deshalb, so der Generalsekretär, hätten traditionelle Jäger, die seit eh und je ihre Dörfer verteidigten, sich zusammengeschlossen und zu schweren Waffen gegriffen, Waffen wie der AK47, die er jetzt in der Hand hält. »Wir kannten das nicht, bevor die Dschihadisten kamen«, versichert er.

Der damaligen Regierung Malis kam die Aufrüstung der traditionellen Jäger zur Miliz gelegen. Sie duldete sie nicht nur. Sie schloss offenbar gar einen geheimen Pakt mit ihr. Die International Federation for Human Rights (FIDH) und die malische Association for Human Rights (AMDH) beschrieben schon 2018 ein System, das den Jägern Bewegungsfreiheit einräumte und Kooperationen mit den regulären Streitkräften vorsah. Die Organisationen legten zwar keine Beweise dafür vor, beriefen sich aber auf diverse Zeugenaussagen, die von dieser »wahrscheinlichen« Kooperation berichteten. Die Quellen der Menschenrechtsorganisationen beschreiben auch ein Treffen von Präsident Keïta mit einer Delegation der Jäger in Bamako Anfang 2018. Danach nahmen die Operationen der Miliz im Zentrum Malis zu[135].

Sagara, der Generalsekretär von Dan Na Ambassagou, trägt eine braune Kappe und ein gleichfarbiges weites Gewand. Daran kleben kleine Päckchen und Kringel aus Leder, die mit geheimen Zutaten gefüllt sind. Die Amulette heißen »Giri Giris« und sollen ihren Besitzern übernatürliche Kräfte verleihen: Unsichtbarkeit im Kampf etwa. Um Sagaras Hals hängen dicke Lederketten, an seinem Handgelenk baumeln Armbänder aus Kuhschwänzen. Es ist die typische Tracht der traditionellen Jäger.

Sagara öffnet zischend eine Bierdose. Er gießt ein paar Tropfen auf die Erde vor seinen Füßen. Schaum und Sand vermischen sich zu einem blubbernden Matsch. Ein Schluck für die Verstorbenen. Dann nimmt Sagara selbst einen. Und noch einen. Der Dunst von Alkohol hängt schwer in der Luft, als er einen seiner Männer herbeiruft. Der zieht, auf ein Zeichen Sagaras hin, drei Vogelkadaver aus seiner Ledertasche und wirft sie auf den Boden. Kleine, ins Weiß verdrehte Augen starren in alle Himmelsrichtungen. »Das ist die Arbeit von Jägern«, sagt Sagara. Sobald die Dschihadisten besiegt seien, verspricht er, würden seine Männer die schweren Waffen niederlegen und wieder Tiere jagen, so wie in all den Jahrhunderten zuvor. Nur wirken die Jäger im Jahr 2020 nicht so, als würden sie je wieder abrüsten. Im Gegenteil.

Sagara verlässt die Hütte. Vor ihm, im gleißenden Sonnenlicht, liegt eines der geschätzt 80 Camps seiner Miliz. Männer in braunen Trachten, behangen mit Giri Giris, säumen die Wege. Einer sagt, dass er nur mit Messern töte. Ein anderer geht gerade an einem schweren Maschinengewehr auf einem Stativ vorbei. Davor eine Bastmatte voller Patronengürtel. Das Geschütz sichert die Südflanke des Camps ab. Im Norden ist das Lager von einem Tafelberg geschützt, der von einem Labyrinth aus Höhlen und Gängen durchzogen ist. Die Jäger kennen jeden Winkel. Laut Sagara verfügt die Miliz im Jahr 2020 über rund 8.000 Kämpfer. Das ist mehr als ein Drittel der regulären Streitkräfte des

Landes in dieser Zeit[136]. Dan Na Ambassagou ist eine kleine Armee.

Trotz dieses Aufgebots beharrt auch Amassagou Saye, einer von Sagaras Männern, darauf, dass die Miliz nur eine Bürgerwehr sei. Und er will es beweisen. Früh am Morgen verlässt er die Stadt Sévaré auf der Nationalstraße 15, er fährt auf der Rückbank eines weißen Jeeps an Sagaras Camp vorbei nach Osten. Nach 30 Minuten passiert er den ersten Checkpoint. Einen Checkpoint der Jäger. Die Milizionäre sitzen im Schatten eines Baumes am Straßenrand. Dann sind entlang des Weges immer wieder kleine Trupps zu sehen, zwei oder drei Mann, die patrouillieren.

Die Szenen, die an der Windschutzscheibe vorbeiziehen, erinnern an Endzeitfilme: ein Niemandsland, in dem der malische Staat schon lange nicht mehr existiert. Saye durchquert ein Territorium, auf dem eine neue Ordnung herrscht, eine Ordnung von Männern in staubigen Uniformen voller wundersamer Amulette und Ketten, ein Staat im Staate.

Es geht auf das Plateau der berühmten Felsen von Bandiagara, die früher Touristen angelockt haben. Die bis zu 500 Meter hohen Sandsteinklippen ziehen sich quer durch die Region Mopti. »Halt«, ruft Saye. Die Reifen des Jeeps blockieren, sinken in der losen Erde ein. Am Wegesrand steht ein Dutzend Kerle mit Schrotflinten und Sturmgewehren. Saye steigt aus, marschiert auf die Männer zu. Kurz vor ihnen geht er auf die Knie und berührt mit der Hand den sandigen Boden. Das Begrüßungsritual der Jäger. Saye hat den letzten Checkpoint der Miliz vor Guemeto-Tireli erreicht.

Vor zwei Wochen wurde das Dorf von Dschihadisten überfallen.

Saye stapft, sein Gewehr geschultert, in Guemeto-Tireli durch rußschwarzen Sand. Vorbei an verkohlten Getreidespeichern, vorbei an abgefackelten Hütten. Während der Jäger die Szene durch eine schwarze Sonnenbrille mustert, hört er zu, was die Überlebenden berichten. »Dahinten sind sie mit ihren Motorrädern aufgetaucht«, erzählt ein Bauer. Er streckt seinen Finger aus, zeigt erst in die eine, dann in die entgegengesetzte Himmelsrichtung. »Als die Dschihadisten kamen, sind einige von uns drei Kilometer gerannt, um hinter einer Düne in Deckung zu gehen.« Das einzige Versteck in dieser Gegend. Das Dorf liegt in einer Ebene. Die Klippen von Bandiagara und der Checkpoint der Jäger sind zehn Kilometer entfernt. Der nächste Checkpoint der malischen Armee: 60 Kilometer.

Ein anderer Bewohner von Guemeto-Tireli sagt: »Unser Bürgermeister lebt in Bamako, sein Stellvertreter an der Elfenbeinküste. Dan Na Ambassagou ist hier.«

Die Miliz füllt eine Lücke, die es vielerorts in den Weiten des Sahel gibt. Die Lücke, die ein Staat aufklaffen lässt, der nicht mal die Sicherheit seiner Bürger gewährleisten kann. Mehrere Menschen sind bei dem Angriff der Dschihadisten vor zwei Wochen gestorben. Die Überlebenden sind froh, dass sich mit Dan Na Ambassagou überhaupt jemand darum kümmert, was ihnen zugestoßen ist. Stimmt es also doch, was Sagara behauptet und Saye zu beweisen versucht: dass Dan Na Ambassagou bloß eine Bürgerwehr sei?

Die Bewohner Guemeto-Tirelis gehören der Volksgruppe der Dogon an, so wie die Jäger. Sie beschreiben übereinstimmend, dass die Terroristen, die das Dorf angegriffen haben, Peul gewesen seien, also Mitglieder der Ethnie von Fatouma Barry. Einige behaupten gar, dass alle Terroristen Peul seien. Es ist ein tödlicher Gleichsatz: Peul gleich Terror. Dass es zu dieser Wahrnehmung gekommen ist, ist kein Zufall.

Amadou Koufa, der einflussreichste Dschihadist im Zentrum Malis und die rechte Hand Iyad Ag Ghalis, hat seinen Kampf für ein Kalifat ethnisch aufgeladen. In der Region Mopti zeigt sich besonders deutlich, wie es den Terrorgruppen im Sahel gelingt, lokale Konflikte zu befeuern und für sich zu nutzen. Koufa ist selbst ein Peul. Im Zentrum Malis rekrutierte er vor allem in der eigenen Ethnie. Das fiel nicht schwer. Peul sind wie die Tuareg traditionell Nomaden, Viehhirten, deren Lebensstil immer schwieriger geworden ist. Unter ihnen gibt es scharenweise perspektivlose junge Männer.

2018 wandte sich Koufa in einer Videobotschaft direkt an sie. Koufa sitzt in dem Clip vor einem Camouflage-Vorhang, den Kopf in einen schwarzen Turban gehüllt, sein grauer Bart sprießt darunter hervor. »Meine Brüder«, sagt er, »wo auch immer ihr seid, kommt und unterstützt eure Religion.« Die »Ungläubigen« würden versuchen, die Peul »abzuschlachten«, so Koufa. Peul sind überwiegend Muslime, Dogon haben ihre eigene, traditionelle Religion. Davon gibt es mehrere in Mali, auch Christen leben dort. Koufa warnt vor einer »Ausrottung« der eigenen Ethnie und ruft einen Peul-Dschihad aus[137].

Seine Botschaft wurde so etwas wie eine selbsterfüllende Prophezeiung. Immer mehr Peul schlossen sich Koufa und damit JNIM an. Und dann gingen immer mehr Dogon zu Dan Na Ambassagou, um sie zu bekämpfen. Dafür erhielten sie den Rückhalt der Regierung in Bamako.

Das alles ist aber nur die Hälfte der Geschichte.

Amassagou Saye, der Jäger, der durch Guemeto-Tireli führt, sagt: »Über die Anfänge wissen wir nichts. Aber wir wissen, dass sie angefangen haben.« Mit »sie« meint Saye die Peul. Plötzlich spricht er von einer fast schon biblischen Fehde. Vor Jahrhunderten schon, so schildert es Saye, hätten die Peul sich am Sklavenhandel beteiligt. Ihr Opfer wurde auch das Volk der Dogon – eine Demütigung, die bis heute offenbar nicht vergessen ist. Zudem sind Dogon traditionell Ackerbauern. Sie stehen mit den traditionell nomadisch lebenden Viehhirten der Peul in Konkurrenz um das immer knappere fruchtbare Land im Sahel. Selbst wenn Dan Na Ambassagou nur eine einfache Bürgerwehr wäre – einige der Milizionäre begleichen ganz offensichtlich auch alte und neue Rechnungen. Die Geschichte der Dogon und der Peul zeigt, wie vielschichtig die lokalen Konflikte sind, die der Gewalt zugrunde liegen. Sie lassen sich nicht allein durch Waffen eindämmen. Es kommt auf politische Lösungen an.

Die Regierung Malis verurteilte die Angriffe der Jäger auf Zivilisten, nachdem diese weltweit Schlagzeilen gemacht hatten. Sie forderte die Auflösung der Miliz, pochte auf das Gewaltmonopol des Staates. Nach Protesten in der Hauptstadt Bamako trat die Regierung ein paar Wochen nach dem Massaker von Ogossagou sogar zurück[138]. Präsident Keïta allerdings blieb. Und mit ihm die Gewalt der Jäger.

Fatouma Barry, das Mädchen aus Ogossagou, lässt ihre zerstörte Hand unter ihrem mit Perlen verzierten Gewand verschwinden. Vor ein paar Tagen, am 14. Februar 2020, habe sie schreckliche Nachrichten bekommen, sagt sie. Aus ihrem Heimatdorf. Verwandte und Freunde, die dort geblieben sind, meldeten sich. Das malische Militär, das das Dorf eigentlich beschützen sollte, sei einfach abgezogen. Daraufhin hätten Jäger Ogossagou umstellt. Ein zweiter Angriff. 35 Tote. Dieses Mal hätten die Jäger einigen ihrer Opfer das Herz aus der Brust geschnitten. Barrys schüchternes

Lächeln verschwindet. »Mein Vater und mein Großvater leben nicht mehr.«

Der Pakt von Deutschlands stabilem Partner Keïta mit den Jägern, er ist zum Zeitpunkt des zweiten Angriffs auf Ogossagou offenbar noch immer intakt. Genauso wie die Beziehungen Keïtas mit der deutschen Bundesregierung.

Diese Beziehungen waren nicht immer frei von Konflikten, aber sie wirkten von Beginn seiner Amtszeit an unerschütterlich. Die Kanzlerin empfing den malischen Präsidenten mehrmals in Berlin. 2013, kurz nach seiner Wahl, war er da. »Deutschland ist für uns die Nummer eins«, sagte Keïta damals zu Merkel. 2015 kam Keïta wieder. 2017 besuchte er die malische Gemeinde in Deutschland. Und 2019 traf er nochmals Merkel. Auf der gemeinsamen Pressekonferenz duzte er die Kanzlerin und sagte: »Wir haben die gleiche Vision, den gleichen starken politischen Willen, um den Terrorismus zu bekämpfen, im Namen der gesamten Menschheit.« Die Kanzlerin widersprach ihm nicht. Dabei existierte Dan Na Ambassagou damals längst. Es gab auch schon Berichte über die Gräueltaten der Miliz. Über die Duldung und gar Zusammenarbeit der regulären malischen Armee mit ihr.

Statt auf Distanz zu Keïta zu gehen, stellte Merkel ihm damals eine vertiefte Zusammenarbeit in der Region in Aussicht. Und zu der kam es auch. Trotz des ersten Massakers in Ogossagou. Und trotz des zweiten. Die »wertegeleitete Außenpolitik«, von der in Berlin in dieser Zeit so oft die Rede war – nicht mehr als eine Worthülse. Realpolitik zählte. Lieber ein schlechter Verbündeter im Präsidentenpalast in Bamako als gar kein Verbündeter, so die Devise. Ein Hauch Françafrique.

Die Geduld der Bürgerinnen und Bürger Malis aber war nach dem zweiten Massaker in Ogossagou endgültig am Ende. 2020 säumten sie immer wieder zu Tausenden die Straßen Bamakos, um gegen Keïta zu protestierten. Einige warfen ihm vor, das Land zu einem Friedhof verkommen zu lassen. Auch in der Armee war der Frust gewaltig. Eine Riege junger Soldaten rebellierte im August 2020.

Selbst als Keïta gestürzt wurde, stellte sich die Bundesregierung dagegen demonstrativ hinter ihn. Der damalige Außenminister, Heiko Maas von der SPD, forderte nach dem Putsch die sofortige »Rückkehr zur verfassungsmäßigen Ordnung«. Das klang vernünftig in Deutschland, für viele Malier aber absurd. Schließlich herrschte auch unter Keïta keine verfassungsmäßige Ordnung. Im Zentrum Malis, aber auch im Norden des Landes existierte der malische Staat praktisch nicht. Im Norden hatten Tuareg das Sagen. Im Zentrum waren Sicherheit und Justiz weitgehend an eine Miliz mit fragwürdigen Motiven ausgelagert. Die Parlamentswahlen Anfang 2020, die Keïtas Lager für sich entschied, waren heftig umstritten[139]. Wie bei Bazoum und Issoufou in Niger war auch der politische Machtapparat in Mali in Affären um Korruption und Vetternwirtschaft verstrickt. Auch die politische Elite in Bamako wirkte völlig entkoppelt von der Lebenswirklichkeit der einfachen Menschen. Während die Lage im Zentrum Malis eskalierte, machte ein Video von Keïtas Sohn Karim die Runde. Es zeigte ihn feiernd auf einer Luxusyacht im Mittelmeer. Der Präsidentensohn war damals Vorsitzender des Verteidigungsausschusses des malischen Parlaments.

Der Putsch gegen Keïta in Mali markierte nicht das Ende von Dan Na Ambassagou. Auch Assimi Goïta, der Führer des Staatsstreichs, zerschlug die Miliz nicht. Doch er setzte

Zeichen, dass es unter seiner Regentschaft nicht weitergehen würde wie bisher. Seit dem Putsch kam es zu keinem dritten Ogossagou. Die Zahl ziviler Opfer der Jäger brach nach Daten der Analysten des Armed Conflict Location and Event Data Project (Acled) 2020 drastisch ein. Die Miliz machte kaum noch Schlagzeilen.

Stattdessen erhöhte die reguläre malische Armee mit der Hilfe von russischen Wagner-Söldnern ihre Präsenz im Zentrum Malis[140]. Ein Ende der Gewalt bedeutete das nicht. Menschenrechtsgruppen und Denkfabriken werfen der malischen Armee seit Jahren vor, bei ihrem Kampf gegen den Terror selbst für viele zivile Opfer verantwortlich zu sein. Durch ihre Zusammenarbeit mit Wagner sei die Zahl der Kollateralschäden noch schlimmer geworden[141]. 2023 beschuldigten UN-Experten die malische Armee und ihre Partner aus dem Ausland, 500 Zivilisten im Ort Moura im Zentrum Malis getötet zu haben. Sie griffen Zeugen zufolge unter anderem mit Hubschraubern an[142]. Die neue malische Führung protestierte heftig gegen diese Darstellung. Sie pocht darauf, dass es sich bei den Getöteten um Terroristen und Kollaborateure gehandelt habe[143]. Auch einige Bürgerinnen und Bürger sehen das so. Nach dem Motto: »Wen es dort jetzt trifft, hat es auch verdient.«

Insgesamt stärken unabhängig von der Frage ziviler Opfer große Teile der Bevölkerung der Junta den Rücken. Vielleicht, weil sie sich nicht mehr alleingelassen fühlen. Sie sehen, dass die Regierung wieder selbst versucht, Kontrolle im Zentrum Malis zu übernehmen – wenn auch mit der Hilfe von Söldnern aus Russland. Und da ist zumindest die Hoffnung, dass die Soldaten mehr Erfolg haben als Präsident Keïta, der sich dort offenbar vor allem auf Dan Na Ambassagou verlassen hat.

Die guten Beziehungen Deutschlands und Malis überlebten den Sturz Keïtas nicht lange. Putschführer Goïta löste sie in den Monaten nach dem Putsch fast so schnell auf wie die mit der früheren Kolonialmacht Frankreich. Nicht in erster Linie, weil Berlin so lange Keïtas Politik gestützt hatte. Für Goïta und die meisten Malierinnen und Malier war auch Deutschlands eigene militärische Agenda im Sahel untragbar geworden. Eine Agenda der Untätigkeit.

URLAUB IN MALI

Im Norden Malis gibt es einen Ort, an dem die Menschen versuchen, Hoffnung zu verbreiten. Jeden Tag aufs Neue. Er liegt in einem Innenhof am Rande der Stadt Gao. Es handelt sich um einen Bau aus grauem Kratzputz. An der Fassade hängt ein gelbes Schild. »Radio Naata« steht darauf. Aus der lokalen Sprache Songhai übersetzt heißt das: »Radio Hoffnung«.

An diesem Morgen im März 2023 allerdings ist der Versuch, Hoffnung zu verbreiten, zum Scheitern verurteilt. Es gibt wieder einmal keinen Strom. Sendepause für den Optimismus.

Der Direktor von »Radio Naata«, Ousmane Abdoulaye Touré, sitzt auf einem Plastikstuhl im Schatten eines Baumes ein paar Meter neben dem Bau aus grauem Kratzputz. Und auch dort lässt er es an diesem Morgen sein mit dem Versuch, für gute Laune zu sorgen. »Die Männer kommen hierher, um sich auszuruhen«, sagt er. »Ein bisschen Urlaub in Mali.« Es ist ein bitterer Witz. Touré spricht über die Blauhelmsoldaten, die Angehörigen der Mission der Vereinten Nationen Minusma. Der Mission, an der sich in den vergangenen zehn Jahren auch mehr als 20.000 Angehörige der deutschen Bundeswehr beteiligt haben[144].

Touré hatte einst viel Hoffnung in die Deutschen. Der Radio-Journalist schätzt Deutschland eigentlich sehr. So wie viele Malier. Die Bundesrepublik war schließlich der erste Staat, der 1960 Malis Unabhängigkeit offiziell anerkannte. Deutschland ist seither auch einer der eifrigsten Geber in Sachen Entwicklungszusammenarbeit. Touré wurde überdies von deutschen Journalisten ausgebildet. Doch nun sagt er: »Leider ist Deutschland hier als Teil von Minusma aufgetreten.« Einer Mission, die nicht gut für Mali sei. Deutschland habe sich vor seiner Führungsrolle gedrückt. Hätte es sie wahrgenommen, da ist sich Touré sicher, wäre alles ganz anders gelaufen.

Jetzt, Anfang 2023, ist Gao einer der letzten halbwegs sicheren Zufluchtsorte für Zivilisten im Norden Malis. Doch Banden und bewaffnete Gruppen wie JNIM, der ISSP und andere umzingeln die Stadt. Strom gibt es immer seltener. Und die Wirtschaft krankt so sehr, dass Menschen wie Touré es sich nicht mal leisten können, ein paar Liter Benzin für ihren Generator zu kaufen. »Der Generator ist zu teuer«, sagt der Radio-Mann, gesendet werde erst wieder am Mittag.

Touré trägt einen blauen Boubou, das traditionelle bodenlange Gewand, einen gepflegten Bart, in dem vorn am Kinn schon einige graue Haare sprießen. Er kam Anfang der 1980er-Jahre in Gao zur Welt, wuchs in Gao auf, verbrachte sein ganzes Leben dort. »Ich kenne nur Gao«, sagt er.

2012 hat Touré in seiner Heimatstadt den Aufstand der Tuareg miterlebt. Die Nationale Bewegung für die Befreiung des Azawad, kurz MNLA, übernahm die Kontrolle über die Stadt. Damals war er schon Direktor von Radio Naata. Die Rebellen drohten ihm. Wenn er ihre Verlautbarungen nicht ausstrahle, sagten sie, würden sie den Sender in die Luft sprengen. Völlige Rechtlosigkeit habe geherrscht, sagt Touré. Die Rebellen seien von Haus zu Haus gezogen und hätten geplündert. »Es war eine Zeit totaler Hoffnungslosigkeit.«

Touré erlebte auch, als die Dschihadisten in den Reihen der Tuareg die Oberhand in Gao gewannen. Sie verboten ihm, Musik zu spielen. Dieben schnitten sie die Hände ab. Sie hätte sich hier als Hüter von Recht und Ordnung aufgespielt.

»Als die Franzosen sie vertrieben, war es die pure Freude«, sagt Touré. »Die Leute haben sogar auf den Straßen getanzt.« Doch dann kam die erste Enttäuschung: »Sie arbeiteten mit allen zusammen«, sagt Touré und meint damit, dass die Franzosen mit den Tuareg-Rebellen paktierten. Die, so beschreibt es Touré, hätten die Bevölkerung nicht minder grausam malträtiert, als es die Dschihadisten getan hätten. Ohnehin seien die Übergänge zwischen Rebellen und Dschihadisten im Norden Malis fließend. »Wer an einem Tag rot ist, ist am nächsten Tag blau.« Er meint damit, dass sich die Kräfte immer wieder umetikettiert hätten, so wie es ihnen gerade passte.

Als 2013 die Minusma kam, die Blauhelmsoldaten, erlebte Touré die zweite Enttäuschung. Die Truppen der UN sollten die Lage nach der Intervention Frankreichs stabilisieren, die Zivilbevölkerung Malis schützen, während die Franzosen weiter auf Terroristenjagd gingen. Vom Beginn der UN-Friedensmission bis Ende 2023 starben in dem Konflikt in Mali rund 20.000 Menschen. Darunter mehr als 7.000 Zivilisten[145]. Nicht nur die Franzosen, vor allem die Vereinten Nationen haben bei Touré in all den Jahren an Ansehen eingebüßt. Auch die Bundesrepublik. Deutschland zählte bei der UN-Mission zu den größten Truppenstellern, mit zuletzt bis zu 1.400 Soldaten pro Kontingent.

»Die Leute von Minusma behaupten, den Frieden zu sichern, junge Menschen und Frauen zu fördern, die Menschenrechte«, sagt Touré. Aber, fügt er hinzu: »Minusma macht absolut nichts.«

Ein Zug der Bundeswehr stapft an einem Vormittag im März 2023 durch Dörfer im Süden Gaos. Einer der Soldaten trägt eine tarnfarbene Stirnmütze und Sonnenbrille. Sein Sturmgewehr baumelt, an der kugelsicheren Weste befestigt, vor seiner Brust. Seine Füße stecken in schweren Kampfstiefeln, die über den losen Sand schaben. Der Soldat steuert auf eine Mauer zu, in deren Schatten Dorfbewohner eine kleine Liegewiese aus Teppichen gebaut haben. »Ich bin Hector«, sagt der Soldat. »Ich bin der Führer vor Ort ... Wer seid ihr?«

Einer der Bewohner des Dorfes, Haoussa Foulane, ergreift das Wort. Er verschwendet keine Sekunde mit Smalltalk. »Die Terroristen und Banditen haben keine Angst vor euren Patrouillen«, sagt er. »Wenn ihr auf einer Seite des Dorfes mit uns sprecht, rauben sie uns auf der anderen Seite aus.«

Hector sammelt mit seinem Zug an diesem Morgen Informationen, um das Lagebild zu verbessern. Gesprächsaufklärung heißt das im Militärsprech. Er setzt sich zu den Dorfbewohnern auf den Teppich, versucht eine entspannte Gesprächsatmosphäre zu schaffen. So gut es nun mal geht für einen Soldaten, der mit schweren Waffen behangen ist. Der Mann im blauen Boubou guckt Hector und die anderen Deutschen an. »Uns hilft hier niemand.« Hector nickt oft und sagt wenig. Dann steht er auf. Hectors Zug stapft weiter.

Im Ort Kobe trifft er auf einen Hirten, der in einem rosafarbenen Gewand steckt. Angesprochen auf die Lage, sagt der Mann: »Die Terroristen fahren hier mit ihren Mopeds herum und bedecken ihre Waffen nur mit einer Decke.« Warum, will er wissen, kontrolliert die niemand?

Hector hört konzentriert zu, nickt immer wieder. Doch auch dem Mann im rosa Boubou sagt er nichts, was ihm das Gefühl geben könnte, dass die deutschen Soldaten etwas an diesem Problem ändern würden. »Danke für den Hinweis«, sagt Hector und zieht mit seinem Trupp weiter.

Es sind kuriose Situationen. Hector, Jahrgang 1987, ist Fernspäher, Fallschirmspringer und als Scharfschütze ausgebildet. Er ist eine sogenannte spezialisierte Kraft. Deshalb darf er nicht mal seinen richtigen Namen öffentlich preisgeben. Er ist so durchtrainiert, dass er in diesen Tagen Anfang 2023 Rekordhalter der »Viking Challenge« geworden ist, ein Fitness-Wettkampf, den sich die Soldaten in Mali ausgedacht haben. Hector ist es gelungen, in 38 Minuten 1.000 Meter zu rennen, einen 15 Kilo Sandsack 50 Mal über die eigene Schulter zu werfen. Darauf folgten 50 Pull-Ups, 100 Liegestütze und zum Abschluss ein 500-Meter-Sprint – mit 40 Kilo Zusatzgewicht.

Hector und seine Kameraden sind auch bestens ausgerüstet. An der Hauptstraße warten gepanzerte Wagen vom Typ »Eagle«. Zehn Tonnen schwere Ungetüme mit ferngesteuerten Maschinengewehren auf dem Dach. Den Dschihadisten auf den Mopeds sind sie vollends überlegen.

Während Hector durch die Dörfer südlich Gaos marschiert, erklärt er, dass sein Mandat es nicht zulässt, Terroristen auf Motorrädern zu kontrollieren. Bei Minusma handelt es sich um eine sogenannte Friedensmission. Eingreifen ist nur dann vorgesehen, wenn Zivilisten vor den Augen der Bundeswehr angegriffen werden oder die Bundeswehr selbst zum Ziel einer Attacke wird. Vom Einsatzführungskommando heißt es dazu: »Die Aufgabe der Bundeswehr ist es nicht, Durchsuchungen durchzuführen.« Es sei schlicht nicht vom Mandat gedeckt, Aufgaben zu übernehmen, für die eigentlich die malischen Sicherheitskräfte zuständig wären. »Die Teilnahme an Operationen zur Terrorismusbekämpfung ist nicht vom Auftrag erfasst.«

Kürzlich, so erzählt es Hector, stellte sich ein Terrorist

Hectors Männern. Es war ein 20-jähriger Malier, der angab, im Auftrag von JNIM zu kämpfen. Eine ideale Quelle. Hector und seine Männer fingen an, ihn zu befragen, 20 Minuten lang. Dann kam per Funk die Order, ihn laufen zu lassen. Die Festnahme von Terroristen ist mitunter selbst dann nicht vom Mandat gedeckt, wenn sie sich stellen. Es sei nur zulässig, Verdächtige festzuhalten, wenn sie kurzfristig an die malischen Behörden übergeben werden könnten, so das Einsatzführungskommando. Doch das war nicht der Fall. Die Streitkräfte Malis verfügen über rund 34.000 Soldaten. Hinzu kommen ungefähr 6.000 Gendarmen[146]. Sie müssen eine Fläche von 1,2 Millionen Quadratkilometern abdecken. Vier Mal Deutschland. Die Berliner Polizei allein hat mehr als 27.000 Beschäftigte[147].

Hector und sein Zug steigen in ihre gepanzerten Wagen, in die Ungetüme mit den ferngesteuerten Maschinengewehren auf dem Dach. Nach einem Morgen, an dem sie gleich mehrmals gehört haben, dass sie keine Hilfe seien, beenden sie ihre Einsatzfahrt. Und überlassen die Menschen in den Dörfern südlich von Gao wieder sich – und den Terroristen. Wie schon so oft in zehn Jahren im Land.

Das ist der Grund dafür, dass der Radio-Journalist Abdoulaye Touré sich fragt, ob die Deutschen in Mali nur ein bisschen Urlaub machen, ein bisschen Wüstenluft schnuppern, Sonne tanken.

Am Kreisverkehr kurz vor dem Camp der Deutschen in Gao steht oft ein Mann mit einem Handy in der Hand. Ein Späher einer der Terrorgruppen. Er gibt die Bewegungen der UN-Patrouillen durch. So wissen seine Leute immer genau, wo sie gerade unbemerkt zuschlagen können. Auch die Späher der Dschihadisten dürfen Hector und seine Kameraden aufgrund ihres Mandats nicht einfach festnehmen.

Einer von Hectors Kameraden, der nicht mal einen Decknamen nennen will, sagt: »Der IS kommt uns so nah, dass wir ihn anspucken könnten. Die Terroristen tanzen uns auf der Nase herum.« Und er fügt im Schutz der Anonymität hinzu: »Ich halte nichts von Peacekeeping. Wenn man Männer mit Waffen schickt, sollten sie ihre Waffen auch einsetzen dürfen.«

Die Unterkunft der Deutschen, Camp Castor, ist Anfang 2023 vielleicht der sicherste Ort im Norden Malis, eine Festung aus Sandsäcken und Stacheldraht. Der schneidet Menschen, die ihn überwinden wollen, nicht nur ins Fleisch. Hat sich jemand darin verfangen, zieht sich der Stacheldraht bei jeder Bewegung weiter zusammen. Camp Castor wirkt wie ein Ufo, das in den kargen, von Gewalt geplagten Weiten des Sahel gelandet ist.

Im Inneren modernste Waffensysteme. Eine kleine Kirche. Ein Fitnessareal. Eine Kletterwand, die niemand benutzen darf, weil sie nicht vom TÜV abgenommen wurde. Und eine Kantine, die eher an ein Flugzeughangar erinnert. Zudem gibt es Hunderte graue und beige Container, die wie Lego-Steine gestapelt Wohn- und Arbeitsblöcke bilden. In einem sitzt ein paar Stunden nach seiner Patrouille Hector. Seine Finger trommeln kaum hörbar auf die Tischplatte. Sein Fuß wippt. Ja, sagt Hector. Er könne schon verstehen, dass viele Menschen mit Minusma unzufrieden seien. »Ich versuche bestmöglich, meinen Auftrag durchzuführen«, sagt er. »Aber die Kräfte hier unterliegen nun mal Vorschriften der UN.« Und auch er hadert damit. »Wenn du mich persönlich fragst: Ich sehe das genauso wie die Bevölkerung«, sagt Hector. »Minusma könnte viel, viel mehr tun.«

UN-Missionen haben eine lange, wechselhafte Geschichte. Einer der ersten Generalsekretäre der internationalen Organisation, Dag Hammarskjöld, soll gesagt haben:

»Die Vereinten Nationen wurden nicht geschaffen, um uns in den Himmel zu bringen, sondern um uns vor der Hölle zu bewahren.« Für ihr Engagement für den Weltfrieden wurden die Truppen der UN Ende der 1980er-Jahre noch mit dem Friedensnobelpreis ausgezeichnet. Doch kaum ein Jahrzehnt später schien es so, als sei es ihnen nicht mal möglich, das Minimalziel zu erfüllen, das Hammarskjöld formuliert hatte – Menschen vor der Hölle zu bewahren. Mitte der 1990er-Jahre mussten sich Blauhelme in Ruanda und im zerfallenden Jugoslawien vorwerfen lassen, im Angesicht eines Völkermords nicht eingegriffen zu haben.

Seit diesen Debakeln haben die UN-Truppen Lehren gezogen. Ihre Mandate können heute deutlich »robuster« sein als damals. So gibt es bei Minusma keinen Zweifel daran, dass die Blauhelme zur Waffe greifen dürfen, wenn Zivilisten vor ihren Augen in Gefahr geraten. Aber eben nur dann. Angesichts der Guerilla-Methoden der Terrorgruppen im Sahel sind sie deshalb machtlos.

Während die Franzosen bei ihrer Jagd nach hochrangigen JNIM- und ISSP-Kadern nicht genug taten, um die Ursachen des Terrors zu bekämpfen, so war es bei den Blauhelmen so, dass sie in den Augen vieler Malier viel zu zahm auftraten. Sie griffen nicht durch. Deswegen schnellte die Zahl getöteter Zivilisten trotz der UN-Präsenz in die Höhe.

Paris hatte Berlin immer wieder dazu aufgefordert, militärisch mehr zu tun im Sahel. Doch in der Bundesregierung fehlte die Bereitschaft. Auch angesichts von mehr als 50 französischen Soldaten, die in Operation Barkhane ums Leben gekommen sind. Hector ist überzeugt: »Wenn wir hier offensiver vorgehen, müssten wir damit rechnen, dass auch getötete Soldaten heimgeflogen werden.« Und er sagt in diplomatischeren Worten, was sein Kamerad im Schutz der Anonymität erzählte: »Wenn man sich dazu entschließt, die Bundeswehr in einen Auslandseinsatz zu schicken, sollte der Auftrag an erster Stelle stehen und nicht die Zahl der gefallenen Soldaten.« Der Tod: Berufsrisiko. So sieht das Hector.

Hatte der Radiojournalist Touré also recht, als er Deutschland vorwarf, keine führende Rolle zu übernehmen, sich hinter den Franzosen wegzuducken? Hector antwortet nicht. Neben dem Soldaten sitzt ein Presseoffizier der Bundeswehr, der darauf achtet, dass kein Wort zu viel fällt. Es ist das übliche Prozedere bei der Truppe. Soldaten sollen nur über ihre Arbeit sprechen. Antworten auf politische Fragen: nicht erwünscht.

Hector ist in diesen Tagen ohnehin dabei, mit Mali abzuschließen. »Das Leben geht weiter«, sagt er. Bundeswehrsoldaten verbringen gewöhnlich nur ein paar Monate am Stück im Auslandseinsatz. Hector bleiben nur noch ein paar Wochen. Er habe die Menschen dieses Landes bei seinen Aufkläroperationen ein wenig kennengelernt. »Natürlich entsteht da Empathie.« Doch zuhause warte seine Familie auf ihn. »Ich kann dann nicht mehr die ganze Zeit in die Nachrichten gucken, was gerade in Gao los ist.« Er freue sich auf zuhause, sagt er. »Auf das ganz normale Leben.«

Nicht nur Touré und Hector, die meisten Bürgerinnen und Bürger Malis fingen irgendwann an, sich zu fragen, was die Bundeswehr in all den Jahren überhaupt im Land erreicht hat. Für viele Malierinnen und Malier ist das Scheitern der hochgerüsteten Soldaten so unerklärlich, dass sie anfingen, an den guten Absichten von Truppenstellern wie Deutschland zu zweifeln. Laut einer Umfrage der Friedrich-Ebert-Stiftung waren mehr als die Hälfte der Malierinnen und Malier 2023 unzufrieden mit den Leistungen von Minusma. Sie glaubten nicht, dass die Mission Zivilisten schützen würde.

Schlimmer noch. 42 Prozent der Befragten vermuteten, dass die Minusma in Wirklichkeit gemeinsame Sache mit den bewaffneten Gruppen mache[148]. Die Blauhelme fast so verdächtig wie die französische Armee. Ein außenpolitischer GAU für Deutschland, der größte anzunehmende Unfall.

Minusma war vermutlich von Anfang an falsch angelegt. Die Mission sollte Sicherheit wahren, wo es keine Sicherheit gab, stabilisieren, wo nichts stabil war. Sie hatte das Ziel, die staatliche Autorität im ganzen Land wiederherzustellen. Nur war der Staat auch vor der Rebellion der Tuareg und dem Siegeszug der Dschihadisten in großen Teilen des Landes nicht existent. Das politische Fundament fehlte. Die Truppensteller waren trotzdem nicht bereit, ihre Strategie zu wechseln. Sie machten immer weiter. Ohne Erfolg. Und der malische Präsident Ibrahim Boubacar Keïta, der seinen eigenen Verpflichtungen für sein Volk nicht gerecht wurde, ließ sie machen.

Etliche Experten in Europa kritisierten das Scheitern von Minusma. Auch viele Politiker, schließlich verschlang die Mission auch mehr als vier Milliarden Euro an Steuergeldern[149]. Noch schlechter war der Ruf der European Union Training Mission Mali (EUTM), einer Ausbildungsmission der Europäischen Union[150]. Auch daran beteiligte sich die Bundeswehr über die Jahre mit Tausenden Soldaten, die malische Sicherheitskräfte ausbilden sollten.

Berlin verteidigte den Einsatz über Jahre vor allem mit einem Argument: Ohne die Mission Minusma wäre alles nur noch schlimmer. Ein Argument, das einen Faktor völlig ignorierte: Die als untätig wahrgenommene UN-Truppe schürte immer mehr Misstrauen im Sahel. Viele Menschen fingen an, sich zu fragen, ob die Vereinten Nationen und vor allem der Westen überhaupt helfen wollen. Die Mission schadete dem Ruf der Truppensteller, auch Deutschlands.

Die Soldaten, die im August 2020 Präsident Keïta stürzten, hebelten nach und nach auch die Zusammenarbeit mit Minusma aus. Die Operationen der Bundeswehr störten sie in einem Maße, dass ein Weiter-so bald nicht mehr möglich war. 2022 fing die Junta damit an, den Deutschen Überflugrechte zu verweigern. Davon betroffen waren vor allem Drohnen und Hubschrauber, die essenziell für die Aufklärung und Sicherheit der Soldaten in Mali waren[151]. Verteidigungsminister Boris Pistorius bezeichnete den Einsatz Anfang 2023 deshalb als »Geld- und Zeitverschwendung«[152].

Statt auf die Blauhelme zu setzen, holte sich die Junta ebenjene russischen Söldner der Wagner-Gruppe ins Land. Die begannen, gemeinsam mit den nationalen Streitkräften auf Terroristenjagd zu gehen. Die russische Präsenz war ein radikaler Gegenentwurf zur Arbeit der Minusma. Die Wagner-Söldner gingen äußerst aggressiv vor. Berichte über Menschenrechtsverletzungen häuften sich.

Anders als beim Pakt des früheren Präsidenten Keïta mit den Jägern von Dan Na Ambassagou kam zur Partnerschaft der Junta mit Russland immer wieder laute Kritik aus Berlin[153]. Im Mai 2023, kurz vor dem Ende von Hectors Einsatz in Mali, entschied der Bundestag, das Mandat für die Mission auslaufen zu lassen. Hector gehörte zu den letzten Deutschen, die regulär in Mali ihren Dienst verrichteten. Danach folgte der Abzug.

Im Juni 2023 forderte der malische Außenminister dann das unverzügliche Ende der gesamten Mission der Vereinten Nationen. Er sprach von einem »Versagen« und davon, dass Minusma ein »Teil des Problems« geworden sei.

Die Bürgerinnen und Bürger Malis freuten sich über diesen Schritt. In einer Umfrage aus dem Jahr 2024 befürworteten neun von zehn Maliern das Ende der Mission[154].

Die Junta sah sich schnell auch nicht mehr an das Friedensabkommen mit den Tuareg-Rebellen gebunden, das diesen eine stärkere Selbstverwaltung im Norden zusicherte[155]. Dies zu unterstützen war eine zentrale Aufgabe von Minusma. Die malischen Streitkräfte griffen mit der Hilfe von Wagner-Söldnern Stellungen der Rebellen an. Der Bürgerkrieg entbrannte wieder. Doch dieses Mal war die malische Armee stärker. Ende 2023 eroberte sie die Stadt Kidal, jene Hochburg der Rebellen, die seit dem Aufstand 2012 nicht mehr unter der Kontrolle des malischen Staates war – auch weil Frankreich sich nach Opération Serval dagegenstemmte. Nun wurde sie wieder ein Symbol für ein souveränes Mali.

Ein paar Monate nachdem die letzten Blauhelme Mali verlassen haben, meldet sich der Radio-Journalist Touré per WhatsApp. Gibt es dieses Mal eine Möglichkeit, Hoffnung zu verbreiten?

Den Analysten von Acled zufolge verloren im letzten Jahr der Minusma in Mali fast 2.000 Zivilisten das Leben. Im ersten Quartal 2024 waren es fast 600[156]. Viele starben laut der Menschenrechtsorganisation Human Rights Watch und der Vereinten Nationen auch bei Angriffen der malischen Armee und der russischen Söldner[157]. Trotzdem ist Touré an diesem Tag im April 2024 guter Laune. »Die Sicherheitslage in Gao verbessert sich Stück für Stück«, schreibt der Journalist. Die Terroristen versuchten, die Versorgungswege von Gao zu kappen. Aber, fügt er hinzu: »Die Armee tut ihr Bestes, um für Sicherheit zu sorgen.« Auch im Norden Malis fühlen sich Teile der Bevölkerung offenbar nicht mehr so alleingelassen von ihrer Regierung.

Die Stromversorgung sei weiter ein Problem, sagt Touré. »Unser ganzes Land leidet unter Stromausfällen«, schreibt er. »In diesem Ausmaß haben wir das in Mali noch nie er-

Die Große Moschee von Agadez hat einst Reisende angelockt. Heute ist an Tourismus im Sahel kaum noch zu denken.

Ein Meharist patrouilliert im Grenzgebiet von Mauretanien und Mali. Für di
wichtigste Waffe. Sie geben Menschen das Gefühl, dass der Staat sie nicht mit

er der Anti-Terror-Einheit ist das Gewehr dabei nicht die
lemen alleine lässt. Ein seltenes Gefühl in der Region.

Den Sahel hat eine komplexe Krise getroffen. Gewalt, das Klima und krankende Wirtschaften plagen viele Menschen.

Russland wird vor allem bei Jugendlichen beliebter. Ihre eigenen Präsidenten und deren Partner haben sie enttäuscht.

Ein deutscher Soldat besucht eine Schule in Mali. Wegen des Terrors ist das unmöglich für Millionen von Kindern im Sahel.

Ein malischer Soldat fliegt in die Region Mopti. Die Armee verlor dort die Kontrolle über ganze Landstriche.

»Man kann den Terror nicht mit Waffen besiegen.«
Mouhamadou Ibrahim war Mitglied des IS im Sahel.

»Wir wissen, dass sie angefangen haben.« Amassagou Sayes Miliz ist in einen ethnisch aufgeladenen Konflikt verwickelt.

In Niger gehen 2023 tausende Menschen auf die Straßen. Sie machen vor al
nicht besser entwickelt hat. Sie werfen aber auch anderen europäischen Staaten

kreich dafür verantwortlich, dass sich ihre Heimat
n nicht zu helfen, sondern sie auszubeuten.

Die Sahel-Staaten zählen zu den ärmsten der Welt. Doch viele Menschen dort glauben, dass es ganz anders sein könnte.

In der Region gibt es fruchtbare Ecken. Und es gibt Rohstoffe, die Begehrlichkeiten wecken. Auch in Europa.

Mit den richtigen Anbaumethoden und viel Pflege kann es sogar gelingen, die Wüste zu begrünen.

Minetou Matallah arbeitet in Mauretaniens konventioneller Fischindustrie, nur gibt es für sie immer weniger zu tun.

In Fabriken in der Stadt Nouadhibou wird frischer Fisch zu Mehl und Öl gepresst und nach Europa und Asien exportiert.

Flotten aus dem Ausland schnappen der traditionellen mauretanischen Fischindustrie den Fang weg.

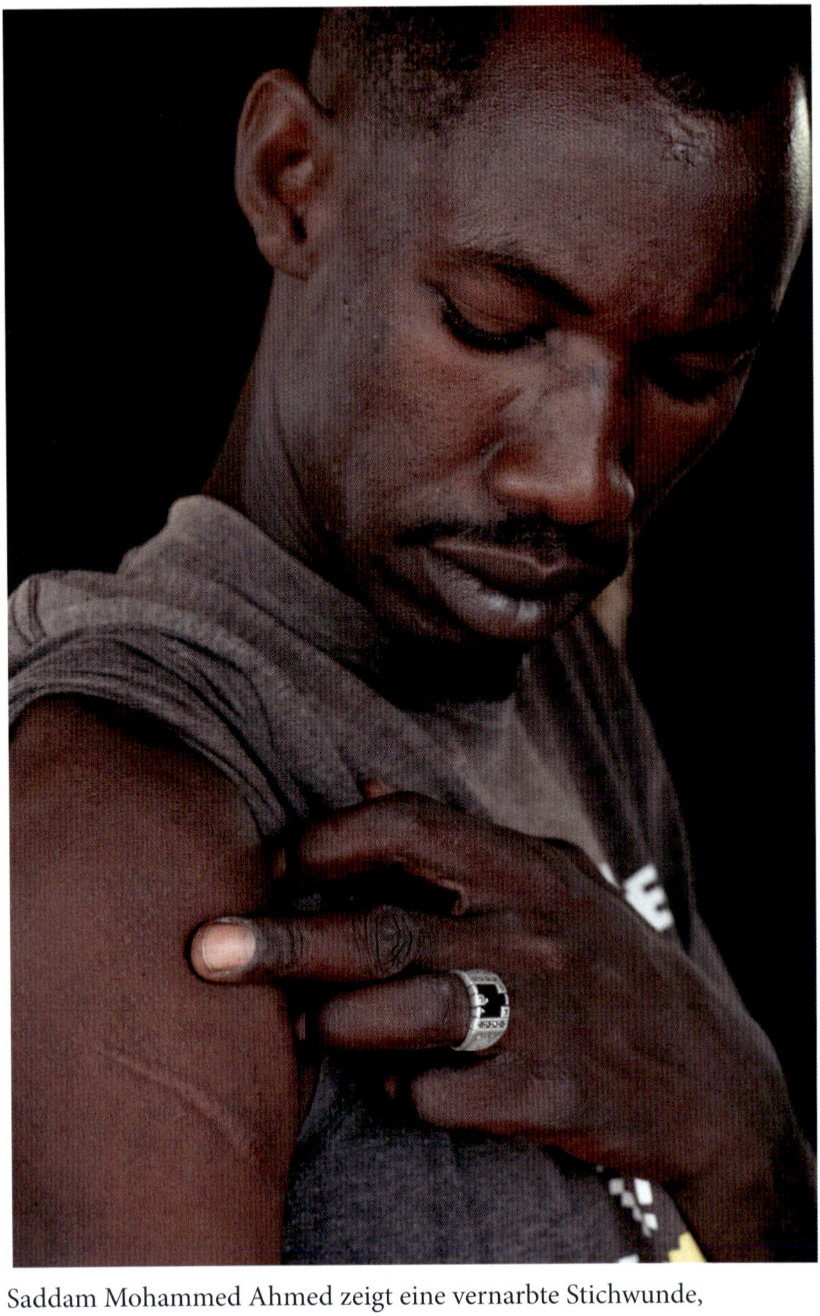

Saddam Mohammed Ahmed zeigt eine vernarbte Stichwunde, die ihm im Sudan zugefügt wurde. Er floh in den Tschad.

Kinder laufen durch das Flüchtlingscamp von Koufroun in der Nähe der Grenze zum Sudan, eines von vielen Camps.

Die meisten Vertriebenen in Afrika bleiben in Afrika. Allein im Tschad leben mehr als eine halbe Millionen Geflüchtete.

Ahmed Mohamed, ein ehemaliger »Schlepper«, wirft auch Deutschland vor, durch Abschottung Leben zu zerstören.

lebt.« Als Grund für die Krise macht er jedoch die Korruption des alten Regimes aus, nicht der Junta, die zu diesem Zeitpunkt schon drei Jahre an der Macht ist. Der frühere Minister für Energie stecke jetzt im Gefängnis und mehrere andere hochrangige Verantwortliche ebenso, sagt Touré. Sein Sender verbreitet an diesem Tag trotz der Stromausfälle Hoffnung. »Radio Naata ist auf Sendung. Es läuft sehr gut, keine größeren Probleme.« Langsam, sagt er, entwickelten sich die Dinge. Um auf Stromausfälle reagieren zu können, ist Radio Naata von Diesel-Generatoren auf Solarenergie umgestiegen.

GEOPOLITIK IM SAHEL

Die Bundesregierung legte nach dem Debakel in Mali viel Wert darauf, zu betonen, dass Deutschland sich nicht aus dem Sahel zurückziehe[158]. Selbst aus Mali nicht. Berlin pocht seither darauf, die Bevölkerung des Landes weiter mit entwicklungspolitischen Projekten zu unterstützen. »Regierungsfern« ist dabei das Stichwort[159]. Die Botschaft: Wir machen keine gemeinsame Sache mit den Putschisten, aber wir lassen die Malierinnen und Malier nicht im Stich.

Zugleich orientierte sich Berlin militärisch verstärkt auf Malis Nachbarland Niger, wo die Bundeswehr bereits einen Lufttransportstützpunkt unterhielt und in der Ausbildung nigrischer Sicherheitskräfte aktiv war. Nach dem Putsch in Niger war es aber auch damit schnell vorüber.

Berlin übernahm sein Credo für Mali auch für Niger: Wir machen keine gemeinsame Sache mit den Putschisten, aber wir lassen die Nigrerinnen und Nigrer nicht im Stich. Auch für Niger will die Bundesregierung Entwicklungszusammenarbeit an der Regierung des Landes vorbei aufrechterhalten. Zudem verstärkt sie die Zusammenarbeit mit Anrainerstaaten. Im Westen der Sahelzone mit Mauretanien und dem Senegal. Im Süden mit den Staaten am Golf von Guinea. Die Hoffnung ist, die Ausbreitung des Terrors von außen einzuhegen.

Geht es um die Staaten im Zentrum der Sahelzone, setzt die Bundesregierung nach Angaben aus Regierungskreisen darauf, einen »Fuß in der Tür« zu behalten. Sie lockt mit einer Wiederaufnahme militärischer Kooperationen und bilateraler Entwicklungszusammenarbeit, wenn die Soldaten an der Macht eine Rückkehr zur Demokratie einleiten.

Paris hat einen anderen Kurs eingeschlagen als Berlin. Frankreich pocht auf einen Boykott der Militärregime statt eines »Fußes in der Tür«. Von Diplomaten heißt es, dass Paris Druck auf andere EU-Staaten ausgeübt haben soll, dieser Isolations-Politik zu folgen.

Hinter dieser Abkehr steckt der Wunsch Frankreichs, im Sahel nicht mehr als »Sündenbock« herhalten zu müssen. So deuten zumindest Kenner der französischen Diplomatie die Sicht in Paris. Emmanuel Macron habe längst eine neue Afrika-Politik angestoßen.

Frankreich beendete »Opération Barkhane« offiziell im November 2022, nachdem die Junta in Mali immer allergischer auf die französische Militärpräsenz im Land reagierte. Die Antiterrormission erstreckte sich aber nicht nur auf Mali, das Operationsgebiet umfasste auch Mauretanien, Burkina Faso, Niger und den Tschad, wo Paris mehrere Basen unterhielt. Nachdem auch in Burkina Faso geputscht wurde und sich die Junta gegen Paris auflehnte, zog Frankreich auch dort seine Soldaten ab[160]. Im Zentrum der Sahelzone blieb nur noch Niger. Bevor es auch dort zum Coup kam, verkündete Macron bereits im Februar 2023: »Die Militärbasen, wie sie heute existieren, sind ein Erbe der Vergangenheit.« Macron versprach eine »Afrikanisierung« der verbliebenen Einrichtungen auf dem Kontinent. Er kündigte an, sie in Akademien umzubauen, in denen afrikanische, französische und andere europäische Soldaten partnerschaftlich zusammenarbeiten würden. Macron forderte auch französische Unternehmen auf, respektvoller auf dem Kontinent zu agieren. Er sagte, dass er »keine Sehnsucht« verspüre, wenn er an die Françafrique denke[161].

Es waren große Worte. Einige Beobachter glaubten sie.

Macron hatte schließlich bereits, heftigen Widerständen zum Trotz, Gesetze auf den Weg gebracht, die eine schnelle Rückgabe von geraubten Kulturgütern aus Kolonialzeiten regelte[162]. Er hatte sich auch im Namen der Grande Nation beim Volk Ruandas entschuldigt, ja um Vergebung gebeten. Und er stieß auf offene Ohren[163]. Dabei ging es um eine besonders düstere Volte der Françafrique. Paris stützte in den 1990er-Jahren die Hutu-Eliten in dem ostafrikanischen Land, schickte ihnen Geld und Waffen[164]. Frankreich nutzte seinen Einfluss aber nicht, um zu verhindern, dass die Milizen der Hutus dann Hunderttausende Angehörige der Tutsi-Volksgruppe massakrierten[165]. Während frühere französische Präsidenten noch so taten, als hätte Paris die Entwicklungen nicht kommen sehen, räumte Macron ein, dass Frankreich sie schlicht ignoriert hatte. Frankreich habe damals nicht auf die warnenden Stimmen gehört und an der Seite eines Regimes gestanden, das für den Völkermord verantwortlich gewesen sei, sagte Macron bei einem Besuch in Ruanda 2021[166].

Macron schwor immer wieder von der Afrika-Politik ab, die einst Präsident de Gaulle schuf, um den Einfluss auf die früheren Kolonien zu wahren: »Die Françafrique gibt es nicht mehr«, behauptete er. Doch allen Initiativen und Beteuerungen des Präsidenten zum Trotz, wirklich überzeugend wirkte Macrons Abkehr von diesem geopolitischen Machtinstrument nicht. Unter anderem wegen der Entwicklungen im Tschad.

2021 starb Idriss Déby, der Präsident des zentralafrikanischen Staates. Déby, der in Frankreich zum Kampfpiloten ausgebildet worden war und sich dort den Spitznamen »Wüstencowboy« verdient hatte, herrschte mehr als drei Jahrzehnte über das Land. Es war eine brutale, despotische Herrschaft. Immer wieder gab es Aufstände gegen ihn. Doch Déby konnte sich halten. Nicht zuletzt dank Frankreichs Unterstützung. Oft hatte Paris in der Geschichte des Tschad militärisch interveniert, um zu beeinflussen, wer an der Spitze des Staates steht. Wiederholt kämpften französische Soldaten dafür, dass Déby dort möglichst lange bleiben würde[167].

Nach dem Tod des Machthabers gab es keine Wahlen, um einen neuen Präsidenten zu bestimmen. Das Militär ernannte den Nachfolger: Mahamat Idriss Déby Itno, auch Mahamat Kaka genannt, ein Sohn des verstorbenen Langzeitherrschers. Es war einer der Militärputsche im Sahel, von denen die breite Öffentlichkeit in Europa kaum Kenntnis nahm. Und während Macron die Coups in Mali, Burkina Faso und Niger kritisierte, protestierte er im Tschad nicht. Im Gegenteil.

Als Mahamat Kaka, der neue Staatschef des Tschad, die Beerdigung seines Vaters beging, hatte er einen Ehrengast: Emmanuel Macron. Der französische Präsident saß während der Zeremonie neben dem neuen Machthaber. Macron in einem schwarzen Anzug mit schwarzer Krawatte. Déby junior in einem Tarnanzug und rotem Barett. Macron hielt auch eine Rede zu Ehren des Gestorbenen. Er nannte Déby senior einen »Freund« und einen »couragierten Soldaten«. Er sagte: »Frankreich wird nicht zulassen, dass irgendjemand die Stabilität und Integrität des Tschad heute oder morgen in Frage stellt oder bedroht.«[168] Es waren Worte, die wenig Raum für Missverständnisse boten.

Mahamat Kaka war Teil der Stabilität im Tschad. Er griff wie sein Vater nach der absoluten Macht. Wahlen verschob er so lange, bis er sich sicher sein konnte, die volle Kontrolle über die Institutionen des Staates zu haben. Im Frühjahr 2024 dann, kurz vor dem Urnengang, schaffte er womöglich auch noch das letzte Risiko aus dem Weg. Mahamat Kakas Sicherheitskräfte töteten Yaya Dillo Djérou, einen der wichtigsten Kandidaten der Opposition. Für die Partner des Tschad, die sich als Verfechter von Demokratie und Rechtsstaatlichkeit in der Welt in Szene setzen, eigentlich ein Grund, um die Beziehungen zum neuen und irgendwie ja auch alten Regime im Tschad einzuschränken. Zumindest aber für mahnende Worte. Macron schickte stattdessen seinen Sonderbeauftragten für Afrika in Tschads Hauptstadt: »Der Präsident hat mich gebeten, mit N'Djamena an einer Anpassung, einer Weiterentwicklung unseres Dispositivs zu arbeiten, um es besser an die militärischen und sicherheitspolitischen Herausforderungen der Region anzupassen«, sagte Jean-Marie Bockel. Mit »Dispositiv« meinte er die Präsenz französischer Soldaten im Land. »Es geht nicht nur um die Anzahl, wir müssen bleiben, und natürlich werden wir bleiben«[169], so Bockel.

Ein paar Wochen später gewann Mahamat Kaka die Präsidentschaftswahlen. Er erhielt 61 Prozent der Stimmen, mehr als drei Mal so viele wie der Zweitplatzierte. Die Opposition und internationale Organisationen erhoben Zweifel an der Rechtmäßigkeit der Wahl, sie stellten auch die Verlässlichkeit der Ergebnisse in Frage. Vertreter der Zivilgesellschaft berichten von Entführungen unter Déby juniors neuer Regentschaft, von willkürlichen Verhaftungen und Morden. Anhänger Mahamat Kakas dagegen feierten den Sieg ihres Favoriten nach der Bekanntgabe vorläufiger Ergebnisse mit Freudenschüssen. Es gab mindestens ein Dutzend Verletzte[170].

Für viele Menschen in der Region ist offensichtlich: Emmanuel Macron hat die Françafrique nicht beendet. Sie glauben, dass er nur nach neuen Wegen sucht, um de Gaulles altes geopolitisches Werkzeug weiterhin einsetzen zu können. Der Rückzug aus Mali, Burkina Faso und Niger – in dieser Lesart nur ein strategischer Schritt zurück.

Während die Bundesrepublik im Gegensatz zu Frankreich darauf setzte, jenen Fuß in der Tür zu den Putschisten im Zentrum der Sahelzone zu behalten, wahrte Berlin wiederum eine gewisse Distanz zum Déby-Clan, den Macron noch immer umgarnte. 2023 wurde der Botschafter der Bundesrepublik im Tschad, Gordon Kricke, für seine »unhöfliche Haltung« und »mangelnden Respekt für diplomatische Gepflogenheiten« des Landes verwiesen[171].

Deutschland und Frankreich wirken uneins in der Frage des Umgangs mit den Putschisten.

Die Europäische Union, einer der wichtigsten Geber in der Sahelzone, beendete nach dem Putsch in Niger die Entwicklungszusammenarbeit und verurteilte den Staatsstreich »aufs Schärfste«[172]. Ausrüstungshilfen für die Armeen im Sahel stellte sie ein. Sie verlängerte auch die Mandate für die zivilen und militärischen Krisenbewältigungsmissionen EUCAP-Sahel und EUMPM-Niger nicht[173]. Wobei es die Putschisten im Sahel waren, die zuerst die Abkommen kündigten, die Rechtsgrundlage für diese Missionen waren.

Trotz dieses Bruchs mit der Junta in Niger durchzieht die EU nicht nur wegen der Unterschiede zwischen Berlin und Paris ein Riss, wenn es um die Sahelzone geht. Neben Deutschland pochten weitere Staaten wie Spanien und Italien darauf, die Beziehungen zu den Putschisten nicht zu zertrümmern. Italien preschte dabei besonders vor. Die rechtspopulistische Regierungschefin Giorgia Meloni veranstaltete Anfang 2024 einen Afrika-Gipfel in Rom, um ein neues Kapitel in den Beziehungen der Kontinente einzuleiten. Dabei wählte sie markige Worte, sprach davon, kolonialistische Ausbeutung und das Modell der Entwicklungstransfers von reichen zu armen Staaten zu überwinden. Stattdessen propagierte Meloni eine »Partnerschaft auf Augenhöhe«. Die Zusammenarbeit sollte nach Melonis Idee künftig auf gegenseitigen Wirtschaftsinteressen beruhen. Und dazu gehörte auch, das machte Meloni deutlich, diese Interessen nicht zu verschleiern. Die Italienerin stellte in Rom den sogenannten Mattei-Plan vor. Namensgeber ist Enrico Mattei, einst Manager des staatlichen Energieunternehmens ENI. Italien muss 80 Prozent seines Energiebedarfs durch Importe decken[174]. Radikale Offenheit in Rom also. Ein Gegenentwurf zur oft ans Konspirative grenzenden Politik Frankreichs.

Auch Melonis Kurs hatte allerdings zunächst wenig sichtbaren Erfolg, obwohl er die Kritik aus dem Sahel an Europas Politik deutlich aufgriff. Denn auch die Rhetorik der italienischen Rechtspopulistin konnte nicht sonderlich glaubwürdig wirken. Nur ein paar Monate zuvor, als sie noch eine Oppositionspolitikerin war, sagte sie: »Die einzige Option, um die illegale Migration zu stoppen, ist eine Seeblockade.«[175] Ein Unterfangen, das kaum partnerschaftlich anmutet.

An Melonis Treffen in Rom nahmen zwar etliche Staats- und Regierungschefs aus Afrika teil. Auf der Teilnehmerliste standen aber weder Vertreter aus Mali noch aus Burkina Faso oder Niger[176]. Selbst der ökonomische Riese Nigeria entsandte niemanden nach Rom. Immerhin gelang es Rom unter anderem, seine Militärmission »Misin« in Niger aufrechtzuerhalten[177].

Die USA versuchten nach dem Putsch in Niger zunächst so zu tun, als wäre gar nichts passiert. Wochenlang war in Washington nicht mal offiziell von einem Putsch die Rede. Das hatte vor allem einen Grund: US-Gesetzgebung schreibt vor, dass die Regierung im Falle eines Putsches diverse Kooperation mit dem betroffenen Staat einstellen muss – zivil und militärisch[178]. Das wollte Washington nicht. Die USA setzten im Sahel zunächst auf radikalen Pragmatismus. Für den mächtigsten Staat der Welt stand viel auf dem Spiel.

Im Mittelpunkt der US-Politik: der Kampf gegen den internationalen Terrorismus. Die Angst vor einem zweiten 9/11 prägt die amerikanische Außenpolitik noch immer. Washington fürchtete früh, dass die Sahelzone neben dem Nahen Osten ein zweiter Hot Spot des Terrors werden könnte. Die US-Regierung nahm die Region schon kurz nach dem Anschlag auf das World Trade Center 2001 verstärkt in den Blick. Allein seit 2014 steckten die Vereinigten Staaten rund 5,5 Milliarden Euro an Entwicklungsgeldern in die Region, um sie zu stabilisieren[179]. Sie trainierten nigrisches Militär und lieferten Ausrüstung. Vor allem sorgten sie aber dafür, dass sie möglichst genau wissen, was in der Region geschieht. Dafür wagten sie eine beträchtliche Investition. Die USA gaben rund 110 Millionen US-Dollar für den Bau von Air Base 201 in der Nähe von Agadez im Zentrum Nigers aus. Die Basis, fertiggestellt im Jahr 2019, wurde zur Unterkunft für viele der rund 1.000 US-Soldaten im Land und zur Heimat für eine Flotte aus modernen Drohnen, die weit über den Sahel hinaus in Nord-, West- und Zentralafrika wirken können[180]. Air Base 201 wurde praktisch zum Auge der USA in der Region, um herauszufinden, ob sich in Afrika eine Gefahr für amerikanische Staatsbürger zusammenbraut.

Washington hoffte womöglich, dass es dieses sicherheitspolitische Asset behalten könnte, wenn es die Zusammenarbeit mit der Junta nicht einschränkt. Ein eigenwilliger Weg. Selbst als Washington im Oktober 2023, also knapp drei Monate nach dem Putsch, diesen als das einstufte, was er war, hielten die USA am Betrieb der Air Base fest. Sie mussten aber die bilaterale Entwicklungszusammenarbeit und jede Form von direkter militärischer Unterstützung der Soldaten in Niamey einstellen. Auch die USA forderten fortan eine Rückkehr zur Demokratie als Bedingung dafür, dass die Hilfen wieder anlaufen. Spitzen-Diplomaten pendelten zwischen Washington und Niamey, um diesen realpolitischen Spagat zu überstehen. Sie scheiterten.

Im März 2024 kündigte die Junta Nigers das Abkommen zur militärischen Kooperation mit den USA. Dabei war von einer »illegalen« Stationierung amerikanischer Soldaten auf nigrischem Boden die Rede. Schnell zeichnete sich ab, dass die Kündigung des Abkommens die Reaktion auf den Besuch einer US-Delegation war. Washington hatte die Besorgnis geäußert, dass die Junta einen Deal mit dem Iran rund um die Uran-Vorkommen des afrikanischen Staates abschließen könnte. Der Iran gehört zu den Staaten, die frühere US-Regierungen zur »Achse des Bösen« erklärt hatten, also jenen Staaten, die Terror gegen die USA ermöglichen, statt ihn zu bekämpfen. Erklärtes Ziel der USA ist es seit jeher, zu verhindern, dass der Iran sich zu einer Atommacht entwickelt. Die Sorge der US-Regierung: Niger könnte, nachdem es nicht mehr an einer Kooperation mit Frankreich interessiert schien, sein Uran an Teheran verkaufen[181].

Den USA geht es, das zeigte sich an dieser Episode, nicht nur um die Sicherheit von US-Bürgern, sondern eben auch um Einflusssphären und eine amerikanische Vormachtstellung auf dem Kontinent. Und auch der US-Kurs in Afrika ist geprägt von Doppelmoral. Wie Frankreich ließen sich auch die Vereinigten Staaten nicht von einer Zusammenarbeit mit dem Regime im Tschad abbringen, als es dort zum Putsch kam. Der wurde von Washington auch nie als solcher eingestuft.

Im Mai 2024 geschah dann etwas, was auf diplomatischem Parkett eher ungewöhnlich ist: Nigers Premierminister Ali Mahaman Lamine Zeine meldete sich in einem Interview der »Washington Post« zu Wort und sprach ausführlich über die Stimmung bei dem Besuch von US-Diplomaten ein paar Wochen zuvor, der die Beziehungen endgültig zum Wanken brachte. Zeine beschrieb die große Enttäuschung, die es in Niger gegeben habe, als die USA ihre militärische Kooperation einstellten[182]. Die USA teilten angeblich nicht einmal mehr ihre Aufklärungsergebnisse von der Drohnen-Basis 201.[183] Niger habe sich alleingelassen gefühlt im eigentlich doch gemeinsamen Kampf gegen den Terror. Dann beschrieb der nigrische Premierminister im Detail, wie die Leiterin der US-Delegation, Molly Phee, mehr als eine Stunde darüber gesprochen habe, welche Bedingungen die USA für eine Rückkehr zur Zusammenarbeit stellte. Er habe erwidert: »Madame, ich fasse mal zusammen in zwei Punkten, was sie gesagt haben: Erst kommen Sie, um uns in unserem eigenen Land zu drohen. Das ist inakzeptabel. Und Sie kommen, um uns vorzuschreiben, mit wem wir Beziehungen haben können, was ebenfalls inakzeptabel ist. Und all das in einem herablassenden Ton und ohne Respekt.«[184]

Bis zuletzt haben die USA offenbar nicht anerkannt, dass mit der Serie der Staatsstreiche im Sahel eine neue Zeit in der Region begonnen hat. Eine Zeit, in der sich die Staaten nicht mehr vorschreiben lassen wollen, wie ihre Politik auszusehen hat. Das US-Magazin »Foreign Policy« kam schon vor dem Interview mit Zeine zu einem vernichtenden Urteil. »Die Tatsache, dass eine so hochrangige Delegation es für vernünftig hielt, eine solche Anfrage zu stellen, während russische Militärberater in der ganzen Region ausschwärmen und andere sich um langfristige Investitionen bemühen, deutet auf ein US-Konzept hin, das in keiner Weise mit der geopolitischen Lage vertraut ist, den historischen Kontext nicht kennt und dem es an Selbsterkenntnis fehlt.«[185]

Nur ein paar Tage nach der Veröffentlichung des Interviews mit dem Premierminister einigten sich die USA und die nigrische Junta darauf, dass Washington Airbase 201 bis September 2024 räumt und seine Soldaten abzieht.

Der Westen ist gespalten und dabei, sich im Sahel ins Abseits zu manövrieren. Die Ablehnung der europäischen und amerikanischen Politik wird immer größer. So groß, dass sich selbst der Tschad von Frankreich und den USA abzuwenden scheint. Für andere Kräfte entsteht immer mehr Raum.

Russland hat jahrelang stark darauf gesetzt, verdeckt in der Region zu wirken. Die Söldnergruppe Wagner war zentral im Engagement. Doch das änderte sich.

Der Chef von Wagner, Jewgeni Wiktorowitsch Prigoschin, galt lange als einer der engsten Vertrauten des russischen Präsidenten Wladimir Putin. Er war ein windiger Unternehmer, der unter anderem mit Catering-Aufträgen für russische Institutionen und Staatsempfänge Millionen verdiente. Das brachte ihm den Spitznamen »Putins Koch« ein. Doch dann fiel Prigoschin in Ungnade.

Nachdem Putin Mitglieder der Wagner-Gruppe im Krieg gegen die Ukraine in einige der schwierigsten Schlachten geschickt hatte, wandte Prigoschin sich öffentlich gegen seine Regierung. Offenbar hatte er den Glauben an die Führungsfähigkeit Putins verloren. Im Juni 2023 wagte Prigoschin einen Aufstand. Er ließ einige seiner Söldner auf Moskau marschieren. Nach Vermittlung durch Belarus wurde der Aufstand gestoppt. Prigoschin starb wenige Wochen später bei einem Flugzeugabsturz.

Für Moskau war das eine Begebenheit, die dazu führte, die offizielle russische Afrika-Politik um eine Komponente zu erweitern. Das russische Verteidigungsministerium gründete Afrikakorps, eine Dachorganisation für das russische Engagement auf dem Kontinent, das die verschleierten Einsätze der Wagner-Gruppe ersetzen sollte. Die Hälfte der Rekruten des Afrikakorps waren ehemalige Söldner Prigoschins. Es handelte sich praktisch um eine Übernahme. Wobei einige leitende Wagner-Angehörige so enge Verbindungen zu den Führungen in afrikanischen Staaten etabliert hatten, dass sie sich nicht einfach absetzen ließen. So war es laut der »New York Times« etwa in Mali und der Zentralafrikanischen Republik[186].

In Burkina Faso wurden Anfang 2024 offiziell Mitglieder von Afrikakorps stationiert. Anfangs 100, spätere mehrere Hundert Männer. In Niger kamen die ersten Mitglieder der Organisation im April 2024 an. In neuen Strukturen und unter einem neuen Namen setzten die Kräfte aber im Prinzip das Programm fort, das Wagner unter Prigoschin in Afrika eingeleitet hatte.

Die immer stärkere Zusammenarbeit mit Russland fand augenscheinlich Rückhalt in den Bevölkerungen der Region. Darauf lassen zumindest Umfragen schließen: In Mali waren Anfang 2024 demnach neun von zehn Befragten zufrieden mit der Kooperation in ihrem Land[187]. Viele Afrikanerinnen und Afrikaner haben keine Angst vor dem »Aggressor Putin«. Nach einem halben Jahrhundert der Enttäuschungen vom Westen kommt es wieder zurück auf diesen Punkt: Viele denken, sie haben nicht mehr viel zu verlieren.

Westliche Experten glauben allerdings, dass Putin die Menschen enttäuschen wird. Sie sind davon überzeugt, dass er nichts liefern kann außer Propaganda und Chaos.

Nicht nur Russland, das die Serie der Coups d`État geschickt im Ringen mit dem Westen um Einfluss instrumentalisiert hat, profitiert davon, dass sich Europa und die USA im Sahel immer unbeliebter machen.

Schon lange vor der Putschserie zeichnete sich ab, dass China zu einem Konkurrenten des Westens auf dem Kontinent herangewachsen ist. Vor allem in der Sahelzone. In einer Umfrage des Afrobarometers wurden Afrikanerinnen und Afrikaner zwischen 2019 und 2021 gefragt, welches Land das beste Modell für die Entwicklung ihrer Heimat bereithält. Elf Prozent nannten ihre früheren Kolonialmächte. 33 Prozent das amerikanische Modell. Und immerhin 22 Prozent das chinesische. In Mali, Burkina Faso und Niger sowie in Benin und Botswana hielten viele Menschen schon vor der Putschserie das chinesische Modell für überlegen[188]. Allerdings wünschen sie sich nicht den Autoritarismus und die Umweltverschmutzung, die in China, aber auch bei chinesischen Unternehmen in Afrika oft zu beobachten sind.

Die Beliebtheit Chinas rührt nicht zuletzt daher, dass Peking im Gegensatz zum Westen keine moralisierend daherkommenden Vorbedingungen für Kooperationen und Investitionen stellt. Vor allem setzt Peking gern auf große und stark sichtbare Infrastrukturprojekte, die in den Augen vieler Afrikanerinnen und Afrikaner greifbare Indikatoren für Fortschritt sind. Peking ist dabei auch bereit, in hohem Maße Darlehen an afrikanische Regierungen zu verteilen. Zwischen 2000 und 2022 waren es laut einer Studie der Universität Boston rund 170 Milliarden Dollar. Dass China afrikanische Staaten in eine Schuldenfalle drängt, um sie zu kontrollieren, ist unterdessen ein beliebter Mythos, der immer wieder in den USA und Europa erzählt wird. Isoliert mag er für einige Staaten zutreffend gewesen sein. Tatsächlich sind afrikanische Länder aber in höherem Maße bei der Weltbank und über konventionelle private Kredite verschuldet. Chinas Bereitschaft, Darlehen zu geben, ging über die Jahre eher zurück[189].

In den Sahel-Staaten hat China Straßen und Stadien gebaut, aber auch in Öl-Pipelines und Uran-Minen investiert. In Niger trifft alles auf einmal zu. China hat sich dort mit 18,7 Prozent Marktanteil zum größten Handelspartner entwickelt. 2024 schickte es sich an, die frühere Kolonialmacht Frankreich als größten Investor abzulösen[190].

Dass Peking auf dem Kontinent derart aktiv ist, liegt auch am ökonomischen Kurs, den das Land eingeschlagen hat. Im Jahr 2023 verkaufte das chinesische Unternehmen BYD erstmals mehr Elektroautos als das US-Unternehmen Tesla, China war im Begriff, Weltmarktführer zu werden[191]. Die Voraussetzung dafür sind auch Rohstoffe aus Afrika, darunter Kobalt und Kupfer. Im Sahel geht es zudem um Lithium, wichtiger Bestandteil von E-Auto-Batterien[192]. China ist auf Rohstoffe von dem Kontinent angewiesen. Nicht nur beim Thema Elektromobilität, sondern auch in anderen Branchen.

China investiert aber auch Milliarden in Afrika, um die Absatzmärkte für eigene Produkte zu stimulieren, indem es Wohlstand und damit die potenzielle Zahl an Käufern für chinesische Massenprodukte vergrößert.

Kritiker werfen dem Westen vor, genau das nicht zu machen, sondern sich auf den Export weniger Luxusgüter an kleine Eliten zu beschränken. Ansonsten, so die Vorhaltungen, fördere der Westen vor allem Rohstoffe, die Konsumenten in kaufkräftigeren Märkten zugutekämen.

Auch die Türkei wird immer aktiver auf dem Kontinent und insbesondere in der Sahelzone. Das Land entwickelt sich zu einem globalen Spieler auf dem Rüstungsmarkt[193]. Im Sahel hat Ankara eine ganze Reihe an Käufern gefunden. Von 2020 an schloss die Türkei mehrere Kooperations- und Rüstungsverträge mit Mali, Burkina Faso, Niger und dem Tschad. Im Mittelpunkt standen dabei vor allem Drohnen des Herstellers Baykar[194]. Die Türkei hat angeblich auch eine kleine Söldner-Armee zum Einsatz nach Mali und Niger entsandt[195]. Es handelt sich demnach um den privaten Militärdienstleister »Sadat«, der seit 2012 existiert und an verschiedenen Krisenherden auf der Welt eingegriffen hat.

Auch finanzstarke Staaten aus dem Nahen Osten sind längst im Sahel aktiv. Die Vereinigten Arabischen Emirate investieren. Zudem kann Saudi-Arabien auf eine lange Geschichte der religiösen Einflussnahme zurückblicken. Das Königreich am Golf hat über Jahrzehnte mit dem Wahabismus seine Form des Islam im sonst traditionell eher sufistischen Sahel etabliert. Wohltätigkeitsorganisationen finanzierten immer wieder Moscheen und Koranschulen in der Region[196].

Etliche Staaten haben Interessen im Sahel. Und während einige an Einfluss verlieren, scheinen andere ihn zu gewinnen.

Die Militärregierungen in Mali, Burkina Faso und Niger legen sich nicht fest. Sie versuchen, die unterschiedlichen Interessen ausländischer Staaten gegeneinander auszuspielen, um selbst davon zu profitieren. Die Junta-Mitglieder wollen Spieler, nicht mehr Spielball im globalen Ringen sein. Sie pochen deshalb nicht nur auf ihre nationale Souveränität, sondern setzen auch darauf, ihre Kräfte zu bündeln. So berufen sie sich etwa auf den Panafrikanismus, eine Denkweise, die bereits im 19. Jahrhundert entstand und eine afrikanische Einheit in den Mittelpunkt stellt. Es ist ein vielschichtiges Konzept mit unzähligen Strömungen, für das es keine klare Definition gibt. Im Kern geht es aber um gemeinsame Interessen aller Menschen, die afrikanische Wurzeln haben, sei es auf dem Kontinent oder in der Diaspora. Dazu gehört die Befreiung von Unterdrückung und Diskriminierung.

Ein Element, das im Panfrikanismus immer wieder aufblitzt: Dem Westen wird vorgehalten, die Bevölkerungen in Afrika zu spalten, um sie zu kontrollierenn – angefangen mit der Sklaverei, über die willkürliche Grenzziehung im Zuge des Kolonialismus bis in die Gegenwart. Zu den wichtigsten Vertretern des Panafrikanismus gehören Denker wie Marcus Garvey und W.E.B. Du Bois. Auch Thomas Sankara, der berühmte Freiheitskämpfer aus dem Burkina Faso der 1980er-Jahre, gilt als Vertreter dieser Philosophie. Politische Ziele zeitgenössischer Panafrikanisten reichen vom Aufbau einer afrikanischen Armee über eine einheitliche Währung bis hin zu einer afrikanischen Föderation[197]. Dahinter steht der Gedanke, dass Afrikanerinnen und Afrikaner ihre wahre Stärke erst dann entfalten können, wenn sie geeint agieren.

Auf dem Kontinent, und vielleicht besonders im Sahel, erlebt der Panafrikanismus eine neue Welle der Popularität. Die Junta-Chefs in Mali, Burkina Faso und Niger bauen darauf. Das Narrativ zu bedienen, sichert ihnen Rückhalt. Umstritten ist, wie überzeugt und aufrichtig sie dahinterstehen.

Kapitän Ibrahim Traoré ist unter den drei Putschführern wohl derjenige, der den Typus des Freiheitskämpfers und Panafrikanisten am glaubwürdigsten verkörpert. Traoré kam 1988 im Dorf Bondokuy in Burkina Faso zur Welt. Der Sohn eines Krankenpflegers und einer Hausfrau wuchs in eine Arbeiterklasse hinein, die jahrzehntelang ignoriert wurde. Eine Abneigung gegen die Eliten des Landes, in der Politik, aber auch im Militär, war ihm praktisch in die Wiege gelegt.

Nach der Schule und ein paar Jahren an der Universität von Ouagadougou trat Traoré mit Anfang 20 in die Armee ein. Der als intelligent geltende junge Mann machte schnell Karriere, wurde bald Mitglied der elitären Cobra-Spezialeinheit. Doch ihn plagte es, dass junge Männer wie er an der Front im Kampf gegen den Terror den Blutzoll zahlen mussten, während höherrangige Militärs in klimatisierten Büros die falschen Entscheidungen trafen[198]. Ebenso wie die Männer in den Ministerien in der Hauptstadt.

Traoré gilt als Gegenentwurf des Establishments. Eine Inspiration für ihn ist genau jener Freiheitskämpfer und Panafrikanist Thomas Sankara. Ebenfalls ein Soldat, putschte er 1983 den amtierenden Präsidenten Burkina Fasos, das da noch Obervolta hieß, aus dem Amt und versuchte schon damals, eine antikoloniale Agenda umzusetzen[199]. Er pochte darauf, dass Burkina Faso ein weitgehend autarker Staat sein könnte, reich an Rohstoffen und menschlichem Kapital. Und er weigerte sich, Schulden beim Westen zurückzuzahlen. Sankara wurde als Held gefeiert in vielen Ländern Afrikas. 1987 allerdings wurde er bei einem weiteren Staatsstreich ermordet. Es gab viele Spekulationen darüber, ob eine ausländische Macht hinter seinem Tod gesteckt haben könnte. Vor allem Frankreich geriet ins Visier, doch bewiesen werden konnten diese Vorwürfe nie.

Viele Menschen in Burkina Faso erhoffen sich nun von Traoré den nächsten Schritt im Kampf für ihre Unabhängigkeit, sie sehen in ihm einen zweiten Thomas Sankara. Und er tut einiges dafür, sich auch so in Szene zu setzen.

Oberst Assimi Goïta in Mali dagegen ist ein Soldat durch und durch. Schon sein Vater war Offizier. Goïta richtete seine ganze Karriere auf die Streitkräfte aus. 1983 in Bamako geboren, ließ er sich an den Militärschulen Kati und Koulikouro ausbilden, nicht weit von der Hauptstadt entfernt. Er nahm an militärischen Fortbildungen im Ausland teil, unter anderem in Frankreich, den USA und Deutschland.

Er war kaum 20 Jahre alt, als er im fragilen Norden Malis stationiert wurde. Dort kämpfte er mit, als 2012 die Tuareg-Rebellen aufbegehrten. Mit Anfang 30 stieg er in die malischen Spezialkräfte ein. Bevor er die Macht ergriff, war Goïta Kommandeur des Autonomen Bataillons der Spezialeinheiten – die Elite der militärischen Elite.

Goïta gilt als still, zurückhaltend. Dass die malischen Streitkräfte ihn zum Putschführer erklärten, war, so sehen es einige Beobachter, dem Umstand geschuldet, dass er kaum bekannt ist und bei niemandem aneckt: der unscheinbare Kompromiss-Kandidat[200]. Er wurde unterschätzt.

Goïta denkt vor allem militärisch. Und mit dieser Denke im Hinterkopf will er ein neues Mali schaffen. Der antikoloniale und panafrikanische Kurs, den sich viele seiner Bürger innen und Bürger wünschen, ist ihm aber nicht fremd. Er pflegt Kontakte zu einflussreichen Denkern der Dekolonisierung. Wie tief verankert derartige Überzeugungen in seinem politischen Wesen sind, ist unklar. Viele Menschen in Mali aber sehen in ihm nicht nur einen patriotischen Soldaten, sie sehen in ihm einen Unabhängigkeitskämpfer, einen Mann, der für ihre Überzeugungen steht.

Abdourahamane Tchiani, der Putschführer Nigers, passt nicht ganz in diese Reihe. Schon angesichts seines Alters setzt Tchiani sich stark von Goïta und Traoré ab, die vor allem bei einer jungen Generation große Strahlkraft haben.

Tchiani kam 1964 zur Welt. Im Dorf Toukounous am Rande der Kreisstadt Filingué, einer ländlichen, von der Viehzucht geprägten Region. Dort ging er zur Grundschule. Für seinen Abschluss zog er nach Niamey. Auf ein Studium verzichtete Tchiani, er entwickelte sich zu einem Karriere-Soldaten. 1985 trat er in die Armee ein und stieg nach und nach in den Rängen auf, wurde in Senegal, Frankreich und Mali, in Marokko und den USA ausgebildet. Im Namen der nigrischen Streitkräfte nahm er an mehreren Missionen der Vereinten Nationen an afrikanischen Krisenherden teil, in der Elfenbeinküste etwa und der Demokratischen Republik Kongo. Doch schnell gehörte er eher zu jenen Soldaten, die in klimatisierten Büros Entscheidungen trafen, statt ihre Waffe zu zücken. 2008 wurde Tchiani zum General befördert, 2011 zum Chef der Präsidialgarde. Eine große Karriere.

Über enge Verbindungen zu antikolonialen Denkern oder namhaften Panafrikanisten ist bei Tchiani wenig bekannt. Überhaupt ist unklar, wie Tchiani politisch sozialisiert wurde – bis zu seinem Eintritt in die Präsidentengarde zumindest, bis er im Dienste Mahamadous Issoufous stand. Mit dem als korrupt geltenden Präsidenten soll Tchiani viele Stunden zusammengesessen haben, meist als wissbegieriger Zuhörer, der die Mechanismen der Macht studierte.

Tchianis Biografie zeichnet eher das Bild eines Teils des Establishments, nicht des Bruchs damit. Dazu passen auch die vielen Spekulationen über seine Motivation für seinen Staatsstreich: Da ist jene These, dass hinter ihm in Wirklichkeit der frühere Präsident Issoufou die Strippen zieht. Und das beliebte Gerücht, dass Tchiani nur gegen Bazoum rebellierte, um seine eigene Karriere zu retten. Seine Worte bei seinem ersten Auftritt im Fernsehen nach dem Putsch, als er zwar den gestürzten Präsidenten kritisierte, aber von den

»schätzenswerten und geschätzten Partnern im Ausland sprach«, nähren solche Lesarten.

Wo Überzeugung aufhört und Populismus anfängt, ist bei den drei Putschführern nicht klar. Doch seit sie die Macht übernommen haben, lassen sie zumindest bei ihren öffentlichen Auftritten wenig Zweifel an einem antikolonialen und panafrikanischen Kurs aufkommen. Es ist ein Kurs, der sie nicht nur im geopolitischen Wettstreit stärken soll, sondern auch im Ringen mit anderen afrikanischen Staaten.

Anfang des Jahres 2024 haben Mali, Burkina Faso und Niger ihren sofortigen Austritt aus dem wohl wichtigsten regionalen Bündnis erklärt: der Wirtschaftsgemeinschaft der westafrikanischen Staaten (Ecowas). Die Putschführer warfen der Organisation vor, vom Westen vereinnahmt zu sein.

Das Bündnis wurde 1975 gegründet, umfasste eine Fläche von mehr als fünf Millionen Quadratkilometern und zählte 15 Mitglieder[201]. Die Ecowas war bei ihrer Gründung das erste regionale Bündnis auf dem Kontinent. Ihr Ziel: die Wirtschaft Westafrikas stärken. Dabei waren Zoll- und Reisefreiheit zwischen den Mitgliedstaaten wichtige Instrumente, ein gemeinsamer Binnenmarkt. Über die Jahrzehnte entwickelte sich die Ecowas zusehends zu einer politischen Allianz, die sich zum Ziel setzte, Demokratie und Rechtsstaatlichkeit in den Mitgliedstaaten durchsetzen, sowie Sicherheit und Frieden in der Region zu bewahren. Mit umstrittenem Erfolg.

Die Institution hat sich zwar den Erhalt der Demokratie auf die Fahne geschrieben, doch das Problem ist: Die Führungsspitze der Ecowas hat für viele Afrikanerinnen und Afrikaner kaum eine Vorbildfunktion. Sie wird verkörpert durch die Staats- und Regierungschefs der Mitgliedsländer.

Allzu oft Männer, die selbst ein fragwürdiges Verhältnis zu Demokratie und Rechtsstaatlichkeit haben. Es sind immer wieder genau jene Präsidenten, die selbst in umstrittenen Wahlen an die Macht gekommen sind, von Europa und den USA aber als akzeptable Partner eingestuft werden, wenn sie eine ähnliche Agenda vertreten wie sie.

So wie ihre Partner im Ausland hat auch die Ecowas immer wieder mit zweierlei Maß gemessen. Putschten irgendwo Militärs, so wie in Mali, Burkina Faso und Niger, verurteilte die Organisation die Machtübernahme. Nahm sich dagegen ein Präsident im Widerspruch zur eigenen Verfassung eine dritte Amtszeit, sah sie darüber hinweg[202]. Auf ihrem Gipfel 2015 wurde der Vorschlag, dritte Amtszeiten generell zu verbieten, abgelehnt, weil es keine Einstimmigkeit unter den Mitgliedstaaten gab. Auch als sich 2020 in Guinea und der Elfenbeinküste Präsidenten an ihre Posten klammerten, kam keine echte Bewegung in die Debatte[203]. Obwohl diese überfällig erschien: Seit der Einführung von Amtszeitbeschränkungen in vielen afrikanischen Staaten in den 1990er-Jahren blieben Präsidenten und Regierungschefs in 14 afrikanischen Staaten länger an der Macht, als es ihre Verfassungen ursprünglich zuließen. So das Ergebnis einer Studie des Africa Center for Strategic Studies. Weitere wagten den Versuch, scheiterten aber daran. Und die Staaten im Putsch-Gürtel im Sahel sind dabei nicht mal mitgezählt. Genauso wenig Guinea und Gabun, wo zuletzt ebenfalls geputscht wurde. Auch dort umgingen einige Präsidenten in der Geschichte der Länder Amtszeitbeschränkungen. Die Zahl der Staatschefs, die nicht von der Macht lassen wollten, ist in Afrika mitunter ungefähr so groß gewesen wie die derjenigen, die ohne Debatten freiwillig abtraten[204].

In den Bevölkerungen Westafrikas machte sich zusehends die Wahrnehmung breit, dass die Ecowas ein Club korrupter Eliten des Kontinents geworden ist, der sich vor allem selbst an der Macht hält. Brüche der Grundprinzipien der Organisation störten nur dann, wenn sie die amtierenden Präsidenten gefährdeten.

Die Ecowas verhängte nach den Putschen in Mali, Burkina Faso und Niger drakonische Strafen. Auch als 2021 Soldaten den Präsidenten Guineas stürzten, der sich eine dritte Amtszeit ermogelt hatte, erließ die Ecowas Sanktionen. Statt die Putschisten zu schwächen, sorgte die Organisation mit dieser Politik eher dafür, dass sich große Teile der Bevölkerung hinter die neuen Machthaber stellten.

Die Strafmaßnahmen der Ecowas, darunter Handelsverbote und geschlossene Grenzen, trafen am Ende ohnehin vor allem die vom Terror geplagten Bevölkerungen in Mali, Burkina Faso und Niger. Und so nahmen viele Menschen die Politik der Ecowas als einen »Angriff von außen« wahr, den es abzuwehren galt. Besonders heftig war dieser Effekt nach dem Putsch in Niger. Dort drohte die Ecowas nämlich nicht nur mit wirtschaftlichen Sanktionen, sie zog auch eine Militärintervention in Betracht, um den gestürzten Präsidenten Bazoum zurück ins Amt zu bringen.

In den Tagen nach der Drohung säumten Nigrerinnen und Nigrer jede Nacht die Straßen der Hauptstadt Niamey. Sie trafen sich an den großen Einfahrtstraßen rund um den Präsidentenpalast. Ihr Ziel: Ecowas-Truppen stoppen, sich Panzern und Soldaten in den Weg stellen, falls sie die Intervention tatsächlich wagen würden. Immer wieder war von einfachen Bürgerinnen und Bürgern zu hören: »Wenn die Ecowas Bazoum zurück ins Amt bringen will, muss sie über unsere Leichen gehen.«

Viele Menschen verwunderte es kaum, dass ausgerechnet Frankreich zu den lautesten Befürwortern einer Ecowas-

Intervention gehörte[205]. Das stachelte ihre Wut nur noch weiter an. Für große Teile der Bevölkerung im Sahel war der Ruf der Organisation damit endgültig zerstört. Sie brandmarkten sie als ein weiteres Instrument der Françafrique.

Angesichts der Gefahr von außen beschlossen Mali, Burkina Faso und Niger, sich zu einer Verteidigungsallianz zusammenzuschließen: der Allianz der Sahel-Staaten, kurz AES. Für den Fall eines Angriffs auf eines der Mitglieder sicherten die jeweils anderen ihm militärische Unterstützung zu. Der Bluff der Ecowas flog auf. Zur Intervention kam es nie. Um den endgültigen Bruch mit Mali, Burkina Faso und Niger zu verhindern, hob sie sogar die Sanktionen auf. Ein politischer Offenbarungseid. Ein Triumph für die Junten und ihr antikoloniales und panafrikanisches Narrativ.

Die Putschisten erklärten ihren Austritt aus der Ecowas für unumkehrbar. Ihre AES steht nun als potenzielle Alternative für alle parat, die ebenfalls genug von der Doppelmoral und den fragwürdigen Führungsfiguren der Gemeinschaft haben. Der Putschführer in Burkina Faso, Ibrahim Traoré, spottete kurz nach der Entscheidung, die Ecowas zu verlassen: »Vielleicht hat alles, was wir gemacht haben, euch überrascht, nicht wahr? Weitere Veränderungen könnten euch auch überraschen. Wir werden alle Fesseln lösen, die uns in Sklaverei halten[206].«

Die AES beließ es nicht beim Verteidigungsabkommen, schnell war auch von einer eigenen Währung die Rede, einer eigenen Freihandelszone. Im Juli 2024 kamen die Chefs der Militärregime dann zum ersten Gipfel der AES in Niamey zusammen. Sie verkündeten, ihre Allianz nun noch weiter zu denken: Sie schlossen sich zu einer Konföderation zusammen, einem Bündnis unabhängiger Staaten, die nach außen geeint auftreten würden. »Wir überwinden nationale Identitäten«, sagte der malische Junta-Chef Assimi Goïta.

»Statt als Bürger Malis, Burkina Fasos oder Nigers werden wir uns fortan als Bürger der AES bezeichnen.«

Es ist eine paradoxe Situation entstanden. Die Putschisten im Sahel setzen mehr denn je auf die eigene Stärke ihrer Nationen und Bevölkerungen. Zugleich ist seit der Serie der Coups d'État wie durch ein Brennglas zu beobachten, wie Staaten aus der ganzen Welt um die Region ringen – obwohl sie als eine der ärmsten und am wenigsten entwickelten Gegenden gilt, eine vermeintlich uninteressante Ecke ist. Ein Widerspruch?

Die Putschisten können mit diesem Paradox spielen. Ganz unabhängig davon, ob ihre Pläne vor allem Populismus sind oder sich tatsächlich umsetzen lassen. Denn das geopolitische Gerangel um die Region zeigt: Das Ausland hat Interessen im Sahel. Auch Deutschland ist kein selbstloser Akteur.

DER TRANSPORTUNTERNEHMER

Aus der Dunkelheit kommen Stimmen. »Wir leben von Gottes Gnaden«, sagt eine. »Zuhause gibt es keine Arbeit«, ist von einer zweiten zu hören. Einige der Stimmen klingen englisch, getränkt in einem Akzent, wie er in den einstigen Kolonien Großbritanniens üblich ist, in Sierra Leone etwa oder in Nigeria. »I wan Chop«, heißt es da. »Ich habe Hunger.« Andere Stimmen klingen französisch, ebenfalls in einer stark gefärbten Form, deutlich langsamer und singender als das Französisch, das auf den Straßen Lyons oder Marseilles zu hören wäre.

Die Stimmen gehören Menschen, die geflohen sind. Vor Armut, Gewalt, Perspektivlosigkeit. Sie sitzen mitten in der Nacht in einem Innenhof am Rande von Agadez im Zentrum Nigers. Dem »Tor zur Wüste«, wie die Stadt auch genannt wird. Sie ist einer der wichtigsten Umschlagplätze für Migrantinnen und Migranten in Westafrika.

Die einzigen Lichtquellen in dem Innenhof sind die Smartphones der Frauen und Männer, die hier auf abgewetzten Teppichen sitzen. Es gibt keine Betten, kein fließendes Wasser. Der Hof soll nur ein Zwischenstopp sein. »Ich hoffe es«, flüstert eine Frauenstimme. Die Menschen wollen weiter nach Norden, in ein besseres Leben. Doch einige von ihnen leben schon seit Wochen hier, andere seit Monaten. Sie sind gestrandet.

Die meisten Männer, die in der Lage wären, die Migrantinnen und Migranten an ihr Ziel zu bringen, haben aufgegeben. Einer von ihnen rollt an einem Vormittag im September 2023, nicht weit von dem Innenhof entfernt, auf der Rückbank eines gelben Tuk Tuks durch die Straßen von Agadez. Er ist schlank und trägt einen blauen Turban. Ergrauter Bart, schwarz-weiß gestreiftes Gewand. Ahmed Mohamed nennt er sich. Seinen richtigen Namen will er nicht verraten.

Früher wäre Mohamed jetzt damit beschäftigt gewesen, die nächste Tour nach Norden zu organisieren. Er hätte Jeeps zum Busbahnhof von Agadez geschickt. Dort hätten Migrantinnen und Migranten zusteigen können. Dann wäre es losgegangen.

Jetzt hat er nicht mal mehr ein Auto für sich selbst. Auf der Rückbank des Tuk Tuks träumt Mohamed bloß von diesen geschäftigen Zeiten. Zeiten, die ihn reich gemacht hatten.

Mohamed streckt seinen Finger aus, als er an einem Haus vorbeiknattert. Die Eingangspforte ist türkisblau und mit Schnörkeln verziert. Auf dem Dach thront eine überdimensionierte Satellitenschüssel, die farblich darauf abgestimmt ist. Ein pompöses Anwesen für die lokalen Verhältnisse. »Lass uns bitte nicht aussteigen«, sagt Mohamed. »Ich will keine Probleme mit den neuen Besitzern.«

Das aufwändig verzierte Haus gehörte mal ihm, es war sein Traumhaus. Doch er musste es verkaufen, wie so vieles von seinem früheren Besitz. Von dem Reichtum, den Mohamed mit dem Transport von Migrantinnen und Migranten verdient hat, ist nichts geblieben. »Europa hat uns das Geschäft kaputt gemacht«, sagt er.

Mohameds Geschichte ist die Geschichte einer europäischen Intervention, einer der vielen Eingriffe in die Souveränität eines afrikanischen Staates. Und wie so oft auf dem Kontinent haben davon viele profitiert, nur nicht die Bevölkerung. Es geht um eine Intervention, auf die besonders die Bundesrepublik Deutschland gepocht hat.

Mohamed kam 1967 in Arlit zur Welt, sein Vater arbeitete dort in einer der Uran-Minen, seine Mutter war Hausfrau. Nach der Grundschule schickten sie ihn zur weiterführenden Schule nach Agadez. Mohamed fing an, Englisch zu pauken. Er wollte Lehrer werden. Doch daraus wurde nichts. Obwohl Mohamed alles daransetzte, waren seine Noten zu schlecht.

Mohamed machte eine Ausbildung zum Koch, begann ein einfaches Leben. Er heiratete zwei Mal, bekam Kinder. Doch mit jedem Kind – am Ende sollten es fünf sein – wurde es schwieriger, seine Familie zu versorgen. Mohamed wanderte aus, um Arbeit zu finden. Mitte der 1990er war das. Er bot seine Dienste als Tagelöhner in Libyen und Algerien an, er putzte und kochte. Doch der finanzielle Durchbruch gelang ihm auch dort nicht. »Ich kam mit leeren Händen zurück«, sagt er.

Wieder in Agadez, wechselte er die Seiten. Er wollte nicht mehr selbst auswandern, sondern Menschen dabei helfen, genau das zu tun. Was nach einem harschen Wandel klingt, ist kein ungewöhnliches biografisches Detail im Sahel. In Europa wird die Rolle sogenannter Schlepper und ihrer »menschlichen Fracht« oft verzerrt. Dann ist von ruchlosen Kriminellen auf der einen und verzweifelten Opfern auf der anderen Seite die Rede. Es gibt solche Konstellationen, keine Frage, doch die Welt ist selten so schwarz-weiß.

Was in Europa als illegaler Akt beschrieben wird, der Transport von Migrantinnen und Migranten, war in Niger ein normales Gewerbe. Genauso normal wie die Migration an sich.

Vor der Kolonisierung Afrikas gab es auf dem Kontinent

die heute bestehenden Grenzen schließlich nicht. Vor allem im Sahel wäre ein Überleben sonst kaum möglich gewesen. Die verschiedenen Nomadenvölker waren darauf angewiesen, ihr Leben an die Regen- und Trockenzeiten anzupassen. Zudem durchzogen Handelsrouten Wüsten und Savannen. Die Stadt Agadez, »das Tor zur Wüste«, ist seit Jahrhunderten ein bedeutendes Drehkreuz für diese Bewegungen. Sie liegt inmitten eines Systems von Oasen, das unter anderem über Arlit ins heutige Algerien führt und entlang des Aïr-Gebirges durch die Ténéré-Wüste nach Libyen. Selbst in der Kolonialzeit und den Jahrzehnten danach existierten die Grenzen hier nur auf dem Papier. Die meisten Menschen ließen sich von ihrem Lebenswandel nicht einfach abbringen.

Mohamed stieg in das Transportwesen ein, als das Gewerbe gerade mitten in einem Aufschwung stand. Zum Beginn der 2010er-Jahre machten sich ein Mal pro Woche Migrantinnen und Migranten von Agadez auf den Weg nach Norden. Karawanen aus bis zu 100 Jeeps, die Ladeflächen je mit 25 Menschen gefüllt. Immer dienstags am frühen Abend begann die Fahrt. So erinnert sich Mohamed zumindest. Es waren nicht nur Menschen auf der Flucht, sondern auch Leute, die einfach nur in das nächste Dorf wollten. Da habe man gar nicht großartig unterschieden, sagt Mohamed. Jeder Passagier habe damals 150.000 CFA gezahlt, heute ungefähr 230 Euro. Als Koch habe er 60.000 CFA im Monat bekommen, was immer noch mehr ist als die 45 Euro, die Nigrerinnen und Nigrer im Durchschnitt verdienen[207]. Illegal war an dem Transport-Geschäft nichts. Und besonders gefährlich war es auch nicht. »Die Karawanen wurden von der nigrischen Armee eskortiert«, sagt Mohamed. »Ich habe nie einen Menschen verloren.«

Anfangs vermittelte Mohamed nur Passagiere an Fahrer. Doch schon 2014 konnte er sein Geschäft ausbauen. »Autos«, sagt er und betont dabei die Endung des Wortes. »Nicht ein Auto. Mehrere Autos.« Plural. Mohamed konnte sie sich kaufen und Fahrer dafür anheuern. Auf die Wagen folgte das Haus mit der türkisblau verzierten Pforte. »Oh ja«, sagt Mohamed, »ich bin ein reicher Mann geworden ... Ich hab Tausende Menschen transportiert.« Mohameds neues Leben allerdings war kurz.

2013 und 2014 machten sich immer mehr Menschen aus Subsahara-Afrika, die unter anderem durch Agadez gereist waren, von Libyen aus auf den Weg nach Europa. Sie querten die See auf der zentralen Mittelmeerroute und erreichten Italien. Zugleich eskalierte der Bürgerkrieg in Syrien durch das Erstarken des IS, 2015 nochmals durch den Eintritt Russlands mit Kampfjets in den Konflikt. Die Menschen bahnten sich ihren Weg durch die Türkei und über die Ägäis nach Griechenland. Die östliche Mittelmeerroute.

Mehr als eine Million Menschen kamen 2015 in Europa an[208]. Und das Ziel der meisten dieser Menschen, egal ob aus Subsahara-Afrika oder dem Nahen Osten, waren nicht die europäischen Mittelmeer-Anrainer, sondern Deutschland und die skandinavischen Staaten.

Auch wenn Migrationsexperten schon lange davor gewarnt hatten, waren die meisten Regierungen in Europa überfordert. Sie sahen sich einem Phänomen ausgesetzt, das als »Flüchtlingskrise« bezeichnet wurde.

Die damalige Bundeskanzlerin Angela Merkel von der CDU setzte anfangs noch auf das, was als »Willkommenskultur« in die Geschichtsbücher eingehen sollte. Dabei pochte sie darauf, elementare Werte der Europäischen Union zu wahren. Das Recht auf Asyl, aber auch die Freizügigkeit zwischen den Mitgliedstaaten, den Verzicht auf Grenzkontrollen. Im Ausland wurde Merkel dafür gefeiert, vor allem in den Herkunftsstaaten der Migrantinnen und Migranten. Auch viele deutsche Staatsbürgerinnen und Staatsbürger stärkten ihrer Politik den Rücken. In München und anderen Städten empfingen sie 2015 Kriegsgeflüchtete vor allem aus Syrien mit Decken, Essen und Präsenten für die Kinder. Sie klatschten, hießen die Neuankommenden willkommen. Die Bilder gingen um die Welt. Merkels Losung war damals: »Wir schaffen das.«

Doch lange hielt die Kanzlerin diese Politik nicht durch. Als zeitweise mehr als 10.000 Menschen am Tag in Deutschland ankamen, es an Unterkünften und Personal für die Registrierung fehlte, wuchs der Druck – in der eigenen Partei, aber auch aus der deutschen Bevölkerung. Schnell reihte sich die Bundesrepublik in die Riege der europäischen Staaten ein, die vor allem auf eines pochten: Abschottung. Neben den Mittelmeeranrainern Griechenland und Italien sowie mehreren Transitländern wie Ungarn gehörte auch Frankreich dazu[209]. Das Land steckte in einer Wirtschaftskrise. Und nach Terroranschlägen, unter anderem in Paris 2015, herrschte die Angst, dass der radikale Islamismus mit den Menschen aus Syrien nach Europa kommen könnte.

Zugleich war der rechtsextreme Front National (heute Rassemblement National) dabei, sich unter Marine Le Pen einer Frischzellenkur zu unterziehen. Le Pen wollte endlich das Image des Antisemitismus abstreifen und sich als rechte, aber gerade eben noch bürgerliche Partei in Szene setzen[210].

In der Bundesrepublik erstarkte die sogenannte Alternative für Deutschland (AfD). Die Partei galt anfangs als rechtspopulistisch, später aber ebenfalls als in Teilen rechtsextrem. Mitglieder sprachen von einem »Staatsversagen« der Merkel-Regierung und punkteten mit Vorschlägen für einen brachialen Stopp der Zuwanderung.

Die Migration entwickelte sich damals zu einem Thema, das die politische Stabilität Deutschlands gefährdete. Und sie tut es noch immer. Fast im kompletten Osten der Republik wurde bei den Europawahlen 2024 die AfD stärkste Kraft. Für die Partei ist das Thema Migration noch immer der Kern ihrer Agenda. Menschen stimmten für sie, obwohl es in ihren Reihen etliche Neonazis gibt. Das Bundesamt für Verfassungsschutz führt die Partei als »Verdachtsfall«. In der AfD gibt es demnach hinreichende tatsächliche Anhaltspunkte dafür, dass sie »Bestrebungen verfolgt, die gegen die Menschenwürde bestimmter Personengruppen sowie gegen das Demokratieprinzip gerichtet« sind[211].

Schon 2015 prägte das Thema Migration die Innen- und die Außenpolitik der Bundesrepublik gleichermaßen. Unter dem Druck der AfD und einer Union, die fürchtete, Wähler am rechten Rand zu verlieren, wurde Kanzlerin Merkel schnell zu einer treibenden Kraft verschärfter Migrations- und Asylregeln in der EU.

Im März 2016 präsentierte Merkel in Brüssel ein Abkommen mit der Türkei. Es sah vor, dass Ankara Geflüchtete, die es über die östliche Mittelmeerroute nach Europa schaffen, zurücknimmt. Im Gegenzug sicherte die EU der Türkei Milliarden zu, um Menschen aus Syrien in der Nähe ihrer alten Heimat zu versorgen. Dem Abkommen gingen lange Verhandlungen voraus[212].

An ihrer südlichen Grenze gelang es der EU schon früher, einen ähnlichen Mechanismus zu etablieren. Das Ziel: Das Drehkreuz Agadez sollte zur Endstation für Migrantinnen und Migranten werden. Europa machte Druck auf die Regierung Nigers. Mit Erfolg. Der damalige Präsident des Landes: Mahamadou Issoufou. Sein Außen- und wenig später für Migration zuständiger Innenminister: Mohamed Bazoum.

Bereits im Mai 2015 führte die Regierung Nigers Gesetz 2015-36 ein. Gleich im ersten Artikel heißt es: »Dieses Gesetz ist da, um den illegalen Transport von Migranten zu verhindern und zu bekämpfen.«[213] Das Gesetz erklärte für widerrechtlich, was zuvor keine Straftat war. Schon die Beihilfe zur Migration fiel unter die Regelung.

Die Empörung, vor allem in Agadez, war gewaltig. Menschen im »Tor zur Wüste« sahen das Gesetz als einen weiteren Beleg dafür, dass sich die Regierung in der fernen Hauptstadt nicht um ihre Interessen scherte. Schließlich war die Migration ein bedeutender Wirtschaftszweig.

Die EU versprach Niamey Millionen von Euro, um das Land zu stärken und ihm bei der Versorgung der Geflüchteten zu helfen. Sie half auch dabei, die Sicherheitskräfte auszubilden und auszustatten, um Gesetz 2015-36 in der Praxis umzusetzen. Sogar Verbindungsoffiziere entsandte Europa nach Agadez, unter anderem über die Mission EUCAP-Sahel, einer Mission der EU, die Niger beim sogenannten Kapazitätsaufbau helfen sollte, also das Ziel hatte, Polizei, Nationalgarde und Gendarmerie zu unterstützen – unter anderem um Migrantinnen und Migranten zu stoppen. Bilaterale Abkommen kamen hinzu.

Die Bundesrepublik Deutschland war bei alledem besonders eifrig. Die EU investierte zwischen 2015 und 2022 knapp 400 Millionen Euro in Migrationsprojekte in Niger, Deutschland allein mehr als 160 Millionen Euro. Also mehr als ein Drittel der Summe der Gemeinschaft. Weitere 400 Millionen investierte Berlin für Projekte, die nicht unmittelbar mit Migration zusammenhingen[214].

Die Strategie war erfolgreich. 2016 verließen noch mehr als 300.000 Migrantinnen und Migranten Niger. Ein Jahr später waren es laut der Internationalen Organisation für Migration (IOM) nicht mal mehr 70.000[215].

Ahmed Mohamed sitzt im Schneidersitz auf einem gemusterten Teppich in seinem neuen Zuhause. Eine türkisblaue Pforte gibt es hier nicht, auch keine überdimensionierte Satellitenschüssel. Einige der Zimmer haben nicht mal eine Tür. In Mohameds Zimmer liegen in der Ecke zwei kleine Taschenlampen aus Plastik. Daneben steht ein Besen an die Wand gelehnt. Es gibt ein Teeservice und eine Wasserschale. Das war's.

»Unser Präsident hat gern gegessen, ohne dafür zu arbeiten«, sagt Mohamed. Ein Sprichwort aus der Region. Er selbst hangele sich heute von Tag zu Tag, lebe praktisch von der Hand in den Mund. Er habe fast alles verloren.

2016, so schildert es Mohamed, habe die Regierung begonnen, das Gesetz 2015-36 hart durchzusetzen. »Die Sicherheitskräfte haben uns regelrecht gejagt«, sagt er. 2017 fassten sie zwei von Mohameds Fahrern, die gerade auf dem Weg nach Algerien waren. Die Männer wurden verhört, bis sie ihren Chef preisgaben. Die nigrischen Behörden konfiszierten Mohameds Autos. Und sie sperrten Mohamed ins Gefängnis. »Ich musste mir die Zelle mit 300 anderen Insassen teilen«, erinnert er sich. Das Essen sei ungenießbar gewesen, die Hygiene unterirdisch. »Es gab nur eine Dusche und ein Klo für uns alle.« Sechs Monate verbrachte Mohamed in dem Gefängnis. Als er freikam, stand er vor dem Nichts.

Der EU war bewusst, dass ihre Politik Schicksale wie das von Mohamed schaffen würde. Deshalb versprach sie, für Jobalternativen in Agadez zu sorgen. Perspektiven für die Männer, die Issoufou und Bazoum für Europa von Transportunternehmern zu Schleppern umetikettiert hatten. Nur kam die Hilfe nicht an.

Während die Mittagshitze auf Agadez niederbrennt, heizt sich Mohameds Zimmer unerträglich auf. Die Zeiten, in denen er eine Klimaanlage hatte, sind Geschichte. »Ich hab keinen Cent von der EU bekommen. Jetzt bin ich fast 60 Jahre alt, wie soll ich denn jetzt noch etwas Neues anfangen?«, fragt er. »Keiner von uns hat etwas bekommen.« Mit »uns« meint Mohamed seine früheren Kollegen aus dem Transportgewerbe. »Da sind Leute unterstützt worden, die überhaupt nicht in dem Gewerbe tätig waren«, sagt er. Mohamed spricht von Korruption, von Beamten, die Namen ihrer Brüder und Cousins auf die Listen gesetzt hätten, auf der seiner Meinung nach eigentlich ehemalige Transportunternehmer und andere Leute stehen sollten, die mit Migration ihren Lebensunterhalt verdient hatten. Und er spricht darüber, dass dies Europa egal gewesen sei, solange keine Migrantinnen und Migranten mehr durch Agadez nach Norden zogen.

Im Büro des Bürgermeisters von Agadez, nicht weit von Mohameds Verschlag entfernt, stehen mehrere Wappen, die Zeugnis für die Kooperation Europas mit der nigrischen Regierung sind. Da ist ein blaues Emblem mit einer Zeichnung darauf, die abstrakt an einen Baum erinnert. Drumherum zwölf gelbe Sterne. Es ist das Logo von Eucap Sahel Niger. Da ist auch ein Emblem mit der italienischen und der nigrischen Flagge. Darunter ein schemenhafter Tierkopf und die Losung: »Non nobis solum.« Also: »Nicht für uns allein.« Es ist das Logo der italienischen Ausbildungsmission »Missione bilaterale di supporto nella Repubblica del Niger« (Misin). Zum Aufgabenspektrum gehört es, die nigrischen Sicherheitskräfte bei der »Grenzüberwachung« zu stärken[216].

Es gibt im Büro von Bürgermeister Abdourahaman Tourawa unzählige Papiere, die Hilfsprojekte und Investitionen aus Europa dokumentieren. Aber auch er preist Europa nicht. »Unsere Partner haben nicht genug getan«, sagt der Bürgermeister. »3.000 junge Leute haben in der Stadt Agadez durch das Gesetz ihren Job verloren.« Er meint Gesetz 2015-36. »Geholfen wurde nur ein paar Hundert.« Tourawa bestätigt, was der frühere Transportunternehmer Mohamed beschreibt. Und er sagt, dass ein Großteil des Geldes aus Europa nach Niamey geflossen sei. Die »New York Times« zitiert nigrische Offizielle gar mit der Aussage, dass von 6.500 Menschen aus dem Migrationsgeschäft nur 900 unterstützt worden seien[217].

Das Schicksal der Menschen, die in Niger von der Migration lebten: Nebensache für die EU?

Europa verlagerte seine Außengrenzen de facto nicht nur nach Niger, sondern auch nach Tunesien, Marokko und Mauretanien. Die EU rüstet in den Ländern die Sicherheitskräfte auf, patrouilliert sogar mit ihnen, sie lässt Haftlager erneuern, liefert Material[218]. Nicht nur um Schleppern das Handwerk zu legen, wie es so oft heißt, sondern auch um Migrantinnen und Migranten auf ihrem Weg zu stoppen. Dabei kommt es bei den Migrations-Kooperationen immer wieder zu Verstößen gegen das sogenannte Non-Refoulement-Prinzip. Menschen, die auf der Suche nach Asyl sind, werden zurückgeschickt. Ein Verstoß gegen das Völkerrecht[219].

In Europa pochen Rechtspopulisten mit fragwürdigen Argumenten auf immer menschenunwürdigere Methoden. Das vielleicht beliebteste Argument: Deutschland könne ja nicht die ganze Welt vor Armut und Elend retten. Doch davon kann nicht mal ansatzweise die Rede sein. Die meisten Migrantinnen und Migranten bleiben in Afrika. Einige der ärmsten Länder der Welt, Staaten wie Tschad etwa, stemmen die größte Last. Das zentralafrikanische Land hat rund

19 Millionen Einwohner[220]. Fast die Hälfte der Bevölkerung lebt unterhalb der Armutsgrenze[221]. Und trotzdem versorgt es mehr als eine halbe Millionen Geflüchtete. Und Tschad ist keine Ausnahme. Nach Angaben des Flüchtlingshilfswerks der Vereinten Nationen leben rund 30 Millionen Geflüchtete, Binnenvertriebene und Asylsuchende in Afrika. Ein Drittel der Gesamtzahl weltweit[222].

Aus der Dunkelheit des Innenhofs in Agadez kommt noch eine Stimme. Es ist eine Stimme, die erahnen lässt, dass Europa beim Deal mit Issoufou und Bazoum nicht nur das Schicksal der Transportunternehmer egal gewesen sein könnte, sondern auch das der Migrantinnen und Migranten.

»Wir waren 20 Leute«, sagt Mercy Godwill, eine Stylistin, die aus dem Süden Nigerias geflohen ist und eigentlich nach Algerien wollte. »Der Fahrer hat uns mitten in der Wüste aufgefordert auszusteigen.« Sie habe protestiert, sie hatte schließlich ihre beiden Töchter Gloria und Mary dabei, neun und elf Jahre alt. »Ich war dickköpfig«, sagt sie. »Ich habe so lange gezetert, bis der Fahrer mich und meine Kinder ins nächste Dorf gefahren hat.« Vermutlich rettete das Godwill das Leben.

Während Mohamed den Transport von Menschen nach seiner Festnahme aufgegeben hat, machten andere weiter. Bei einigen war die Gier zu groß, bei anderen die Not. Und es wollten ja auch weiterhin Menschen nach Norden fliehen, Menschen wie Mercy Godwill.

Investigativ-Projekte wie Border Forensics konnten mit der Auswertung von Satellitendaten nachzeichnen, dass sich die Migrationsrouten nach der Einführung von Gesetz 2015-36 verlagert haben[223]. Weil die EU nigrische Sicherheitsbehörden Schlepper jagen ließ, fingen die an, sich neue Wege zu suchen. Fernab des natürlichen Systems aus Oasen, das Agadez mit dem Norden verbindet. Sie fuhren auch nicht mehr in Karawanen. Das Ziel: bloß nicht auffallen. Trips, die früher legal und sicher waren, wurden kriminell und lebensgefährlich. Ein platter Reifen konnte bereits das Todesurteil bedeuten. Eine systematische Suche ist in der Wüste nördlich von Agadez kaum möglich. Selbst wenn gestrandete Migrantinnen und Migranten per Telefon einen Notruf absetzen können, ist nicht garantiert, dass Hilfsorganisationen sie finden, bevor sie verdursten.

Einige der früheren Transportunternehmer wurden aus Angst vor einer Festnahme dann auch tatsächlich so ruchlos, wie es in Europa immer wieder behauptet wird. Kamen sie den Sicherheitskräften zu nahe, zwangen sie ihre »menschliche Fracht« auszusteigen, so wie es auch Mercy Godwill erlebt hat. Sie ließen die Menschen zurück, um nicht verhaftet zu werden.

Wie viele Menschen auf der Flucht seit Inkrafttreten von Gesetz 2015-36 ihr Leben in der Wüste verloren haben, ist unklar. Die Menschen sterben unbemerkt. Hin und wieder finden Aktivistinnen und Aktivisten Leichen im Sand. Doch das ist eher Zufall. Einige Experten nehmen an, dass mittlerweile mindestens so viele Menschen in der Wüste verhungern oder verdursten, wie im Mittelmeer ertrinken[224].

»Von den anderen habe ich nie wieder gehört«, sagt Godwill über die 20 Migrantinnen und Migranten, die nicht so dickköpfig waren wie sie. Auch nicht von einem Freund, mit dem sie ihre Reise angetreten hatte. »Sein Handy ist tot.«

Als die Bürgerinnen Nigers am 27. November 2023 den Staatssender ORTN anschalten, um die Nachrichten zu gucken, sehen sie eine Frau mit einem goldenen Turban und einem silber-grau glitzerndem Gewand. Die Moderatorin verliest eine Botschaft der Junta. Der Präsident des Nationalen Rates zur Bewahrung des Vaterlandes, General Abdourahamane Tchiani, habe das Gesetz von 2015 »über den illegalen Handel mit Migranten« aufgehoben, sagt sie. Ein Gesetz, so heißt es in der Erklärung der Militärs, das unter »Einfluss ausländischer Mächte« entstanden sei, das »bestimmte, von Natur aus reguläre Aktivitäten zum illegalen Handeln erhoben und unter Strafe gestellt« habe. Ein Gesetz, das »in eklatantem Widerspruch« zu den Gemeinschaftsregeln der Menschen im Sahel gestanden und nicht die Interessen der Bürger Nigers berücksichtigt habe.

Die Neuigkeiten aus Niamey machen schnell auch Schlagzeilen in Deutschland. »Niger kündigt Flüchtlingsdeal«, heißt es etwa in der »Süddeutschen Zeitung«: »Der Stoff, aus dem Europas Alpträume sind.«[225] Es sind Meldungen, die Berlin aufschrecken. Die Kontrolle der Migration aus Subsahara-Afrika ist für Europa ein Thema geworden, das vieles andere überschattet, wenn es um den Kontinent geht. Nun, so scheint es, droht diese Kontrolle verloren zu gehen.

Nach der Verlautbarung der Junta dauert es nicht lange, bis sich in Agadez dienstagabends wieder Karawanen mit Pick-ups am Busbahnhof bildeten, die Ladeflächen gefüllt mit Menschen, die nach Norden wollen[226]. Die Zahlen schnellten hoch. Im ersten Quartal 2024 haben es Schätzungen zufolge 160.000 Menschen von Agadez aus nach Libyen und Algerien geschafft. Die meisten sind Saisonarbeiter, doch darunter sind auch etliche Menschen, die das Ziel Europa haben[227].

Ahmed Mohamed, der mit der Migration einst reich geworden ist und dann alles verlor, meldet sich Ende April 2024 per WhatsApp aus Agadez. »Noch läuft es nicht wieder genauso wie früher«, schreibt er. »Aber wir haben die Hoffnung, dass bald wieder alles so sein wird, wie es uns gefällt.«

MILLIONEN FÜR KAMELE

Sein Sturmgewehr im Anschlag, sitzt Messud Mbeirik auf dem Rücken eines Dromedars. Durch seine dick gerahmte schwarze Sonnenbrille blickt er auf eine Düne. Schritt für Schritt pirscht er mit seinem Tier darauf zu. Mbeirik legt seinen Finger auf den Abzug seiner etwas abgewetzten Kalaschnikow. Noch 30 Meter. Dann kracht der erste Schuss durch die Wüste. Die Kugel schlägt in die Düne ein, Sand fliegt auf, rieselt wie ein gelber Regen zurück zu Boden. Mbeirik zieht wieder am Abzug. Tack ... tack, tack, tack. Sein Dromedar reißt das Maul auf, schreit, wirft seinen Kopf hin und her. Das Tier kann den Lärm kaum ertragen, es taumelt rückwärts.

Es ist Ende Mai 2022 und bloß eine Übung. Mbeirik bereitet das Dromedar auf den Kampf vor. Einen Kampf in den entlegensten Ecken Mauretaniens, die nur auf dem Rücken jener mehr als zwei Meter hohen, einhöckrigen Kamele zu erreichen sind. Es ist ein Kampf gegen Terroristen im unwirtlichen Grenzgebiet zu Mali. Mbeirik ist ein sogenannter Meharist, er gehört einer einzigartigen, berittenen Antiterroreinheit an.

Binnen Sekunden bringt Mbeirik sein Dromedar wieder unter Kontrolle. Er steigt ab, sagt: »Man darf beim Schießen die Gerte nicht verlieren. Die Gerte ist das Lenkrad des Dromedars.« Mbeirik spricht über den eineinhalb Meter langen, selbstgeschnitzten Stock, den er zum Dirigieren seines Tieres nutzt. Bevor man zu seinem Sturmgewehr greife, müsse man die Gerte zwischen Hüfte und Gürtel klemmen, erst dann folge die Feuersalve. Mbeirik legt den Kopf leicht in den Nacken, hebt das Kinn. Er wirkt stolz.

Mbeiriks Meharisten sind das sicherheitspolitische Aushängeschild Mauretaniens im äußersten Westen der Sahelzone. In dem Staat kam es seit dem 20. Dezember 2011[228] zu keinem Anschlag. Im Gegensatz zum Rest der Region, die im selben Zeitraum in Gewalt versank. Die Meharisten sind laut der Regierung Mauretaniens ein entscheidender Grund dafür. Sie hätten verhindert, dass bewaffnete Kämpfer aus Mali über die schwer zu bewachende Grenze ins Land einsickern.

Die Meharisten sind deshalb auch eine Hoffnung in Berlin, Paris und Brüssel. Das Dromedar, das Mbeirik gerade ans Schießen gewöhnt, wurde von der EU bezahlt. 2019 kaufte sie 250 Tiere für die Meharisten. Die EU investierte in das Projekt insgesamt mehr als 3,6 Millionen Euro, nicht nur, aber auch für die Einheit. Nun hoffen Mbeirik und seine Meharisten auf mehr. Sie wünschen sich einen Hangar, in dem sie mit ihren Dromedaren im Schatten trainieren können. Sie hätten zudem gern eine Dromedar-Klinik und auch ein neues Gesundheitszentrum für die Reiter. Von Wassertanks ist die Rede, von Generatoren und Drohnen.

Die verstärkte Unterstützung der mauretanischen Regierung und ihrer Meharisten liegt in jenen Tagen im Mai 2022 für Europa nahe. Nach dem Sturz mehrerer Partner im Zentrum der Sahelzone gilt es, den Einfluss in der Region nicht gänzlich zu verlieren. Und von außen zu verhindern, dass sich der Terror noch weiter ausbreitet. Die Geschichte der Meharisten klingt da fast zu gut, um wahr zu sein. Und das ist sie vielleicht auch. Die Unterstützung der EU für die Regierung Mauretaniens ist eine weitere Probe für die Glaubwürdigkeit Europas im Sahel. Eine Probe, die sie womöglich nicht besteht.

Das Quartier der Meharisten liegt am Rande des Ortes asch-Schemiya im fernen Osten Mauretaniens. Nach Mali sind es rund 100 Kilometer. Ein Rechteck aus flachen gelben Mauern im Sand. An jeder Ecke ragen spitz zulaufende Aussichtstürme in den Himmel. Im Innenhof beladen Mbeirik und rund 30 seiner Männer ihre Dromedare. Dieses Mal ist es keine Übung. Sie bereiten sich auf eine Patrouille vor, die sie eine knappe Woche entlang der Grenze Malis nach Norden führen wird, bis in die historische Oasenstadt Walata.

»Wir werden zu den Camps der Nomaden reiten«, sagt Mbeirik, während er die Reihen seiner Männer durchschreitet und kontrolliert, ob sie anständig packen. Getrocknetes Fleisch, Kekse, Tee und haufenweise Zucker. In routinierten Handgriffen stopfen sie ihre Satteltaschen. Jeder Meharist zurrt an seinem Tier zudem Kanister und Ziegenhäute fest, für das Wichtigste: Wasser. 50 Liter pro Meharist. Zwei der Dromedare tragen zusätzliche Tanks mit nochmals 100 Litern. In den nächsten Tagen werden die Temperaturen die 50-Grad-Marke brechen. Ihre Sturmgewehre fixieren die Meharisten am Sattel. Immer griffbereit.

Es ist bereits spät am Nachmittag, als alles gepackt ist, die Sonne verliert ein wenig an Gewalt. Als Mbeiriks Männer die Sattel straffen, stoßen ihre Tiere dumpfe, gurgelnde Schreie aus – als wüssten sie, was nun für ein Kraftakt vor ihnen liegt.

»Wir müssen auf alles gefasst sein«, sagt Mbeirik, während er sich auf sein Tier schwingt. Nur Tage zuvor wurden drei Mauretanier von Al Kaida entführt. Sie gerieten angeblich auf die andere Seite der Grenze. Was aus ihnen geworden ist, ungewiss.

Die Meharisten beginnen ihre Reise. Sie führt in Gegenden mit Dünen, die so steil sind, dass sie selbst zu Fuß kaum zu erklimmen sind, in karge Ebenen mit dicken Steinbrocken und riesigen Termitenhügeln. Unpassierbares Terrain für gewöhnliche Sicherheitskräfte.

Dromedare, einige der widerstandsfähigsten Tiere der Welt, haben eine eigenartige Gangart. Vorder- und Hinterhufe einer Seite schnellen zugleich vor, nicht versetzt, wie bei Pferden. Nach jedem dieser synchronen Doppelschritte schwebt das Tier einen Moment in der Luft, dann setzt das entgegengesetzte Hufenpaar auf. Der Lauf der Tiere wirkt leichtfüßig, doch die Meharisten müssen locker im Rücken bleiben, denn tatsächlich ruckelt es gewaltig im Sattel.

Mbeirik hat breite Wangenknochen, kurzgeschorenes Haar, Stoppelbart, er ist fast vollständig ergraut. Er trägt eine schwarze Hose, die knapp über das Knie reicht, und ein khakifarbenes Hemd, die Uniform der Meharisten. Auf seinen Schulterklappen prangen goldfarben der Stern und der Halbmond der mauretanischen Flagge, darunter drei Pfeilspitzen. Sie zeigen seinen Dienstgrad an, »Chef de brigade«, Zugführer. Mbeirik folgen junge Männer, an deren Oberlippe nur ein zarter Pflaum sprießt, und Veteranen mit vollen Bärten, Männer verschiedenster Ränge: Leutnant, Oberst, Kommandeur. Während die Karawane die ersten Meter macht, treibt der Wind links und rechts des Zugs Sand zu kleinen Wirbeln auf. Sie bauen sich wie aus dem Nichts auf, kreiseln über die Ebene und fallen plötzlich wieder in sich zusammen. Mbeirik passiert gelbe Dornbüsche und mannshohes grünes Gestrüpp. »Wir kennen sie alle auswendig«, sagt Mbeirik über die Pflanzen. Wie dem Tuareg Amoumoune Allassane im Norden Nigers dienen sie auch den Meharisten als Orientierungshilfe. Es gebe verschiedene, einmalige Kombinationen, die nur in bestimmten Gegenden auftauchten, erklärt auch Mbeirik. Er und seine Männer haben GPS, brauchen es aber meist nur, wenn sie ihre Koordinaten durchgeben wollen.

Die Meharisten wurden schon 1912 gegründet. Ursprünglich waren sie ein Instrument der früheren Kolonialmacht Frankreich, um das Territorium zu kontrollieren, das es im Westen Afrikas als sein Eigentum deklarierte. Nach der Unabhängigkeit Mauretaniens 1960, als auch immer mehr Geländewagen und Flugzeuge in die nationalen Streitkräfte einzogen, verlor die Gruppe an Bedeutung. Bis zum 11. September 2001. Der Anschlag Al Kaidas auf das World Trade Center änderte auch in Mauretanien alles. Die USA begannen ihren Krieg gegen den Terror, um die Drahtzieher zu töten, allen voran Osama bin Laden. Krieg in Afghanistan, Krieg im Irak. Al Kaida reagierte mit immer mehr Anschlägen. 2005 kam der islamistische Terror in den Sahel. Das erste Land, das er traf, war weder Mali noch Burkina Faso. Es war Mauretanien. Die sogenannte Salafistische Gruppe für Predigt und Kampf griff eine Baracke der mauretanischen Armee an. Sie tötete 15 Soldaten. Entführungen folgten, ja gar Enthauptungen. Mauretanien war damals ein leichtes Ziel. Die Grenzen waren nicht unter Kontrolle der Sicherheitskräfte. Auch im Land gab es riesige Regionen, in denen sich Vertreter des Staates nur selten blicken ließen. Es herrschte auch hier ein Zustand, der so typisch ist für viele Staaten im Sahel: Fernab der Hauptstadt gab es keine Staatlichkeit.

Viele Menschen, die in den abgekapselten Gegenden lebten, überwiegend Nomaden, überwiegend arm und mit wenig Aussicht auf ein besseres Leben, fühlten sich auch dort alleingelassen. Und so war es ihnen nicht nur egal, wenn Terroristen durch ihre Heimat zogen, um irgendwo Anschläge gegen einen Staat zu verüben, dem sie sich nicht zugehörig fühlten. Sie waren auch ein leichtes Opfer der Rekrutierungsversuche der Kämpfer. Die Terrorgruppen gaben ihnen zumindest das Gefühl, Teil von etwas zu sein.

Anders als in Mali und Burkina Faso reagierte die Regierung Mauretaniens früh. Sie griff auf eine eigentlich völlig aus der Zeit gefallene Truppe zurück, um dem Phänomen zu begegnen: die Meharisten.

Die Regierung Mauretaniens fing an, Männer wie Mbeirik auf ihren Dromedaren in die Wüste zu schicken. Vor allem, um den Terroristen zuvorzukommen. Jeder Meharist bringt nicht nur ein Sturmgewehr, sondern auch eine Funktion des Staates mit in die Provinz. Mbeirik schafft ein Stück Rechtsstaatlichkeit in der Wüste, er hat praktisch die Funktion eines Sheriffs, schlichtet Streit zwischen Nomaden. Sein Kamerad Famori Keïta ist Krankenpfleger. Er hat stets ein Arsenal an Medikamenten dabei und kann sogar einfache Operationen durchführen. Mit Shefik Sid Ahmed gibt es einen Tierarzt, der sich um kranke Dromedare der Nomaden kümmern kann. Und mit »Adjutant Chef« Sidi Lebsaw ein wandelndes Bürgeramt. Er erspart Nomaden kilometerweite Märsche durch die Wüste, um zur nächsten staatlichen Behörde zu gelangen. Er verteilt Dokumente oder sammelt sie unterschrieben wieder ein. »Wir bringen den mauretanischen Staat zu den Menschen«, sagt Mbeirik. Die Meharisten wirken wie die afrikanische Antwort auf die gescheiterten Missionen Barkhane und Minusma.

Als die Nacht über der Wüste hereinbricht, zieht in der Ferne ein Gewitter auf. Blaue Blitze zucken im schwarzen Himmel. Ein paar Sekunden später treibt der heiße Wind das Grollen des Donners vor sich her.

Die Meharisten machen Rast, befreien ihre schnaufenden Dromedare von Sattel und Gepäck, brechen Äste von den dürren Büschen und machen Lagerfeuer. Es knackt, knistert, donnert.

Mbeirik ist der Erste am Feuer. Er hockt sich im Schneidersitz in den Sand. »Mein Vater war Dromedar-Hirte, ich bin in einem Zelt zur Welt gekommen«, erzählt er. In seinem Pass steht der 31. Dezember 1969 als Geburtsdatum. Doch ob das wirklich stimmt, kann er nicht sagen. Mbeirik ist als Nomade aufgewachsen. Seine Eltern schickten ihn allerdings zur Schule. Sie wussten, dass das Leben der Nomaden immer beschwerlicher wurde im Sahel. Als junger Mann konnte Mbeirik sich ein Leben in der Stadt nie vorstellen. »In Häusern ist es viel zu heiß«, sagt er. Eines Morgens, er war bereits ein Teenager, entdeckte er ein Plakat an seiner Schule. Es war eine Anzeige der Meharisten. Sie suchten Rekruten, ausschließlich Nomaden wie ihn. Denen muss man nicht erst beibringen, wie man Brot im Sand backt und in ein paar Sträuchern Wegmarken erkennt. Außerdem wirken Nomaden im Grenzgebiet zu Mali nicht wie Fremdkörper. Ein großer Vorteil. Die gewöhnlichen Sicherheitskräfte nehmen viele Menschen im Grenzgebiet als Bedrohung wahr, deshalb kooperieren sie nicht immer.

Die Meharisten nahmen Mbeirik 1989 auf und boten ihm eine Möglichkeit, das Leben, das er so liebte, fortzuführen – ein Leben fast ohne Besitz, ohne Ballast. Das Einzige, was Mbeirik immer mit sich schleppt, ist ein altes Transistor-Radio. Es steckt in einem Leder-Etui. Mbeirik nennt es »meinen Freund«. Es ist oft seine einzige Verbindung zur Außenwelt. Mobiltelefone funktionieren im Grenzgebiet meist nicht.

Mbeirik hält das Radio nah an sein Ohr, dreht am Knauf des Geräts. Es knarzt. Er dreht weiter, bis er das Signal von BBC, Voice of America oder RFI reinbekommt. Der Zugführer der Meharisten hört am liebsten Nachrichten. Ohne seinen »Freund« hätte sein Zug vom Ausbruch der Coronapandemie nichts mitbekommen, sagt er. Sie hätten sonst vor vielen Jahren sogar einen Militärputsch im eigenen

Land verpasst. Die Patrouillen der Meharisten dauern oft mehrere Monate.

Die Blitze und das Grollen des Donners lassen nach. Die Nacht ist schwarz. Als die Temperaturen ein Stück sinken, tauchen Skorpione aus dem Sand auf, wuseln mit erhobenen Stacheln zwischen Mbeirik und seinen Männern umher. Sie gehören der Gattung Androctonus australis an, der »Südlichen Manntöter«. Wer das erste Mal von diesem Skorpion gestochen wird, ist in Lebensgefahr. Das Gift der Tiere greift das Nervensystem an, löst unvorstellbare Schmerzen aus, Krämpfe, die bis zum Herzstillstand führen können. Wer das einmal überstanden habe, werde zusehends immun gegen das Gift, erklärt Mbeirik. Er und seine Meharisten trampeln die Tiere mit ihren offenen Schlappen platt, bevor sie ihre Decken im Wüstensand ausbreiten und einschlafen.

Nouakchott liegt rund 1.000 Kilometer westlich von Mbeirik und den Dromedaren. Der Kontrast könnte kaum größer sein. Rund eine Million Einwohner leben in der Hauptstadt Mauretaniens, in den Außenbezirken in staubigen Wellblechsiedlungen, in denen Stromkabel teils offen über den Boden verlaufen, in denen es oft nicht mal fließend Wasser und eine Kanalisation gibt. Im Zentrum der Stadt ballen sich dagegen pompöse Regierungsgebäude, die Zentralen internationaler Organisationen und Botschaften. Auch die der Europäischen Union.

Gwilym Jones, der Botschafter der EU in Mauretanien, sitzt in einem klimatisierten Büro. Er trägt einen blauen Anzug, hat etwas ergrautes Haar und ein zartes, zugewandtes Lächeln auf den Lippen. »Die Meharisten haben eine herausragende Erfolgsbilanz«, sagt er. Jones schwärmt davon, wie es der Gruppe gelinge, militärische Präsenz zu zeigen und zugleich auf ziviler Ebene gegen die Wurzeln des Terrors vorzugehen. »Es gibt kurzfristige und langfristige Sicherheit«, sagt Jones. »Langfristige Sicherheit bedeutet Entwicklung, die Entstehung eines Nationalgefühls.« Natürlich wisse er, dass sich die Meharisten noch mehr Unterstützung wünschten, sagt Jones. »Wir kommen dem Ende einer ersten Kooperationsphase nahe, jetzt gucken wir uns die Möglichkeit einer zweiten an.« Jones spricht von einer »tiefgreifenden Zusammenarbeit« mit Mbeiriks Männern. Mauretanien bezeichnet er als »Schlüsselpartner« der EU in der Region.

Doch eine Frage wischt das zugewandte, freundliche Lächeln von Jones Gesicht. Nein, sagt er, wie sich das gesellschaftliche Klima in Mauretanien verändere, wolle er nicht kommentieren. »Damit würde ich mich sehr unwohl fühlen. Ich bin davon ausgegangen, dass wir nur über die Meharisten sprechen.«

Das Klima in Mauretanien ist die Kehrseite der Kooperation, die auf den ersten Blick aussieht wie ein Vorzeigemodell. Die Gesellschaft Mauretaniens verändert sich. Auf eine Weise, die kaum mit den Werten Europas vereinbar ist. Diese Veränderung ist so grundlegend, sie lässt womöglich gar die Erfolge der Meharisten nicht mehr ganz so schillernd erscheinen. Niemand spricht gern darüber: weder in der EU noch in Mauretanien. Es gibt nur einige wenige, die es doch tun.

Es ist mitten in der Nacht. Ein kühler Wind fegt über Nouakchott hinweg, trifft auch ein kleines Café am Rande der Stadt. Dort sitzt, unter einer blau-weiß gestreiften Markise, ein Mann im kalten Licht von Leuchtstoffröhren. Er hat einen kahlgeschorenen Kopf und markante schwarze Augenbrauen. Sein Blick scharf, so wie jedes seiner Worte.

»Wenn es darum geht, für Sicherheit zu sorgen, ist die Lage in Mauretanien gut«, sagt Eli' al-Schaich Ould al-Hadrami Ould Moma. »Geht es um die intellektuelle Entwicklung der Gesellschaft, nicht so sehr.« Moma ist eine bekannte religiöse Persönlichkeit in Mauretanien, er ist der Neffe des verstorbenen Führers einer der berühmtesten Sufi-Strömungen des Landes. Diese Strömung, so sagt es Moma, fördere einen spirituellen inneren Dialog. Es gehe darum, mit sich selbst ins Gericht zu gehen. Moma zufolge verliert diese Strömung im Sahel und insbesondere in Mauretanien immer mehr an Einfluss. »Einige mauretanische Gelehrte zeichnen sich heute vor allem durch Extremismus aus«, sagt er. »Durch Salafismus.« Über diese Strömung des Islam sagt er: »Im Salafismus treibt die Menschen vor allem um, was der Nachbar gerade falsch gemacht hat.«

Mauretanien ist seit der Unabhängigkeitserklärung des Staates eine islamische Republik. In den 1960er- und 1970er-Jahren war Mauretanien trotzdem ein relativ liberales Land, was auch dem vorherrschenden Sufismus zu verdanken war. Anfang der 1980er-Jahre begann sich das zu ändern. Die Regierung führte die Scharia als die vorherrschende Rechtsgrundlage ein. Es folgten etliche Gesetze, die auf dem religiösen Recht beruhen. Der Verkauf von Alkohol: verboten. Frauen, die unehelichen Sex hatten, wurden eingesperrt. Sie mussten mitunter gar die Kinder, die dabei gezeugt wurden, mit ins Gefängnis nehmen. 2018 führte der mauretanische Staat ein verschärftes Blasphemie-Gesetz ein. Seither steht es unter Todesstrafe, den Islam zu verhöhnen[229]. Das Gleiche gilt für Muslime, die einer anderen Religion beitreten. In den christlichen Kirchen in Mauretanien findet man deshalb nur Ausländer. Einheimische Christen müssen ihren Glauben im Geheimen leben.

Diese Entwicklungen gingen mit der Ausbreitung des

Salafismus im gesamten Sahel einher. Mit dem Bau immer neuer Koranschulen und Moscheen mit Geldern aus Saudi-Arabien, unter anderem über Wohltätigkeitsorganisationen[230].

Moma stellt eine gewagte These auf: Natürlich ist es in Mauretanien sicher, wenn die Terroristen sich darauf verlassen können, dass sich die Gesellschaft ihnen auch ohne Gewalt ideologisch ergibt. »Al Kaida, der IS – alle terroristischen Gruppen sind im Grunde salafistisch«, sagt Moma: »Auch immer mehr mauretanische Bürger sind mittlerweile Salafisten. Nur wissen sie das oft selbst noch nicht.«

Erobern Terrorgruppen wie Al Kaida und der IS Mauretanien womöglich gar nicht mit Anschlägen und Gewalt, sondern mit Ideen? Haben am Ende Mbeiriks Meharisten gar nicht so viel damit zu tun, dass es in dem Land so sicher ist? Und wenn ja, was bedeutet das für die Kooperation mit der EU?

Ein Büro im Regierungsviertel von Nouakchott. Mit Marmor verkleidete Wände. An einer glitzern ein paar Säbel. Dicke braune Ledersessel, ein verzierter, ungefähr fünf Quadratmeter großer Schreibtisch. Anders als EU-Botschafter Jones weigert sich der mauretanische Staat nicht, sich zu dem Thema zu äußern. Nein, wiegelt General Schaich Muhammad al-Amin al-Min ab. Der Stabschef der Nationalgarde sagt, dass es keine Radikalisierung der Gesellschaft gebe. Ganz im Gegenteil. Tatsächlich, so al-Min, gelinge es der Gesellschaft, die Radikalen zu deradikalisieren. Der hochrangige Soldat skizziert den Gegenentwurf zur These des Sufisten Moma.

Als nach den Anschlägen auf das World Trade Center der Terror auch nach Mauretanien gekommen sei, habe seine Regierung nicht nur auf die Meharisten gesetzt, sondern auch diverse neue Gesetze erlassen. Gesetze, die Terror klarer definieren, die Hate-Speech verbieten und vieles mehr. Zudem habe die Regierung massiv die Berufsausbildung junger Menschen gefördert, um ihnen Perspektiven zu bieten. Dafür seien im ganzen Land Berufsausbildungszentren eröffnet worden. Vor allem Männer und Frauen, die ihre Kindheit und Jugend ausschließlich in Koranschulen verbracht haben, sollten davon profitieren.

Der ganze Stolz der Regierung ist ein Programm, das in der breiten Bevölkerung nur als »die Diskussionen« bezeichnet wird. Auch al-Min spricht es an. Mauretaniens Regierung ließ hochrangige islamische Gelehrte durch die Gefängnisse touren, um mit inhaftierten Terroristen über Religion und Glauben zu debattieren. Die Gespräche wurden landesweit im Fernsehen übertragen, damit auch der Rest der Gesellschaft davon profitiert. »Wir hatten Erfolg«, sagt al-Min. Mehr als 60 inhaftierte Terroristen hätten sich »vom wahren Islam« überzeugen lassen.

Das Programm sah eine Wiedereingliederung der ehemaligen Dschihadisten in die Gesellschaft vor, so wie unter Bazoum in Niger. Die einstigen Staatsfeinde kamen nicht nur frei. Der Staat half ihnen auch beim Neuanfang. Al-Min sagt, dass derzeit nur noch 36 Männer im Gefängnis säßen, die wegen Terrorismus eingesperrt wurden. Nur vier seien extrem. Der General versichert, dass sie genau wüssten, mit wem sie es zu tun hätten. »Nur ein ehemaliger Insasse hat sich wieder terroristischen Gruppen angeschlossen«, sagt al-Min.

Der General ist derart von dem Programm überzeugt, dass er Treffen mit ehemaligen Terroristen empfiehlt, die er für geläutert hält.

Im Stadtteil Tarhil reihen sich ein paar graue, unverputzte Gebäude aneinander. Dazwischen liegen schmale Gänge. Ein Mann mit einem weißen Turban, einem weißen Gewand und einem mächtigen schwarzen Bart stapft einen dieser Gänge entlang. Der Mann nähert sich einer offen stehenden Tür. Stimmen klingen heraus, ein Murmeln, das zu einem Geraune anwächst. Als der Mann auf Höhe der Tür angekommen ist, ist es als arabisch zu verstehen, es sind die Verse des Koran.

Der Mann steigt über einen Haufen bunter Sandalen in Kindergrößen, tritt über die Türschwelle in den Raum. Dort knien gut zwei Dutzend Jungen auf dem Boden und rezitieren die Heilige Schrift. Dabei wippen sie im Rhythmus der Verse mit ihren Köpfen vor und zurück.

Die grauen unverputzten Gebäude gehören zur Koranschule von Abdallah Abd al-Kadr. Al-Kadr ist einer der Männer, die an den Diskussionen teilgenommen haben. Er ist angeblich ein geläuterter Terrorist. Jetzt darf er in Mauretanien Kinder in Glaubensfragen belehren.

Al-Kadr setzt sich auf den einzigen Stuhl im Raum. Er richtet seinen Blick auf einen der Jungen. Als der es bemerkt, streckt al-Kadr seinen Arm aus und dreht seine Handfläche zum Himmel. Der Junge springt auf, rennt, seine Gebetstafel in der Hand, zu seinem Lehrer. Al-Kadrs gen Himmel gerichtete Hand ballt sich, nur sein Zeigefinger bleibt gerade. Er deutet auf die arabischen Buchstaben auf der Gebetstafel. Der Junge versucht vorzulesen, flüstert schüchtern vor sich hin. »So lernt man nicht«, sagt al-Kadr und liest die Buchstaben selbst vor. Die Stimme des Lehrers ist tief, durchdringend. Der Junge rennt zurück zu seinem Platz, kniet sich wieder hin. Al-Kadr winkt den nächsten herbei.

In al-Kadrs Schule gibt es etliche Räume. Er unterrichtet rund 200 Schülerinnen und Schüler, alle im Alter von fünf bis 14 Jahren. Er wohnt auch auf dem Schulgelände, am Ende von einem der schmalen Gänge, in einem Verschlag, vielleicht 15 Quadratmeter groß. Auf dem Boden stehen ein Gaskocher, Teegeschirr, daneben eine Matratze. Nach dem Unterricht setzt sich der frühere Terrorist im Schneidersitz zwischen Matratze und Teegeschirr auf den Teppich.

»Niemand hat ein Problem mit meiner Vergangenheit«, sagt al-Kadr und beginnt, seine Geschichte zu erzählen. »Als 9/11 geschah, haben sich viele arme junge Männer den Terrorgruppen angeschlossen«, sagt er. Rückkehrer aus diesen Gruppen hätten viel Geld gehabt und damit erfolgreich rekrutiert. Auch ihn. Al-Kadr hatte fünf Brüder und fünf Schwestern. Die Verhältnisse, in denen er aufwuchs: einfach.

Er schloss sich der Gruppe an, die 2005 den ersten Anschlag in Mauretanien verübte, der Salafistischen Gruppe für Predigt und Kampf. Aus diesem Zusammenschluss sollte einige Jahre später Al Kaida im islamischen Maghreb werden. Noch später stiegen viele Mitglieder bei JNIN ein[231]. Al-Kadr ging nach Mali, um der Salafistischen Gruppe für Predigt und Kampf zu dienen.

Er behauptet, dass er selbst nie einen Menschen umgebracht habe, dass er nur dabei gewesen sei, als seine Kampfgefährten es taten. Al-Kadr spricht schnell, springt nervös von einem Punkt zum anderen, lässt immer wieder die Zusammenhänge abreißen. Mal behauptet er, nur wegen Geld beigetreten zu sein, dann, dass auch Überzeugung eine Rolle gespielt habe. Er wirkt unsicher, während er seine Geschichte erzählt. Einen umso überzeugteren Eindruck hinterlässt er, wenn es um Glaubensfragen geht.

»Wer stiehlt, ohne in Not zu sein, sollte die Hand abgehackt bekommen«, sagt al-Kadr. Hinter dem Koran-Lehrer steht ein Bücherregal voller Bände mit aufwändig verzierten Umschlägen. Es ist vor allem spirituelle Literatur, die er als Grundlage für seine religiösen Urteile nimmt.

Während er bei einfachen Fragen wie der Strafe für Diebstahl versiert antwortet, verstrickt er sich in Widersprüche, als es darum geht, wer wen im Namen des Islam töten darf. »Wer einen Ausländer tötet, der mit einem Visum eingereist ist, wird nicht den Duft des Himmels zu riechen bekommen«, sagt al-Kadr zunächst. Dann ergänzt er, dass dies für Franzosen nicht gelte, da Frankreich ja noch immer wie eine Kolonialmacht auftrete. Widerstand sei rechtens. Auf die Frage, ob es für einen frommen Moslem dann zulässig sei, französische Soldaten in Mali in die Luft zu sprengen, antwortet al-Kadr wiederum: Frankreich sei ja von der »muslimischen« Regierung Malis eingeladen worden, deshalb sei das doch etwas anderes. Nur hat Mali nie eine muslimische Regierung gehabt, es handelt sich seit der Unabhängigkeitserklärung um einen säkularen Staat[232].

Ist der angeblich geläuterte Terrorist wirklich geläutert? Braucht es im zusehends fundamentalistischen Mauretanien überhaupt Läuterung? Das Gespräch mit al-Kadr dauert schon mehrere Stunden, als er sagt: »Ich bin ja nicht derjenige, der berufen ist, die Scharia durchzusetzen. Aber ich will, dass sie durchgesetzt wird.« In Mauretanien funktioniere das auch ziemlich gut, fügt er hinzu. »Mauretanien ist mittlerweile besser als Saudi-Arabien.«

Wer also nähert sich wem an? Die Terroristen der Gesellschaft? Oder die Gesellschaft den Terroristen?

Der Konflikt, der Menschen in der Hauptstadt spaltet, treibt auch die Meharisten in der Wüste um. Mbeirik und seine Männer haben sich nach einem weiteren Tag der Patrouille am Rande des Ortes Rini für die Nacht niedergelassen. Der

Zugführer liegt auf seiner Decke im Sand. »Ich habe die Diskussionen im Fernsehen gesehen«, sagt Mbeirik. »Die Terroristen wurden mit der Macht des Arguments besiegt«, sagt er. Andere Staaten wie Mali könnten vom mauretanischen Weg lernen. Mbeiriks Kommandeur dagegen, Mohamed Salem Meme, äußert Zweifel an Mauretaniens Weg. »Wer wirklich von der Ideologie überzeugt ist, ändert seine Meinung nicht«, sagt er über Menschen wie den angeblich ehemaligen Extremisten al-Kadr. »Sobald diese Leute die Gelegenheit dazu haben, bringen sie dich um.« Bevor Salem Meme Meharist wurde, hat er für die Nationalgarde als Gefängnisaufseher gearbeitet. Er war auch für die inhaftierten Terroristen zuständig.

Ein paar Monate später wird ein Ereignis seine These untermauern. Anfang 2023 werden vier Terroristen aus dem zentralen Gefängnis in Nouakchott ausbrechen. Bei ihrer Flucht werden sie zwei von Memes alten Kollegen töten und zwei verletzen[233].

Seit 2011 hält sich zudem ein Gerücht hartnäckig: Als die USA Osama bin Laden in Pakistan töteten, fanden sie beim Al-Kaida-Gründer und Drahtzieher hinter dem Anschlag auf das World Trade Center ein Dokument. Es handelte sich um den Entwurf eines Nicht-Angriffspaktes zwischen Mauretanien und der Terrorgruppe[234]. Experten halten es für unrealistisch, dass dieser Deal wirklich in Kraft trat. Auch die Regierung Mauretaniens bestreitet, dass so ein Pakt je geschlossen wurde. Doch vielleicht bedarf es auch keiner formellen Unterschrift auf einem Stück Papier, um zu erklären, warum es in Mauretanien so ruhig geblieben ist, während der Terror sich im Zentrum der Sahelzone so schnell ausbreitete.

Der hochrangige Armee-General Mohamed Znagui Sid'Ahmed Eli ist vom Antiterrorprogramm seiner Regierung überzeugt. Auch er glaubt, dass Geschichten wie die des Aussteigers al-Kadr Erfolge sind. Die Mauretanier seien fest in ihrem Glauben verankert, sagt er. Sie ließen sich von niemandem diktieren, wie sie zu praktizieren hätten. Indirekt macht Znagui allerdings deutlich, dass es bei diesem »fest verankerten Glauben« ein Problem geben könnte: »Wir sind ein islamischer Staat. Unsere Verfassung beruht auf der Scharia«, erklärt er. »Es gibt nicht viel, was Dschihadisten hier noch fordern könnten.«

Nach einer knappen Woche auf dem Rücken eines Dromedars kehrt der Meharist Mbeirik in seine Heimatstadt Nema zurück. Nun sitzt er am Lenkrad eines Mercedes 190D. Der Lack des Fahrzeugs hat sich an den Flanken bereits gelöst. Die Stoßdämpfer sind so durch, dass sich jede Unebenheiten anfühlt, als würde die Karosserie auf den Asphalt schlagen. »Die fahren alle auf der falschen Seite«, kichert Mbeirik, als er ein Hupkonzert zu hören bekommt, weil er beim Wenden für ein paar Meter auf die Gegenspur gerät. Mbeirik ist bester Laune, er fährt heim zu seiner Familie.

Er parkt seinen klapprigen Mercedes vor einem Haus im Viertel Chouviya. Die EU solle dafür sorgen, dass die Meharisten mehr Geld verdienen, sagt er. Das Standardgehalt eines Nationalgardisten liegt bei umgerechnet rund 300 Euro. Der Beruf müsse attraktiver werden, sagt Mbeirik. Auf mehr als 2.200 Kilometern Grenze mit Mali kommen 300 Meharisten zum Einsatz. Davon viele wie Mbeirik im fortgeschrittenen Alter. Es sei zusehends schwer, Nachwuchs zu finden. »Wir Alten lieben unseren Job.« Aber für viele junge Leute sei das harte Leben in der Wüste einfach nichts mehr.

Dann verrät Mbeirik, dass er seinen Mercedes nicht nur zum Spaß fahre. Wenn er keinen Dienst hat, nutzt er das Auto als Taxi, um zusätzliches Geld zu verdienen. Sonst reiche es nicht für seine achtköpfige Familie. Messud Mbeirik, das Aushängeschild des mauretanischen Antiterrorkampfes, macht an seinen freien Tagen zwei Taxi-Schichten, eine von 7 bis 13 und noch eine von 15 bis 18 Uhr.

Bei allem, was sie richtig machen: Können Mbeirik und seine 300 Kameraden wirklich der entscheidende Grund dafür sein, dass Mauretanien so sicher ist? Arbeitet die EU am Ende nicht vor allem mit einem Staat zusammen, der längst selbst religiös radikalisiert ist? Sind die Meharisten im schlimmsten Fall womöglich gar das Feigenblatt eines Landes, in dem sich Fundamentalisten und Terroristen von ihren Kriegen in Mali und Burkina Faso ausruhen können?

Von EU-Botschafter Jones gibt es keine weiteren Antworten. Auf eine Anfrage im Frühjahr 2024, wie es nun mit der Förderung der Meharisten weitergeht, reagiert er nicht.

Aus Brüssel gibt es in jenen Tagen aber durchaus Neuigkeiten: Die EU einigt sich mit der Regierung Mauretaniens auf ein neues Migrationsabkommen.

RAUBFISCHKAPITALISMUS

Wellen bauen sich vor der Küste Mauretaniens auf. Sie sind mehrere Meter hoch, schießen wie Sicheln auf den Strand zu – türkisblau mit weißen Spitzen. Dort, wo das Wasser seicht wird, brechen sie, spritzen, schäumen, laufen blubbernd auf dem hellen Sand aus.

An einem Abend im Juli 2022 hetzt eine Gruppe Menschen in neongelben Westen vor dieser Kulisse entlang. Es sind Mitglieder der Umweltschutzorganisation Zakia. Die Aktivistinnen und Aktivisten kämpfen für einen nachhaltigen Umgang mit den Fischvorkommen Mauretaniens. Das Land besteht zu 80 Prozent aus Wüste, es gibt nur einen Fluss, der ganzjährig Wasser führt[235]. Doch im Westen des Landes liegt der Atlantik. Mauretanien ist auf nichts so sehr angewiesen wie auf den Ozean.

Erst einige Hundert Meter vom Haupteingang des Strandes entfernt bleiben die Menschen in den neongelben Westen stehen – weit weg von den Sicherheitskräften des mauretanischen Staates, die den Strand kontrollieren. Die Aktivistinnen und Aktivisten stellen sich hinter verzierte Pirogen. Die traditionellen Holzboote der lokalen Fischer, die gerade nicht auf Fang sind, schirmen sie zusätzlich ab.

Dass sich die Mitglieder von Zakia am Strand von Nouakchott derart verstecken, hat einen Grund: In Mauretanien gibt es nicht nur bedenkliche religiöse Tendenzen in Teilen von Gesellschaft und Politik, in dem Land ist es auch um die Meinungsfreiheit schlecht bestellt. Seit Ende 2021 gibt es ein Gesetz, das Angriffe auf die »Symbole der Nation«

wie deren Flagge verbietet. Zu diesen Symbolen gehören auch die Politiker, die in der Nation die Verantwortung tragen. Mindeststrafe bei Vergehen: zwei Jahre Gefängnis und umgerechnet 5.000 Euro Bußgeld. Für Wiederholungstäter sind bis zu zehn Jahre Haft möglich[236]. Strafen, die auch den Aktivistinnen und Aktivisten von Zakia drohen. Ihre Kritik zielt mitten hinein in das politische System des Staates. Die Fischvorkommen im Atlantik haben Unternehmer angelockt – aus Europa, der Türkei und China. Und die Regierung des Landes lässt sie plündern.

Die Aktivistinnen und Aktivisten fangen an, Videoclips für die sozialen Medien aufzunehmen. Dafür recken sie Plakate in die Luft, die die Ausbeutung ihrer Meere anprangern. Unter den Menschen in den neongelben Westen sind auch drei junge Frauen: Aichetou Meiled, Minetou Matallah und Beita Salek, 20, 21 und 23 Jahre alt. »Ich kämpfe für mein Recht als mauretanische Staatsbürgerin«, wird Salek wenig später sagen. »Wenn es um unseren Fisch geht, sollten wir Vorrang haben.« Doch jetzt muss alles schnell gehen. Keine Zeit für Erklärungen. Die Aufnahmen für die sozialen Medien sind schnell eingefangen, Meiled, Matallah und Salek haben keine Lust, sich ohne Not festnehmen zu lassen. Die Mitglieder von Zakia hetzen wieder vom Strand und verschwinden im Hafenviertel.

Ungefähr ein Jahr nach dem Protest der Umweltschutzorganisation wird auch eine deutsche Ministerin den Strand von Nouakchott besuchen. Sie wird vor derselben Kulisse spazieren wie Meiled, Matallah und Salek. Fernsehteams werden Bilder von ihr machen, die Brandung des Atlantiks im Rücken, die bunten Pirogen der traditionellen Fischer neben sich. Die Bilder werden es bis in die Hauptnachrichtensendungen in der Bundesrepublik schaffen[237]. »Bei so einem Projekt wie hier im Hafen Arbeitsplätze zu schaffen, Sicherheit zu schaffen, dass man seine Familie ernähren kann, das ist ein wichtiger Beitrag«, sagt Svenja Schulze, Ministerin für Wirtschaftliche Zusammenarbeit und Entwicklung, SPD-Mitglied. Dabei sind die Mikrofone der ARD, der Deutschen Welle und des ZDF auf sie gerichtet. Schulze spricht über ein Projekt, das Deutschland unterstützt und das den lokalen Fischern in Nouakchott helfen soll. Unter anderem stellt es bessere Kühltruhen für ihre Pirogen bereit.

In einem Beitrag, der in Deutschland auf Sendung geht, erscheint das Projekt wie die lang ersehnte Lösung eines drängenden Problems. In dem Clip wird erklärt, dass ein Drittel des Fanges traditioneller Fischer vergammle, weil er nicht ausreichend gekühlt werde. Eine Marktfrau sagt, dass sich nun dank der Kühltruhen aus Deutschland viel ändere. Nur ist vergammelnder Fisch überhaupt nicht das entscheidende Problem in Mauretanien.

Der Besuch der Ministerin ist eine Inszenierung deutscher Wohltätigkeit in Afrika. Europäischer Wohltätigkeit. Schulze ist nicht nur Entwicklungsministerin, sie ist auch Präsidentin der Sahel-Allianz. Die Initiative wurde 2017 von Deutschland, Frankreich und der Europäischen Union ins Leben gerufen. Das Ziel: die internationale Entwicklungszusammenarbeit mit Mauretanien, Mali, Burkina Faso, Niger und Tschad besser zu koordinieren[238]. Effizienter helfen also.

Schulze und die Allianz haben auch viele gute Ideen für Mauretanien. So wie die Sache mit den Kühltruhen. Abgesehen davon, dass die Regierung Mauretaniens ein fragwürdiger Partner ist, gibt es aber noch ein Problem: Diese Hilfe gleicht nicht mal ansatzweise aus, was die Wirtschaftsinteressen der Staaten hinter der Allianz in dem Land kaputt machen. Europas Engagement ist auch in Mauretanien nicht selbstlos.

Der Schriftsteller Hans Christoph Buch schrieb einmal: »Humanitäre Hilfe ist ein Automat, in den Geld gesteckt wird, damit der Fernsehzuschauer keine Bilder von verhungernden Kindern mehr anschauen muss[239].« Es geht nicht in erster Linie darum, den Menschen zu helfen, es geht darum, das eigene Gewissen zu erleichtern. Der Autor kam Ende der 1990er nach einem Besuch im Sudan zu diesem Schluss. Und seine Analyse scheint auch ein Vierteljahrhundert später noch einen wahren Kern zu haben. Zumindest spricht in Mauretanien einiges dafür.

Ein paar Minuten vom Strand entfernt liegt in einer Seitenstraße eine Fischfabrik. Im Inneren ist die harte Arbeit, die hier einst geleistet wurde, noch zu erahnen.

Die transparenten Kunststofflamellen, die Flure und Hallen voneinander trennen, sind stumpf geworden, vergilbt und voller brauner Schlieren. Die Spuren von Arbeiterinnen und Arbeitern, die sich einst im Sekundentakt hindurchgedrängt haben. Jetzt hängen die Lamellen reglos in der Luft. Auf den Steinböden der Anlage haben die vielen Schritte der Menschen, die hier ihren Lebensunterhalt verdient haben, an einigen Stellen Mulden hinterlassen. Nun steht Wasser darin. Stille, schwarze Pfützen.

Aichetou Meiled, Minetou Matallah und Beita Salek stehen in einem verwaisten Gang der Fabrik. Sie tragen weiße Gummistiefel, Blaumänner, die ein paar Nummern zu groß wirken, und klobige Hauben, die ihre Haare bedecken. Sie sind nicht nur Aktivistinnen, sie arbeiten selbst in der Fischindustrie. Doch an diesem Abend haben sie nur eine Aufgabe. Sie präparieren die Etiketten für Fischpakete. Salek hält die bedruckten Papierstreifen fest, Matallah schneidet sie ins richtige Format, Meiled sammelt die fertigen Etiketten. Sechs Hände erledigen die Arbeit, für die zwei reichen würden. »Wir haben seit heute Morgen nichts anderes mehr zu tun«, sagt Meiled. »Es gibt für uns nicht mehr genug Fisch.« Seit Wochen sei das nun schon so.

Schon Meileds Vater arbeitete in der Fischindustrie. Er war Fischer. Auch in Matallahs Familie gibt es einige. Die Industrie ist einer der wichtigsten Arbeitgeber des Landes. Sie beschäftigt mehr als 150.000 Menschen[240].

Meiled und Matallah wuchsen im selben Viertel Nouakchotts auf, wurden beste Freundinnen. Für sie war immer klar, dass auch sie eines Tages in der Fischindustrie arbeiten würden. Nach der Schule heuerten sie fast zeitgleich in der Fabrik an. Dort lernten sie dann Salek kennen, die Älteste der drei. Salek ist auch die Forscheste, stemmt ihre Hände in die Hüften, wenn sie sich aufregt. Meiled und Matallah sind so schüchtern, dass sie selbst wütend noch flüstern. Anfangs putzten die drei zusammen von morgens bis abends Fisch, dann froren sie ihn ein und bereiteten ihn für den Transport vor. Jetzt warten sie vor allem darauf, dass mal wieder Fisch bei ihnen ankommt. »Ich liebe meine Arbeit«, sagt Meiled. Nur weiß sie nicht, wie lange sie ihr noch bleibt. Die Etiketten sind fertig geschnitten. Die drei Frauen streifen ihre blaue Arbeitsmontur ab. In bunten Gewändern gleiten sie durch das Eingangstor der Fabrik auf die Straßen Nouakchotts hinaus. Meiled sagt: »Viele unserer Kolleginnen wurden gefeuert.«

2020 landeten rund 1,3 Millionen Tonnen Fisch aus dem Atlantik auf mauretanischem Boden[241]. Ein Großteil schaffte es aber nie zu Arbeiterinnen wie Meiled, Matallah und Salek. Nicht weil er etwa vergammelt gewesen wäre. Der Fisch wurde, kaum an Land angekommen, gekocht und gepresst. Überwiegend durch Maschinen. Das Endprodukt: Fischmehl und Fischöl.

Es gibt keine genauen Statistiken, aber Schätzungen zufolge wurde mehr als die Hälfte des Fanges so verarbeitet nach Europa und Asien exportiert. Fischmehl und Fischöl werden dort als wichtige Proteinquelle in der Massentierhaltung eingesetzt. Vor allem, um Lachse in Aquakulturen zu füttern. Das Produkt wird aber auch genutzt, um Hühner und Schweine zu mästen. Die Lust auf billiges Fleisch und edlen Fisch ist groß in Europa. Und so boomt das Geschäft mit dem Fischmehl an der Atlantikküste Westafrikas. Zwischen 2010 und 2019 wuchs die Produktion um das Zehnfache. Mauretanien ist der mit Abstand größte Lieferant[242]. Nur profitiert Mauretanien selbst kaum davon. »Dieses Geschäft trifft uns hart«, sagt Matallah. »Wir leiden.« Der Arbeitsmarkt wäre schon ohne das Geschäft mit dem Fischmehl heftig unter Druck. Auch die Bevölkerung in Mauretanien wächst schnell. Im Schnitt bekommt hier jede Frau vier Kinder[243]. Wegen des Klimawandels geben zudem immer mehr ehemalige Nomaden ihr Leben in der Wüste auf und kommen in die Hauptstadt, um Arbeit zu finden.

Das Zentrum der Fischmehlindustrie Mauretaniens liegt rund 500 Kilometer nördlich von Nouakchott auf einer Halbinsel. Die Nacht bricht herein, auf dem Meer glitzern Lichter, die langsam näher kriechen. Eines der Lichter ist die Ilhan Yilmaz, ein 40 Meter langer Ringwadenfischer mit drei leistungsstarken Motoren. Nach offiziellen Angaben von 2020 eines von knapp 50 Schiffen, das unter türkischer Flagge fährt. Die mächtigste Flotte, wenn es um den Fang für die Fischmehlproduktion geht.

Es ist kurz vor Mitternacht, als die Ilhan Yilmaz im Hafen

von Nouadhibou beginnt, ihre Fracht zu entladen. Im Bauch des Schiffes lagern 250 Tonnen Sardinen. Bullige Türken mit Dreitagebärten zerren Schläuche über das Deck, spritzen Wasser in das Schiffsinnere. Es soll das Eis schmelzen, mit dem der Fisch gekühlt wird. Dann treiben Pumpen das Gemisch aus Fisch und Eiswasser über noch größere Schläuche über den Hafenkai und pressen es direkt in Lastwagen, die nacheinander vor der Ilhan Yilmaz vorfahren.

Die Fische, die auf die Ladeflächen der Lastwagen plätschern, glänzen noch. Die Tiere stinken auch nicht. Von vergammeln kann keine Rede sein. Die Fische wären verzehrbar. Als die Ladefläche fast überquillt vor Sardinen, macht sich der erste LKW auf den Weg. Er kurvt eine Viertelstunde durch die dunklen Straßen Nouadhibous. Aus der Tür am Heck tropft Eiswasser, das sich mit Blut vermischt hat. Die Fahrt geht in Richtung eines Strandes ein paar Kilometer weiter im Norden. Dort reihen sich merkwürdige Fabriken aneinander. Hinter Mauern sind die Spitzen von Speichertanks zu sehen. Auch Filteranlagen lugen hervor. Auf der Wasserseite winden sich dicke schwarze Schläuche wie Tentakel über den Strand. Einige enden kurz vor der Wassernarbe. Manchmal sprudelt eine stinkende rotbraune Flüssigkeit heraus. Andere Schläuche verschwinden unter der Wasseroberfläche. Mokas. So nennen die Leute in Mauretanien die Fabriken zur Herstellung von Fischmehl und Fischöl.

Der Lastwagen hält vor einer roten Schiebetür. »Mah El Turk – Proteine de Mer« steht darauf. Es ist die Fischmehlfabrik eines türkischen Unternehmers. Das Tor schiebt sich auf, der Lastwagen verschwindet. Das Wachpersonal lässt nur Mitarbeiter rein.

Der Direktor der Fabrik von Mah El Turk versichert am nächsten Morgen, dass in der Nacht nur das überschüssige Wasser abgelassen worden sei. Dann sei der Fisch zum Kühlen in die konventionelle Verarbeitung gebracht worden. Überprüfen lässt sich das kaum. Die Fischmehlbranche ist intransparent. Zum Teil selbst für die mauretanischen Behörden.

Neben der Türkei mischt auch China im großen Stil in der Industrie mit. Die Firmen Sunrise und Hong Dong International betreiben am Rande Nouadhibous eigene Häfen. Etliche Hektar große Anlagen hinter Mauern. Wie viel verzehrbereiter Fisch dort zu Mehl verarbeitet wird – unklar. Auch wie viel von der pulverisierten Proteinquelle dann in Europa landet, lässt sich nicht genau sagen. Die Industrie exportiert meist per Container-Schiff. Doch oft stimmen Export- und Importstatistiken der beteiligten Firmen nicht überein. Viele Unternehmer in der Branche verstecken sich hinter undurchsichtigen Konglomeraten aus Haupt- und Subunternehmen. Gänzlich undurchsichtig wird es bei der Frage, welche Fisch- und Fleischprodukte in europäischen Supermärkten von Tieren stammen, die mit Fischmehl und Fischöl aus Mauretanien gemästet wurden.

Ein Zimmer im Zentrum Nouadhibous. Durch ein vergittertes Fenster fällt das Abendlicht auf eine durchgelegene Matratze. Darauf sitzt, den Rücken an die Wand gelehnt, ein Mann, der zumindest erahnen kann, was für Geschäftspraktiken in der Branche herrschen. »Ich habe viel Korruption erlebt«, sagt Mohamed Heibetne, zieht an seiner Zigarette und lässt eine Rauchwolke aufsteigen. »Es gibt keine Rechtsstaatlichkeit.« Heibetne, schwarzes Cap, schwarze Brille mit dicken Gläsern, war von 2006 bis 2016 Inspekteur der mauretanischen Küstenwache. Er hat den Beginn des Booms der Fischmehlindustrie miterlebt. Alles habe 2005 angefangen, erinnert sich Heibetne. Damals, noch lange vor der jüngsten Serie von Coups im Zentrum des Sahel, kam es in Mauretanien zu einem Staatsstreich[244]. »Die neue Regierung brauchte Geld«, sagt Heibetne.

Die Moka-Industrie war eine Chance, um schnell Millionen in die Staatskassen zu spülen. Damals konnte an der Küste Mauretaniens eine Fabrik nach der anderen aufmachen. Anfangs profitierten noch lokale Fischer davon. Sie konnten ihren Fang an den Mokas abgeben, wenn die Preise auf dem Fischmarkt zu niedrig waren. Bald kamen aber die chinesischen und türkischen Fangflotten und schnappten ihnen den Fisch weg. Mit Schiffen wie der Ilhan Yilmaz konnten sie schlicht nicht mithalten. An Regeln, so erinnert sich Heibetne, musste sich damals niemand halten. »Das meiste, was mir an Bestechungsgeld angeboten wurden, waren 20.000 US-Dollar«, sagt er. Das Hundertfache des Monatslohns eines Mitarbeiters der Küstenwache.

In den Boom-Jahren der Branche ließen Fischer ihre Peilsender in Fässern auf dem Meer treiben, um selbst unbemerkt in Naturschutzgebieten auf Fang zu gehen. Sie setzten viel zu enge Netze ein, in denen auch Jungfische hängen blieben. Einige Schiffe legten ihren Fang mit Absicht ungekühlt aufs Deck, damit er dort in der Sonne vergammelt. Dann hatten sie, kaum an Land, gar keine andere Wahl mehr, als ihren Fisch an die Mokas zu verkaufen. So schildert es zumindest Heibetne. »Ich habe das jeden Tag gesehen.«

Noch ein Zug an der Zigarette, noch eine Rauchwolke, die aufsteigt und im Abendlicht flirrt. »Mit diesem Geschäft sind einige Menschen wirklich reich geworden«, sagt der ehemalige Mitarbeiter der Küstenwache. Wie viel Bestechungsgeld an die Regierung geflossen ist, ist so ungewiss wie die genauen Exportmengen des Fischmehls. Mauretanien steht auf dem Korruptionswahrnehmungsindex von Transparency International auf Rang 130 von 180[245].

2016 seien er und 300 Mitarbeiter der Küstenwache gefeuert worden, erzählt Heibetne. Sie seien durch Soldaten ersetzt worden, die keine Ahnung von Kontrollen gehabt hätten.

Umweltschutzorganisationen wie Zakia kritisieren nicht nur, dass die Industrie Arbeitsplätze zerstört. Es regt sie auf, dass sie verzehrfrischen Fisch nutzt, der auf den Tellern der Menschen im Sahel landen könnte.

Eigentlich könnte die Produktion von Fischmehl ein Gewinn sein. In der konventionellen Fischverarbeitung fallen große Mengen Abfall an – Schwänze, Flossen, Innereien, die für den Menschen nicht genießbar sind. Doch derzeit zermalmt die Branche ganze Fische. Unglaublich viele für ein bisschen Mehl: Für eine Tonne braucht es fünf Tonnen frischen Fisch. Fisch, den auch die Bewohner Mauretaniens essen könnten. Mehr noch: Bewohner aus dem gesamten Sahel. Dem Welternährungsprogramm der Vereinten Nationen (WFP) zufolge ließen sich durch die Menge Fisch, die derzeit zu Mehl gepresst wird, nicht nur die viereinhalb Millionen Mauretanier mit wertvollen Proteinen versorgen. Es würde ein Überschuss entstehen, der im Kampf gegen Unterernährung in der ganzen Region helfen könnte.

Ein Büro in der Straße, an der sich Moka an Moka reiht. Auf einem Tisch in Palisanderoptik liegen vier Mobiltelefone. Sie alle gehören einem Mann, der in der Fischmehlindustrie Karriere gemacht hat: Mohamed Salem, Vizedirektor von Rim Fish Meal. »Ich habe kein schlechtes Gewissen«, sagt Salem. Klar, es wäre schön, wenn es gelänge, mit dem vielen Fisch die hungernden Menschen im Sahel zu ernähren. Nur, so einfach sei das nun mal nicht, schließlich lande doch auch der frische Fisch nicht bei ihnen.

Salem, ein kräftiger Kerl mit kahlgeschorenem Kopf

und weißem Hemd, verschränkt die Arme. Am Ende sei auch die Fischmehlindustrie nur die Hälfte der Geschichte. Salem skizziert ein Ringen verschiedener Lobbys um die Gunst der Mächtigen in Nouakchott. Die Fischmehlindustrie sei eine, die traditionelle Fischverarbeitung die andere, hinzu kämen Chinesen, Türken, Russen und Europäer. Mal setzten sich die einen durch, mal die anderen. Um das Wohl der einfachen Bürger Mauretaniens gehe es dabei nie.

Salem steht auf und bittet zu einer Führung durch seine Fabrik. Die Anlage habe eine Kapazität von 500 Tonnen Fisch am Tag, erklärt er. Auf der Strandseite sind Häcksler in den Boden eingelassen, die aussehen wie Schiffsschrauben mit scharfem Gewinde. Davor werde normalerweise der Fisch von Lastwagen oder direkt von Booten abgeladen. Jeder der Häcksler könne mehr als zehn Tonnen Fisch pro Stunde ins Innere der Fabrik drücken. Doch an diesem Tag stehen die Anlagen still. Reglos wie die vergilbten Lamellen in der traditionellen Fabrik von Aichetou Meiled, Minetou Matallah und Beita Salek. Salem führt weiter, vorbei an Laufbändern und Kesseln, den Abfüllanlagen für das Fischmehl. Keine der Anlagen läuft. Auch Salem wartet vergeblich auf Fisch.

Der amtierende Minister für Fischerei und Maritime Wirtschaft, Mohamed Abidine Mayif, habe nach seinem Amtsantritt versprochen, die Moka-Industrie zurechtzustutzen, sagt Salem. Es gebe neue Auflagen. So müssten Mokas nun auch Kühlanlagen für Frischfisch betreiben, nur die Abfälle dürften gepresst werden. Der Minister verbietet bestimmte Fischsorten für die Mehlproduktion und wird Obergrenzen für die Moka-Fabriken einführen. Gerade, so sagt es Salem, setze sich also mal wieder die traditionelle Fischindustrie durch. Doch wie kann das sein? Schließlich klagen alle über zu wenig – Meiled, Matallah, Salek, aber auch Salem. Hat die Industrie die Bestände schon zu heftig geplündert?

Laut der Ernährungs- und Landwirtschaftsorganisation der Vereinten Nationen (FAO) sind die meisten Arten nicht in Gefahr, doch bestimmte Spezies schon. Vor allem die Goldsardine und der Bonga, beides Fische, die dem Hering verwandt sind, beides Arten, die normalerweise riesige Schwärme bilden und als besonders geeignet für die Mehlproduktion gelten[246]. Nach Angaben eines Mitarbeiters des mauretanischen Instituts für Fischereiforschung ist die Lage in Wirklichkeit aber viel schlimmer. »Die meisten Arten in mauretanischen Gewässern sind überfischt«, sagt er. Seinen Namen will der Mann nicht preisgeben. Er fürchtet Repressionen.

Der verantwortliche Minister für Fischerei äußert sich nicht zur Lage. Sein Haus macht nur deutlich, welches Verständnis von Pressefreiheit in der Regierung Mauretaniens herrscht. Wer in Mauretanien zur Fischerei recherchieren will, muss ein Dokument mit Regeln der Berichterstattung unterschreiben. Verboten sind Recherchen, die den »moralischen und ökonomischen Interessen« des mauretanischen Volkes schaden. Was das genau heißt, ist nicht näher spezifiziert.

Svenja Schulze trifft ein paar Monate später bei ihrem Besuch in Mauretanien auch den amtierenden Fischereiminister. Er begleitet sie am Strand von Nouakchott. Es wäre eine Gelegenheit für die Entwicklungsministerin und Präsidentin der Sahel-Allianz, um nachzufragen.

In verschiedenen Papieren hat schließlich auch die EU die Fischmehl-Industrie kritisiert und vor dem Verlust wertvoller Spezies gewarnt. Es brauche ein »nachhaltiges Management« der Bestände, hieß es da. Doch es entstehen keine Bilder von Schulze und ihrem mauretanischen Kollegen, in denen sie diesen Punkt anspricht. Wohl aus gutem Grund.

Im Sommer 2022 hat die EU den größten Fischereivertrag geschlossen, den sie bis dahin in ihrer Geschichte je mit einem Drittstaat verhandelt hat. Es ist ein Vertrag mit Mauretanien. Sonderlich besorgt um die Bestände scheint Brüssel angesichts der Menge an Fisch, die Europa nun zusätzlich zu den Fangflotten aus der Türkei und China aus dem Wasser holen darf, nicht zu sein. Schiffe im Auftrag europäischer Staaten, darunter Deutschlands, dürfen seither jedes Jahr 290.000 Tonnen Fisch aus den Meeren vor Mauretaniens Küste zerren. Als Kompensation für diesen Zugang bekommt Nouakchott knapp 60 Millionen Euro pro Jahr. Weitere rund drei Millionen Euro sind pro Jahr für die Unterstützung des lokalen Fischereisektors vorgesehen[247].

Zwei Jahre später, im Sommer 2024, schlüpfen Aichetou Meiled, Minetou Matallah und Beita Salek immer noch jeden Tag in ihre etwas zu großen Blaumänner und stülpen ihre weißen Gummistiefel über. Sie haben ihren Job nicht verloren, doch sie warten immer noch oft vergeblich auf Fisch. »Es hat sich nichts verändert«, sagen sie.

Vielleicht ist die Lage sogar noch schlimmer geworden. Studien deuten an, dass insbesondere die Bestände der Goldsardinen immer weiter schrumpfen[248]. Auch die Lage auf den Märkten ist ein Indikator dafür: Der Preis für ein Kilo Sardinellen ist einer weiteren Studie zufolge in den vergangenen Jahren von 25 Cent auf 1,50 Euro gestiegen[249].

Von den Millionen von Euro, mit denen die EU den mauretanischen Fischereisektor unterstützen wollte, ist bei den drei Freundinnen, bei Meiled, Matallah und Salek, noch nichts angekommen.

TRÄUME

Auf einem Tisch thront, von Plexiglasscheiben geschützt, eine Miniaturlandschaft. Fein zurecht geschnitzte Bäumchen, dazwischen Lagerhallen, Container und Produktionsanlagen. Straßen und Wege ziehen sich durch diese Landschaft aus Styropor und Pappe. Das Modell zeigt die Glo-Djigbé Industrial Zone, eine Sonderwirtschaftszone in Benin, einem Staat am Golf von Guinea. Ein Vorzeigeprojekt.

Vor der Miniatur steht der beninische Finanzminister Romuald Wadagni. Ein smarter Mitvierziger. Grauer Anzug, Brille mit dickem schwarzen Rahmen. Neben ihm die deutsche Entwicklungsministerin: Svenja Schulze. Sie hat ihr blondes Haar zum Zopf gebunden, trägt einen roten Hosenanzug. Ein hochrangiges Treffen, eine Möglichkeit, die deutsch-beninische Zusammenarbeit zu zelebrieren. Sie vielleicht gar auszubauen, auf eine neue Ebene zu hieven.

Benin ist wie Mauretanien ein neuer Schwerpunkt in Deutschlands Westafrika-Politik. Das Land kann ein »kontinuierliches Wirtschaftswachstum« vorweisen, einen »ambitionierten Reformkurs«[250]. Es gilt als stabile Demokratie mit guten Beziehungen nach Europa. Zugleich liegt auch Benin am Rande des Putsch-Gürtels, grenzt im Norden an Burkina Faso und Niger. Die Bundesregierung weitet ihr Engagement in einer ganzen Reihe dieser Anrainer-Staaten aus[251]. Dabei ist nach dem Scheitern der Bundeswehr in Mali vor allem Entwicklung die Losung, Chancen für junge Menschen, Wachstum.

Wadagni, der beninische Finanzminister, schwärmt von der Textilverarbeitung in der Sonderwirtschaftszone. In der wird nun von der Bearbeitung roher Baumwolle bis hin zum fertigen Stoff alles an einem Ort produziert. Schon jetzt gibt es dort 10.000 Jobs, bis zum Ende des Jahrzehnts sollen es bis zu 300.000 sein. Schulze nickt.

Eigentlich ist Glo-Djigbé kein Projekt der deutsch-beninischen Kooperation. Die Regierung Benins hat darauf bestanden, dass Schulze es in ihren prallen Terminkalender presst, obwohl sie kaum zwei Tage für ihren Benin-Besuch eingeplant hatte. Glo-Djigbé ist ein Joint Venture mit beninischem, mauretanischem und singapurischem Anteil. Mehr als 30 Unternehmen haben bereits Verträge für Geschäfte mit dem Projekt abgeschlossen. Nur noch keines aus Deutschland. Die Regierung Benins sendet eine klare Botschaft: Hier geht es nicht mehr nur um deutsche Entwicklungszusammenarbeit, sondern auch um Investitionen von deutschen Unternehmen. Es geht also um eine Erfolgsgeschichte.

Schulze hört Wadangni konzentriert zu. Sie nickt und nickt und nickt.

Nicht weit von der Sonderwirtschaftszone entfernt, im Konferenzraum eines Hotels, sitzt ein Mann am Kopf einer langen Tafel. Er hat kurzgeschorenes Haar, trägt eine feine Brille und ein schlichtes traditionelles Gewand. Der Mann heißt Expédit Ologou, er ist lange Journalist gewesen und lehrt an der Universität Politikwissenschaften. Europa sei im Begriff, in Benin dieselben Fehler zu begehen wie in Mali, Burkina Faso und Niger, sagt er. Auch der Präsident Benins, Patrice Talon, handle nicht im Interesse seiner Bürger. Er sei vor allem an einem interessiert: Geld.

Talon ist einer der reichsten Menschen auf dem afrikanischen Kontinent. Sein Spitzname: »Baumwoll-König«. Talons Regierung besteht zu einem großen Teil aus Wirtschafts- und Finanztechnokraten, die im Westen ausgebildet und in den großen internationalen Organisationen geprägt worden sind. Talon und sein Team glauben, dass allein die Wirtschaft das Land voranbringen kann. Er ist gewissermaßen ein Neoliberaler alter Schule. Im besten Fall. Talon ist bereit, seinem Wirtschaftskurs fast alles unterzuordnen. Auch die Sicherheit von Menschen, davon ist zumindest der Politologe Ologou überzeugt.

Der Terror aus dem Norden, aus den Nachbarländern Burkina Faso und Niger, ist schon wiederholt über die Grenze nach Benin gekommen. Es gab Anschläge, Tote[252]. Die beninische Regierung setzt der Gefahr ein beachtliches militärisches Aufgebot entgegen, mehrere Tausend Soldaten an der Grenze[253]. Noch, so scheint es, verhindert das Militär eine Eskalation[254]. Doch dass es so bleibt, ist nicht sicher. Ologou sagt, die Regierung Benins rede die Gefahr klein. Sie drangsaliere Journalisten und behaupte, dass die Lage im Norden des Landes besser sei, als sie es tatsächlich ist. Es geht darum, potenzielle Investoren nicht zu verschrecken und den für das Land so wichtigen Tourismus nicht zu bremsen.

»In Benin sterben Menschen durch eine neokoloniale Diktatur«, sagt Ologou. »Und ihr unterstützt sie.«

Nicht nur die Sicherheit seiner Bürgerinnen und Bürger, auch die Demokratie opfere Talon dem Profit, erklärt der Experte. »Wir beobachten eine Entdemokratisierung Benins«, sagt Ologou. Der Bundesregierung ist das bekannt. Auf der Internetseite von Schulzes Ministerium ist von »Einschränkungen der Pressefreiheit, der demokratischen Freiheiten und der Gewaltenteilung« die Rede[255]. Trotzdem ist Talon der zentrale Ansprechpartner Berlins.

Europa, warnt Ologou, könnte mit seiner Zusammenarbeit mit Talon am Ende wie im Sahel wieder auf der falschen Seite stehen. »Ihr müsst aufrichtig sein.«

Dann fängt auch der Journalist und Politikwissenschaftler an, die Putschisten im Sahel zu preisen. »Wir beobachten da gerade, wie Geschichte geschrieben wird«, sagt er. »Wir werden Zeuge eines weiteren Sieges auf dem Weg hin zur Unabhängigkeit.« Dass ein schwarzer Führer Nein sagt zu Frankreich, das sei etwas, wovon die Menschen in der Region in ferner Zukunft ihren Enkelkindern erzählen würden. »Wir sind gegen Diktaturen«, versichert Ologou. Aber, fügt er hinzu, auch die Bevölkerung Benins würde einen Putsch wie in den anderen Sahel-Staaten unterstützen.

Entwicklungsministerin Schulze nickt weiter ihrem beninischen Kollegen zu. Der hat gerade erklärt, dass die Sonderwirtschaftszone auch ein Gewinn für das Klima sei. Der CO_2-Fußabdruck sei nun viel besser, weil rohe beninische Baumwolle für die Bearbeitung nicht erst nach Bangladesch geschickt werden müsse und dann nach Europa. Das Treffen wirkt harmonisch, von gegenseitigem Verständnis geprägt.

Auch beim Blick auf die Webseite der deutschen Botschaft in Cotonou, der Hauptstadt Benins, sieht alles nach einer Erfolgsgeschichte aus. Da ist davon die Rede, dass die Bundesrepublik seit 1960 »entwicklungspolitisch aktiv« sei in dem Land. Seit seiner Unabhängigkeitserklärung also. »Das Gesamtvolumen des laufenden Portfolios beträgt rund 450 Millionen Euro«, heißt es da. »Regierungsverhandlungen finden alle zwei Jahre statt.« Benin sei »im besonderen Interesse der deutschen Entwicklungszusammenarbeit.«[256] Beste Beziehungen.

Allerdings wäre Benin nicht das erste Land, bei dem die Bundesregierung sich damit zufriedengibt, wenn alle paar

Jahre mal gewählt wird. »Elektoralismus« heißt der abschätzige Begriff dafür. Dadurch macht die Bundesregierung laut der Vereinigung für Afrikawissenschaften in Deutschland (VAD) viel kaputt. Vor allem im Sahel. Das Experten-Gremium bildete 2020 einen Ausschuss für die Region, weil es dem Scheitern der deutschen Afrikapolitik nicht wortlos beiwohnen wollte. Die Vereinigung kritisiert die Bundesregierung seither immer wieder mit Positionspapieren. In einem heißt es: »Die Bundesregierung muss anerkennen, dass die Zentralregierungen im Sahel nicht mehr die ersten Ansprechpartner sein können ... Die herrschenden Regime können sich nur auf eine partielle oder gar keine demokratische Legitimation berufen; sie sind durch Handlungsschwäche, Korruption und Repression selbst Teil des Problems.«[257] Es sind Worte aus einer Zeit, in der noch nicht von einer Putschserie die Rede sein konnte. Schon 2021 forderten die Experten eine doppelte Umkehr in der Afrika-Politik. Erstens: Der Fokus auf das Militärische müsse durch einen Fokus auf das Zivile ersetzt werden. Zweitens: Die Zusammenarbeit müsse viel stärker mit lokalen, nicht mit den zentralen Akteuren in den Staaten erfolgen[258]. Doch Berlin änderte wenig. Es waren die Sahel-Staaten, die anfingen, die Dinge zu ändern. Mit dem Rauswurf der Minusma und dem Sturz der fragwürdigen Präsidenten.

Der Journalist Ologou befürchtet, dass es in Benin genauso kommen könnte. Freiwillig, dieses Risiko sieht er, wird Berlin kaum einen echten Politikwechsel vollziehen, zumindest nicht, wenn es um die Entwicklungszusammenarbeit geht.

»Ich habe einen Traum«, sagt Ologou. »Ich habe den Traum, dass die Entwicklungszusammenarbeit eingestellt wird.« Die sei vor allem ein Mittel des Westens, um weiterhin die Kontrolle über die Staaten Afrikas zu behalten, sagt Ologou. Eine These, die nicht neu ist. Sie wird wissenschaftlich seit den 1990er-Jahren diskutiert. Entwicklungszusammenarbeit als Herrschaftsinstrument[259]. Der Westen, so heißt es dann, hat die Einparteiensysteme in Afrika durch Systeme mit nur einer Agenda ersetzt. Der Agenda der Geldgeber.[260] Und am Ende, so die Theorie, schreiben die Geber den nehmenden Regierungen nicht nur vor, wie sie regieren sollen, sie drängen ihnen auch noch ihre Definition von »entwickelt« und »unterentwickelt« auf. Immer wieder an den Bedürfnissen der Bevölkerung vorbei.

Allzu oft fördert die Entwicklungspolitik Männer, die auch Deutschland als »bewährte Partner« sicher an seiner Seite weiß. Doch sind es Männer, die nicht dazu beitragen, dass sich ihre Staaten tatsächlich entwickeln. Der Autor und Aktivist Thomas Borrel verweist auf Schätzungen, nach denen 2010 rund 100 Milliarden US-Dollar an Entwicklungszusammenarbeit von Nord nach Süd geflossen seien. Zugleich stellt er fest, dass sich 1.000 Milliarden US-Dollar in entgegengesetzte Richtung bewegt hätten – durch Steuerflucht und in der internen Buchhaltung multinationaler Unternehmen. Mechanismen, die sich auch 2020 nicht grundlegend geändert hätten[261].

Entwicklungszusammenarbeit habe nie funktioniert, sagt Ologou. Die einzige Ausnahme sei der Wiederaufbau Europas mit dem Marshall-Plan gewesen. Tatsächlich ist die Bilanz der Entwicklungszusammenarbeit bestenfalls durchwachsen. Nicht nur der deutschen, sondern global. Nach dem Zweiten Weltkrieg päppelten die USA mit dem Marshall-Plan Europa wieder auf. Zwischen 1948 und 1952 stellte Washington Kredite bereit, lieferte Rohstoffe, Waren und Lebensmittel. Insgesamt flossen mehr als zwölf Milliarden Dollar, davon 1,5 Milliarden an Westdeutschland[262]. Mit Erfolg.

Das Credo westlicher Entwicklungszusammenarbeit war in jenen Tagen, dass es bloß Kapital und technisches Knowhow brauche, um Infrastruktur aufzubauen und Länder zu industrialisieren. Experten glaubten, mit diesem Instrumentarium ließe sich die weltweite Armut binnen einer Dekade bekämpfen[263]. Doch schnell stellte sich heraus: Die Art, wie sich die USA und Europa entwickelt haben, lässt sich nicht einfach auf den Rest der Welt übertragen. Die Experten unterschlugen, dass für die Industrialisierung der USA und Europa auch die Ausbeutung anderer Staaten ein entscheidender Faktor war, die Sklaverei und die Kolonialpolitik als ein Teil davon[264].

In den Dekaden, die darauf folgten, erfand sich die Entwicklungszusammenarbeit mit neuen Paradigmen immer wieder neu.

In den 1970er-Jahren war in Teilen der Gemeinschaft der Entwicklungshelferinnen und Entwicklungshelfer vor allem im globalen Süden, eine Theorie äußerst beliebt, die für die Armut der einen den Reichtum der anderen verantwortlich machte. Weil Europa und die USA die wirtschaftlichen und politischen Machtzentren der Welt seien, so diese Theorie, hätten andere Staaten schlicht keine Chance[265]. Solange dieses Ungleichgewicht nicht behoben werde, könne es keinen richtigen Fortschritt geben. Doch spätestens seit den 1980er-Jahren gilt diese Theorie als widerlegt. Schließlich gelang es Staaten in Asien, den sogenannten kleinen Tigern wie Taiwan und Südkorea, trotz dieser Weltordnung den Wohlstand in ihren Ländern erheblich zu vergrößern[266].

Danach dominierte ein neoliberaler Ansatz die Debatte. Das Motto: Der Staat als zentraler Akteur in der Wirtschaft hat in den Entwicklungsländern versagt. Deshalb setzten Europa und die USA fortan darauf, dem globalen Süden Strukturanpassungsprogramme aufzuzwingen – ein vom

Westen als das einzig wahre Modell erachtetes Regelwerk. Es wurde vor allem durch den Internationalen Währungsfonds und die Weltbank kontrolliert. Den richtigen Rahmen vorausgesetzt, so dieser Ansatz, würde das Geschick privater Unternehmer den Rest erledigen. Staatsbetriebe wurden privatisiert, die Bürokratie aufs Nötigste zurechtgestutzt, Subventionen abgebaut[267]. Doch auch dieser Versuch scheiterte. Der Markt löste die Probleme nicht. Zumindest nicht in Afrika. Und schon gar nicht im Westen des Kontinents. Selbst in Benin nicht, wo einer der reichsten Geschäftsmänner des Kontinents das Land mit einem neoliberalen Kurs führt.

Benin gehört zwar zu den robustesten Ökonomien der Region. Doch das Land kann nur ein Bruttoinlandsprodukt von knapp 20 Milliarden US-Dollar[268] ausweisen. Das ist ungefähr die Hälfte des Bruttoinlandsproduktes des Saarlandes[269]. Nur leben in Benin 13 Millionen Menschen, nicht eine Million wie im Saarland.

Ministerin Schulze schaut sich die Glo-Djigbé Industrial Zone zwar gern an, nur deutsche Unternehmer hat sie nicht mitgebracht. Wirtschaftsminister Robert Habeck von den Grünen, der ohnehin eher dafür zuständig gewesen wäre als Schulze, ist gar nicht erst angereist. Er war noch nie auf Staatsbesuch in Westafrika. Für deutsche Unternehmen, denen es so gut geht, dass sie keine größeren Risiken eingehen müssen, sind die meisten Länder der Region für Investitionen nicht interessant genug – trotz eines halben Jahrhunderts Entwicklungszusammenarbeit.

Die Entwicklungspolitik ist in Afrika weitgehend gescheitert, so sieht es zumindest aus. Doch vielleicht sind die Erwartungen an sie, gemessen an ihren Möglichkeiten, einfach zu groß. Seit der Mitte des vergangenen Jahrhunderts wurden global mehr als 2,5 Billionen US-Dollar in die

Entwicklungszusammenarbeit investiert.[270] Das klingt nach einer gigantischen Summe. Aber was Jahr für Jahr weltweit ausgegeben wurde, entspricht in etwa der Summe, die nach der Wiedervereinigung in Deutschland jedes Jahr für den Aufbau der ehemaligen DDR investiert wurde[271]. Und selbst dort sind die Lebensbedingungen heute nicht gleichwertig mit denen im Westen[272].

Tatsächlich steht weltweit nicht mal ansatzweise genug Geld für die humanitäre Hilfe zur Verfügung, also nur für die Reaktion auf akute Krisen, um Menschen mit Notrationen vor dem Verhungern zu retten. Für das Welternährungsprogramm der Vereinten Nationen war das Jahr 2023 ein Jahr »beispielloser Kürzungen bei den Lebensmittelrationen«. 68 Prozent der Gelder, die von der Agentur für die Menschen in größter Not gebraucht worden wären, stellten die Geberländer nicht bereit[273].

Sind Entwicklungszusammenarbeit und humanitäre Hilfe am Ende im besten Fall ein wohlgemeinter Versuch, das Leid, so gut es eben geht, zu lindern? Und im schlimmsten Fall ein Alibi für die globale Ausbeutung anderer Staaten? Vielleicht gar ein Instrument, um die »unterentwickelten« Nationen im Griff zu behalten?

Auf dem afrikanischen Kontinent gibt es Kritiker und Befürworter des Instruments. Die Länder, in denen geputscht wurde, gehören offenbar zu den Kritikern der Entwicklungszusammenarbeit. Zumindest in ihrer jetzigen Form. Sie sind offen für Unterstützung, aber nicht für Bedingungen, die daran geknüpft sind. Die neuen Herrscher im Sahel wollen sich nicht von Hilfe aus Europa abhängig machen. Auch nicht, wenn sie aus Deutschland kommt.

Vor ihrem Besuch in Benin war Ministerin Schulze in Burkina Faso. Als erste europäische Ministerin traf sie dort Vertreter der Junta. Und sie nutzte die Gelegenheit, um dem Außenminister des Landes, Karamoko Jean Marie Traoré, zu erklären, dass Deutschland die bilaterale Entwicklungszusammenarbeit erst wieder anlaufen lassen würde, wenn es Schritte hin zu einer Rückkehr zur Demokratie gebe. Einerseits umgarnte sie die Militärs durch ihren Besuch. Zugleich machte sie klar, welche Bedingungen Deutschland stellt, wenn wieder Geld fließen soll. Die Junta ließ Schulze abblitzen. Außenminister Traoré sagte, eine bessere Sicherheitslage sei Voraussetzung dafür, dass man überhaupt ernsthaft über Wahlen sprechen könnte. Dann redete er den Dissens äußerst diplomatisch klein. Von Meinungsverschiedenheiten könne keine Rede sein. »Ich würde eher sagen: Es geht um Nuancen«, so Traoré. »Russland ist ein Partner, der unsere Entscheidungen respektiert und unsere Bedürfnisse anerkennt«, fügte er dann noch hinzu. »Es geht darum, dass Angebot und Nachfrage zueinander finden.«

Burkina Fasos Präsident, Putschführer Ibrahim Traoré, sparte sich diplomatische Kapriolen. Als wären die vergangenen Jahrzehnte deutsch-burkinischer Entwicklungszusammenarbeit ein schlechtes Date gewesen, ghostete er die Ministerin, während sie im Land war. Seine Regierung stellte Schulze zunächst ein Treffen mit dem Staatschef in Aussicht. Im Programm der Reise der Ministerin stand tagelang »tbc«, to be confirmed. Noch zu bestätigen also. Doch die Junta bestätigte nichts. Traoré sagte der Deutschen bis zu ihrer Weiterreise nach Benin nicht mal ab.

Vor der Miniaturlandschaft der Glo-Djigbé Industrial Zone schwärmt der beninische Finanzminister Wadagni noch immer über das Projekt. »Früher mussten wir den Stoff für die Uniform unserer Sicherheitskräfte importieren. Jetzt stellen wir ihn hier selbst her«, sagt Wadagni. »Die Armeen einiger unserer Nachbarländer haben uns bereits kontaktiert und gefragt, ob wir nicht auch ihre Uniformen herstellen können.«

Schulze guckt irritiert. Es ist ein Moment, in dem die erwartbare Dramaturgie dieses Besuchs ins Wanken gerät. Uniformen für die Nachbarländer Benins: für Burkina Faso und Niger? Die Putsch-Staaten?

Während der Finanzminister von der heiß laufenden Produktion der Kampfanzüge erzählt, krempelt Schulze vorsichtig den Ärmel ihres roten Blazers hoch. Sie schielt auf ihre Uhr, so unauffällig wie möglich. Doch der Termin hat gerade erst richtig angefangen.

Wadagni führt Schulze aus dem Raum mit der Glo-Djigbé-Miniatur hinaus in die echte Sonderwirtschaftszone. Das Ziel: die Hallen, in denen Baumwolle verarbeitet wird, wo es Sortierstationen und Schneidereien gibt. Ein Dutzend Fotografen und Kameraleute stolpert vor dem Minister-Duo herum, um jede Szene des Besuchs festzuhalten. Wadagni spaziert mit Schulze an den Bänken von Näherinnen und Nähern vorbei. Eine lange Reihe von Arbeitsplätzen nach der anderen. In einer der ersten hantieren sie mit pinken Stoffen, dann mit braunen. Plötzlich biegen Wadagni und Schulze links ab. Gerade noch rechtzeitig. Schon in der nächsten Reihe kauern Beninerinnen und Beniner über Nähmaschinen, unter denen die tarnfarbenen Uniformen ihrer Soldaten liegen. Oder vielleicht der Soldaten der Junten in Niger und Burkina Faso? An einer Bank faltet ein junger Mann wie in Zeitlupe die Kampfhosen für die Front.

Da Wadagni und Schulze rechtzeitig abbiegen, entstehen keine Fotos der beiden vor diesem Hintergrund, keine Bilder, die in Deutschland die Frage aufwerfen könnten, was die Entwicklungsministerin da eigentlich macht im fernen Benin.

Als Schulze die Hallen verlässt, glüht ihr Gesicht. Es ist heiß, und das Tempo, das sie beim Spaziergang durch die Sonderwirtschaftszone einlegen muss, ist hoch. Es ist ja nicht viel Zeit bei diesem Besuch.

Angesprochen auf die Uniformen, sagt Schulze: »Im ersten Moment hab ich gestutzt. Aber dann hab ich gedacht: Bevor sie es nach China schicken, ist es doch besser, dass die Wertschöpfung hier ist.« Schulze fügt hinzu: »Benin braucht das Militär.« Ministerin Schulze springt in eine der Limousinen ihres Konvois. Die Zeit drängt. Der nächste Termin steht an. Das Treffen mit Präsident Patrice Talon, dem Baumwollkönig. Es ist eine Begegnung unter Ausschluss der Öffentlichkeit.

Zwei Wochen nach ihrer Reise steht Entwicklungsministerin Schulze auf einer Bühne in Berlin. Die Friedrich-Ebert-Stiftung hat zu einer Veranstaltung mit einigen der wichtigsten Entscheidungsträgern aus Politik und Wissenschaft geladen: »Vernetzte Sicherheit in der Sahel-Region: Wie kann es weitergehen?«, so der Titel. Und plötzlich wirkt es so, als hätten die Erfahrungen der vergangenen Wochen und Monate tatsächlich Spuren hinterlassen, als sei da etwas im Gange. »Unsere Partnerinnen und Partner haben das besserwisserische, koloniale Gehabe westlicher Staaten satt«, sagt Schulze. »Gefragt ist deutlich weniger Zeigefinger und mehr ausgestreckte Hand.« Schulze redet über »ehrlichere Kommunikation« und spricht aus, was viele Afrikanerinnen und Afrikaner, Leute wie der Journalist und Politikwissenschaftler Expédit Ologou, längst wissen: dass Deutschland kein selbstloser Wohltäter ist. »Wir brauchen verlässliche Partnerschaften in der Welt, weil Deutschland jeden zweiten Euro mit dem Export verdient«, sagt sie. »Wir in Deutschland haben ein Interesse daran, relevante

Player im internationalen Gefüge zu bleiben.« Es gehe auch um Energie- und Migrationspolitik, um Lieferketten – vom Kaffee bis hin zu seltenen Rohstoffen für den Bau von Elektroautos.

Welten liegen zwischen diesem Auftritt und ihrem Besuch in Mauretanien, wo sie noch deutsche Wohltaten anpries, während Fischer aus Europa die Bestände vor der Küste des Landes plünderten.

Schulze ist nicht die einzige deutsche Spitzenpolitikerin, die bei der Veranstaltung neue Töne anstimmt. Auch Verteidigungsminister Boris Pistorius ist zur Friedrich-Ebert-Stiftung gekommen. Er spricht über das Bedürfnis vieler Afrikanerinnen und Afrikaner nach »nationaler Souveränität«, darüber, dass sie nicht mehr von außen gesagt bekommen wollten, nach welchen Regeln und Prinzipien sie ihr Land zu regieren hätten. Und er spricht über das fragwürdige Demokratie-Verständnis, das Europa oft angelegt habe, wenn es um den Nachbarkontinent ging. »Schwarz-Weiß-Denken hilft nicht weiter«, sagt der SPD-Politiker. Der afrikanische Kontinent lasse sich nicht aufteilen in Demokratien einerseits und Autokratien andererseits. Es gebe Unmengen an Grautönen.

Schulze und Pistorius plädieren beide nicht nur dafür, mit den Putschisten in Mali, Burkina Faso und Niger im Gespräch zu bleiben. Pistorius spricht sich gar dafür aus, die Beziehungen zu intensivieren. Dort, wo die Länder »mit Deutschland auf Augenhöhe zusammenarbeiten wollen«, sagt er, müsste die Bundesrepublik die Kapazitäten erweitern. »Ja, Sie haben richtig gehört«, versichert er: »Kapazitäten erweitern.« Freie und demokratische Wahlen dürften nicht die Grundvoraussetzung für deutsches Engagement sein.

Es sind Worte, die vor ein paar Jahren, vielleicht sogar

vor ein paar Monaten noch unvorstellbar gewesen wären bei deutschen Ministerinnen und Ministern.

Folgen den Worten auch Taten? Und wenn ja: Kommen sie noch rechtzeitig, um den Bruch mit den Menschen im Sahel zu verhindern?

GENERÄLE AN DER MACHT

Ein Jahr nachdem Demonstranten in Niger Emmanuel und Brigitte Macron symbolisch hingerichtet haben, nachdem Tausende Menschen auf den Straßen Niameys »À bas la France« geschrien haben, hat sich die Lage im Sahel grundlegend verändert.

Paris hat eingesehen, dass es für Frankreich auf absehbare Zeit in der Region nichts mehr zu gewinnen gibt. Die Grande Nation hat hingenommen, dass ihr »pré carré«, ihre Einflusssphäre, geschrumpft ist. Frankreich hat sich auf praktisch allen Ebenen zurückgezogen und macht Kennern der Diplomatie zufolge keine Anstalten mehr, Einfluss zu nehmen. Einige Beobachter glauben jedoch, dass es sich um einen strategischen Rückzug handelt. Dass Paris nur auf den richtigen Moment wartet, um zurückkehren zu können: ein Scheitern der Junten.

Der französische Rückzug war auch nicht vollständig. Im Tschad, Senegal und Mauretanien blieben französische Soldaten stationiert, selbst wenn sich dort und im Sahel-Anrainer-Staat Elfenbeinküste im Sommer 2024 eine Truppenreduktion abzeichnete[274].

Die deutsche Regierung versucht ein Jahr nach dem Putsch in Niger, sich von der französischen Afrika-Politik zu emanzipieren. Nachdem sie jahrzehntelang dem Kurs von Paris gefolgt ist, setzt sie immer mehr eigene Akzente.

Verteidigungsminister Pistorius sprach nicht nur darüber, dass er im Sahel engagiert bleiben wolle, er handelte auch. Schon kurz nach dem Coup in Niger bot er der Junta an, militärische Kooperationsprojekte fortzusetzen, darunter den Bau eines Militärkrankenhauses. Dann ließ er Verhandlungen über die deutsche Basis in dem Land führen. Ende Mai 2024 vermeldete er einen Durchbruch: Deutschland dürfe den Lufttransportstützpunkt am Flughafen in Niamey weiter betreiben, hieß es. Auch Entwicklungsministerin Schulze blieb dran – »mehr ausgestreckte Hand, weniger erhobener Zeigefinger«. Sie ließ sich für ein weiteres Jahr als Präsidentin der Sahel-Allianz, dem Zusammenschluss der internationalen Geber, bestätigen und kündigte an, weitere 60 Millionen Euro für die Region zu mobilisieren, um die Schulbildung zu fördern.

Doch schon länger durchzog ein Riss die Bundesregierung, wenn es um das Engagement im Zentrum der Sahelzone ging. Das Auswärtige Amt wollte von Anfang an um keinen Preis den Eindruck erwecken, dass die Bundesrepublik die Putschisten als legitime Regierungen anerkennt. Vielleicht, so wird in Berlin gemutmaßt, ging es auch darum, den wichtigsten Partner in Europa nicht zu verprellen: Frankreich. Ein Verbündeter, der in anderen Krisen äußerst wichtig ist, in Nahost, in der Ukraine. Das Auswärtige Amt setzte sich zunächst gegen das Verteidigungs- und Entwicklungsministerium durch.

Verteidigungsminister Pistorius, der eigentlich die »Kapazitäten« im Zentrum der Sahelzone erweitern wollte und sagte, dass sich der afrikanische Kontinent nicht aufteilen lasse in Demokratien einerseits und Autokratien andererseits, ließ im Juli 2024 mitteilen: »Die Bundesregierung hat Ende der Woche beschlossen, den Stützpunkt Niamey über den 31. August 2024 hinaus nicht weiter zu betreiben und Soldatinnen und Soldaten nach Deutschland bis zum 31. August geordnet zurückzuverlegen. Auch die vom Bundesministerium der Verteidigung und Auswärtigen Amt gemeinsam verantwortete militärische Kooperation beziehungsweise Ertüchtigungsprojekte werden nicht weiterverfolgt.«

Der Grund: Die Junta in Niamey hatte Bedingungen für den weiteren Betrieb des deutschen Lufttransportstützpunktes in Niger gestellt. »Von einer Partnerschaft auf Augenhöhe war in dem achtseitigen Dokument die Rede, inklusive Ideen für die Ausbildung nigrischer Soldaten durch die Bundeswehr oder gar Waffenlieferungen an die Streitkräfte der Junta«, so schilderte es der »Spiegel«, der Einsicht in das Papier hatte[275]. Abgesehen von den Waffenlieferungen waren das eigentlich Punkte, die im Sinne von Pistorius gewesen sein könnten. Doch wollten die Militärs in Niamey den stationierten deutschen Soldatinnen und Soldaten keine Immunität zusichern. Ein Punkt, der wohl auch für Pistorius nicht akzeptabel war.

Mitte Juli 2024 setzte Außenministerin Annalena Baerbock noch ein Zeichen, dass von Deutschland keine grundlegend neue Afrika-Politik zu erwarten war – trotz der Erfahrungen in Mali, Burkina Faso und Niger. Die Grünen-Politikerin besuchte die Elfenbeinküste. Dort traf sie den amtierenden Präsidenten Alassane Ouattara, der für Baerbock seinen Urlaub unterbrach und sie höchst erfreut in seiner privaten Residenz empfing. Während ihres öffentlichen Statements witzelten Baerbock und Ouattara über Sport. »Eine starke Performance zeigte Côte Ivoire nicht nur im Fußball. Nach jahrelangem Bürgerkrieg haben die Ivorer eine stabile Demokratie aufgebaut«, sagte dann die deutsche Ministerin. »Wir sind dankbar in so stürmischen Zeiten, gerade auch im Lichte des russischen Angriffskriegs, einen Freund und Partner für internationale regelbasierte Ordnung an unserer Seite zu haben.« Eine Szene, die vielen

Bewohnerinnen und Bewohnern der Elfenbeinküste skurril vorgekommen sein muss. Ouattara regiert das Land seit 2011. 2020 holte er sich eine dritte Amtszeit. Obwohl die Verfassung des Landes ursprünglich nur zwei Amtszeiten vorgesehen hat. Und ausgerechnet in den Tagen vor Baerbocks Besuch häuften sich die Meldungen, dass Ouattara sich auch noch eine vierte Amtszeit nehmen wolle.

Die Nachrichtenagentur Bloomberg kommentierte: »Alassane Ouattaras Versuch, sich eine vierte Amtszeit zu sichern, gefährdet die schwer erkämpfte politische Stabilität in der größten Wirtschaft des frankophonen Afrikas.«[276] Ouattara, ein weiterer jener Fassaden-Demokraten in Afrika? Noch einer, der auf den Rückhalt Berlins setzen kann? Bis womöglich auch er gestürzt wird?

Das offizielle Ziel der Reise der Ministerin: Wie in Mauretanien und Benin ging es darum, die Anrainer-Staaten des Putsch-Gürtels zu stützen, zu verhindern, dass sich Terror und Instabilität weiter ausbreiten. Dafür besuchte sie zudem den Senegal. Sie schoss den Junten auch über Bande zu, was Berlin nun von ihnen erwartet: »Friedlicher, demokratischer Wandel eröffnet in allen Bereichen neue Perspektiven für mehr Kooperation«, so Baerbock. »Da, wo Militärputsche in anderen Teilen der Region sie auf absehbare Zeit verstellen.«

Eine Botschaft, für die es im Zentrum der Sahelzone kaum offene Ohren gibt. Die Generäle und Offiziere der AES haben ziemlich deutlich gemacht, dass Drohungen oder Forderungen aus Paris, Berlin oder Brüssel nur dazu führen, dass sie sich noch weiter vom Westen abwenden. Die Liste radikaler Brüche ist lang. Das Ende von Minusma. Schluss mit europäischen Missionen wie Eucap-Sahel, dem Trainingsprogramm EUMPM. Das Aus für das Migrationsabkommen Nigers mit der EU. Ausstieg aus der Ecowas, der Aufbau ihrer panafrikanischen AES-Konföderation. Die Putschisten machten auch keine Schritte auf Deutschland oder andere europäische Staaten zu, um Entwicklungsgelder zu ergattern. Stattdessen die vertiefte Partnerschaft mit autokratischen Regimen: mit Putins Russland, Erdoğans Türkei und Xis China. Womöglich auch mit dem Iran im Falle Nigers.

Deutschland ist dabei, seine Möglichkeiten zu verspielen, noch Einfluss auf die Region zu nehmen. Was für Frankreich längst gilt, droht auch der Bundesrepublik: sich auf absehbare Zeit als potenzieller Partner zu disqualifizieren. Denn eine Rückkehr zum Zustand vor der Serie der Coups d'État ist im Sahel weder gewollt noch zu erwarten.

Ein Jahr nach dem Putsch in Niger verfestigen die Putschisten im Zentrum der Sahelzone ihre Macht. Nigers Junta-Chef Tchiani hat eine Reihe von Maßnahmen eingeleitet, die vor allem seine eigene Stellung sichern. Die vielleicht wichtigste dieser Maßnahmen: Er hält den gestürzten Präsidenten Bazoum praktisch als Geisel. Im Januar 2024 ließ er lediglich dessen Sohn frei. Salem Bazoum verließ Niger und rettete sich ins Exil in Togo[277].

Der inhaftierte Präsident wirkt seit dem Staatsstreich wie ein Schutzschild für Tchiani. Als die Ecowas kurz nach dem Coup noch mit einer militärischen Intervention drohte, informierte die Junta das Ausland, dass sie ihn bei einem Einmarsch hinrichten würde[278]. Es kam nicht zu der Intervention. Bazoum dürfte einer von vielen Gründen dafür gewesen sein.

Die Junta will den gestürzten Präsidenten wegen Hochverrats vor Gericht stellen. Auch etliche Führungsmitglieder von Bazoums Partei PNDS ließ Tchiani einsperren. Tchiani brachte zudem andere kritische Stimmen im Land weitgehend zum Verstummen. Teile der Zivilgesellschaft sind sehr vorsichtig geworden, sich öffentlich zu Wort zu melden. Unabhängige Journalistinnen und Journalisten im Land klagen über immer schlechtere Arbeitsbedingungen.

Auch Malis Junta-Chef Goïta geht gegen die Opposition im eigenen Land vor. Anfang 2024 verbot Goïta politischen Parteien und Organisationen vorübergehend die Arbeit. Er behauptete, dass sie die »öffentliche Ordnung« gefährdeten. Tatsächlich hatten einige von ihnen vor allem ein Ende der Militärherrschaft und demokratische Wahlen gefordert.

Burkina Fasos Chef-Putschist wiederum sperrte seine politischen Gegner nicht nur weg oder verbot ihnen die Arbeit. Amnesty International zufolge ließ er einige verschwinden[279]. Im Jahr 2023 erließ seine Regierung ein Gesetz, das Zwangsrekrutierungen ermöglichte[280]. Seither machen düstere Berichte die Runde, Berichte von Mitgliedern der Zivilgesellschaft, die plötzlich in Uniformen gesteckt und an die Front im Kampf gegen Dschihadisten geschickt werden.

Dass er besonders hart gegen seine Kritiker vorgeht, hat vermutlich einen einfachen Grund: Traoré, der von vielen im Sahel als neuer Thomas Sankara gefeiert wird, sieht sich bedroht. Er fürchtet, dass ihn ein ähnliches Schicksal ereilen könnte wie sein Vorbild, ein Gegenputsch. Womöglich mit Hilfe aus dem Ausland. Angeblich wechselt Traoré regelmäßig seinen Wohnort, traut sich kaum noch auf die Straße. Wohl auch deshalb holte er sich Anfang des Jahres die russischen Soldaten ins Land. In der Telegram-Gruppe des Afrikakorps hieß es dazu: Sie seien vom Verteidigungsministerium entsandt, »um den Führer des Landes, Ibrahim Traoré, und das burkinische Volk zu beschützen«. Einige Beobachter halten Traoré für paranoid, andere für realistisch.

Im Zentrum der Sahelzone hat eine eiserne Herrschaft begonnen. In Mali und Burkina Faso haben die Soldaten den Übergang zurück zur Demokratie immer wieder verschoben. Assimi Goïta verkündete zuletzt einen Urnengang im Jahr 2027. Er schuf zudem die Grundlagen dafür, selbst als Kandidat antreten zu dürfen.

Ibrahim Traoré sagte, Wahlen hätten »keine Priorität«. Sicherheit sei wichtiger. Der Offizier verlängerte eine erste Übergangsfrist um weitere fünf Jahre. Er soll nun bis 2029 als Interimsstaatschef regieren dürfen und dann wie Goïta für die reguläre Präsidentschaft kandidieren können. In Niger, dem jüngsten Putsch-Staat, hat die Junta zunächst von einer Rückkehr zur Demokratie binnen drei Jahren gesprochen, bis 2026. Einen konkreten Zeitplan für den Übergang nannte sie nicht.

Die drei Junta-Chefs haben ihre Coups zu Beginn vor allem mit dem Versprechen einer besseren Sicherheitslage gerechtfertigt. Können sie dieses Versprechen erfüllen? Und was wird aus der Hoffnung der Menschen, dass die Herrschaft der Soldaten am Ende auch mehr Demokratie bringt? Mehr Freiheit, Wohlstand? Souveränität?

Noch ist es zu früh für eine Bilanz. Vorerst zeichnet sich eine Entwicklung ab, die zweigeteilt ist: Die Junten haben ihre Versprechen schnell erfüllt, wenn es darum ging, mit Frankreich und Europa zu brechen, sich unabhängiger zu machen von den alten Kolonialmächten. Von echter Demokratie und Rechtsstaatlichkeit blieben die Staaten des Sahel unter ihrer Ägide aber weit entfernt. Womöglich weiter denn je.

Düster wirkt die Entwicklung auch, wenn es um mehr Wohlstand geht. Für viele der einfachen Menschen sind die Zeiten hart. In Niger lag die Armutsrate laut einer Schätzung der Weltbank 2023 bei 52 Prozent. Wie die Generäle den Menschen helfen, über die Runden zu kommen: unklar[281]. In Burkina Faso geht die Weltbank davon aus, dass sich die Armutsrate von 2022 auf 2023 immerhin leicht verringert hat, auf 25,6 Prozent[282]. In Mali stieg die Rate von 15,9 Prozent im Jahr 2021 auf 19,1 Prozent ein Jahr später. Die Wirtschaft erwies sich laut Weltbank aber als überraschend widerstandsfähig gegen die harten Sanktionen[283].

Nach der Aufhebung der Sanktionen hellten sich die bitteren Analysen für die Wirtschaften der Sahel-Staaten etwas auf. Allerdings wird die Entwicklung kaum reichen, um das schnelle Bevölkerungswachstum auszugleichen. Allein in Niger geht die Weltbank davon aus, dass bis zum Jahr 2026 rund 1,9 Millionen Menschen mehr in extremer Armut leben werden[284]. Eine ökonomische Kehrtwende gelang also erstmal nicht, eher im Gegenteil.

Auch ihr zentrales Versprechen, die erhoffte Sicherheit, haben die Junten ihren Bürgern noch nicht gebracht. Im Sahel stieg die Zahl getöteter Menschen laut den Analysten von Acled seit der Machtübernahme der Soldaten. Die Organisation verzeichnete den Negativrekord von mehr als 13.000 Toten schließlich für 2023, also nach der Putschserie[285].

Sicherheitsexperten in Europa verwundert das kaum. Ausgerechnet die Putschisten machen dieselben Fehler wie Frankreich. Die Soldaten an der Macht setzen auf das, was ihnen vertraut ist: Gewalt. Sie versuchen, das Problem militärisch zu lösen.

Das vielversprechende Modell des gestürzten nigrischen Präsidenten Bazoum, Gespräche mit den bewaffneten Gruppen zu führen und die Reintegration von Kämpfern zu fördern, setzte die Junta in Niamey monatelang aus. Einstige Terroristen wie Mouhamadou Ibrahim standen vor dem Nichts. Einige dachten darüber nach, sich wieder den Terrorgruppen anzuschließen. Erst ein Jahr nach dem Putsch hieß es von Ibrahim, dass er wieder mit der Nationalgarde auf Terroristenjagd gehen würde.

In Mali suchte die Junta anfangs noch den Dialog. Doch schnell wechselte sie den Kurs, versuchte nicht nur die Islamisten, sondern auch die rebellierenden Tuareg wegzubomben. Der Kampf gegen die Ursachen des Terrors kommt auch unter der Herrschaft der Militärs zu kurz. Und es häufen sich Berichte, dass Söldner und die regulären Streitkräfte in Mali sowie die Armee in Burkina Faso selbst für immer mehr zivile Opfer die Verantwortung tragen.

Mehr Tote, größere Armut? Und wieder Herrscher, die vor allem an eines denken: ihre eigene Macht? Führt der Weg der Sahel-Staaten von der vermeintlichen Unabhängigkeit 1960 über Fassaden-Demokratien in den Jahrzehnten danach in die Militärdiktatur? Werden die Menschen im Sahel wieder betrogen?

Der bekannte Denker des Postkolonialismus, Achille Mbembe, sieht im Sahel Demokratie weichen und Freiheiten schwinden. Er sieht das Erstarken eines Phänomens, das er »Neo-Souveränismus« nennt. »Eine verarmte und verfälschte Version des Panafrikanismus.« Dabei gehe es letztlich um Macht, nicht darum, Geschichte zu schreiben. Afrika befinde sich in einem sehr langfristigen Transformationsprozess, sagt er. Einem Prozess mit vielen Umbrüchen. Mbembe pocht aber darauf, dass der Kontinent ihn selbstständig meistern müsse.[286]

Viele Menschen im Sahel beschreiten aus europäischer Sicht einen eigenwillig anmutenden Weg. Die wenigen verfügbaren Umfragen aus der Region deuten noch immer auf Rückhalt für die neuen Regime hin. Die meisten Menschen im Sahel sehen demnach die Härten, die sie durchleben müssen, als Stück des Weges hin zu einem besseren Leben, hin zu jener Unabhängigkeit, von der sie schon so lange träumen. In Mali sagen den Umfragen der Friedrich-Ebert-Stiftung Anfang 2024 zufolge vier von fünf Menschen, dass sich die Lage des Landes verbessert habe. Mehr als 60 Prozent sind »sehr zuversichtlich«, dass Assimi Goïta und seine Junta das Land zu einer stabileren Demokratie und einer besseren Regierungsführung leiten werden. Weitere rund 20 Prozent sind »zuversichtlich«[287], dass dieser Übergang gelingt. Können das bloß die Stimmen eingeschüchterter Bürgerinnen und Bürger sein, die Angst vor Repressionen haben? Oder Stimmen von Menschen, die von Propaganda geblendet sind?

Womöglich hat dieser scheinbare Widerspruch auch mit der Perspektive zu tun, die viele Menschen in Mali auf die Entwicklungen haben, mit der Kluft in der Wahrnehmung zwischen Europa und Afrika.

Etliche Menschen in Mali, auch das zeigen Umfragen, sind geduldig, wenn es um die nächsten Wahlen geht. Die allermeisten pochen überhaupt nicht auf einen schnellen Übergang zurück zur Demokratie[288]. Die Erfahrung des vergangenen halben Jahrhunderts hat ihnen gezeigt, dass Wahlen an sich nicht viel bedeuten müssen. Sie beachten auch nicht in erster Linie die schwachen Wirtschaftsdaten. Sie sehen eher, dass ihre Wirtschaften den teils drakonischen Sanktionen getrotzt haben. Zumal ihre Ökonomien auch vor der Serie der Coups d'État zu den schwächsten der Welt zählten. Der damalige Partner Europa änderte daran wenig. Wie sollen Goïta, Traoré und Tchiani in ein paar Jahren schaffen, woran der Westen in einem halben Jahrhundert gescheitert ist?

Auch bei der Sicherheitslage haben viele Bürgerinnen

und Bürger in Mali einen anderen Blick auf die Geschehnisse. Viele sehen, dass der Junta mit der Einnahme Kidals, der Hochburg der Tuareg-Rebellen, ein greifbarer militärischer Erfolg gelungen ist. Zum ersten Mal seit dem Aufstand 2012 war die Stadt wieder unter Kontrolle der Regierung des Landes. Ein symbolträchtiger Moment in einem Land, in dem die Abwesenheit von Staatlichkeit seit seiner Gründung ein Kernproblem ist. Doch da ist noch mehr.

Während Acled-Analysten von blutigen Rekorden bei den Opfern des Konfliktes im Sahel berichten, von einer »tödlichen neuen Ära«[289], sagen die mit Abstand meisten Menschen in verschiedenen Regionen Malis, dass sich die Lage verbessert habe. Und das vor allem in Regionen, die als besonders umkämpft gelten[290]. Wie kann das sein?

Die Analysen der Zahlen von Acled basieren oft auf der Annahme einer Art Einheit des Sahel. Einerseits zu Recht, die Länder sind stark verbunden, Grenzen bestehen vor allem auf dem Papier und stoppen nicht die bewaffneten Gruppen. Doch ist diese Verallgemeinerung auch ein grundsätzliches Problem der Analyse des afrikanischen Kontinents, die der Autor Dipo Faloyin mit dem Titel seines Buches »Afrika ist kein Land« pointiert benennt[291].

Ja, in der Summe sterben mehr Menschen im Sahel, doch viele Bürgerinnen und Bürger in der Region nehmen stärker die Entwicklung der einzelnen Länder wahr und vor allem ihre unmittelbare Lebenswirklichkeit: In Burkina Faso stieg die Zahl der getöteten Zivilisten mit den Militärputschen von 2021 bis 2023 rasant an. In Niger war sie dagegen 2021, also lange vor dem Sturz Bazoums, besonders hoch. Sie fiel 2022 und stieg erst dann wieder. In Mali wiederum schnellte sie von 2021 auf 2022 in die Höhe – nach dem Putsch und parallel zum Abzug von Operation Barkhane. Dann ging sie im Jahr 2023 wieder zurück – als die Minusma abzog.

Was genau hat das zu bedeuten? Zählt die Gesamtzahl der Opfer im Sahel für die Bewertung der Sicherheitslage und der Folgen der Coups d'État, weil es für die Terrorgruppen ohnehin keine Grenzen gibt? Oder ist die Entwicklung womöglich nicht so eindeutig, wie sie auf den ersten Blick erscheint?

Vielleicht gibt es auch noch einen weiteren Grund dafür, dass viele Menschen in Mali die Sicherheitslage so anders einschätzen. Sind die Opferstatistiken, auf die sich Analysten im Westen meist berufen, überhaupt der richtige Indikator für die erlebte Sicherheit der Menschen? Kann die Zahl getöteter Zivilisten nicht auch dann niedrig sein, wenn bewaffnete Gruppen ein Gebiet unterworfen haben? Wenn die Terroristen den Widerstand gegen ihre Herrschaft gebrochen haben? Wenn Musik verboten, Schleier ein Zwang und die Zakat eine Pflicht ist? Also wenn eine Art Scheinsicherheit herrscht, die eigentlich Unterdrückung bedeutet?

Die Einschätzung der Sicherheitslage der Menschen in Mali und vieler Analysten im Westen klafft derart auseinander, dass sich solche Fragen nicht einfach ignorieren lassen. Auch wenn sie zunächst paradox wirken. Es klingt zynisch, doch was, wenn im Sahel vielleicht mehr Menschen sterben, weil die bewaffneten Gruppen unter stärkeren Druck der Sicherheitskräfte geraten? Weil die Armeen ihren Anti-Terrorkampf verstärken[292]? Fühlen sich Menschen in Mali womöglich nicht mehr so alleingelassen? Anders als einst mit der UN-Friedensmission, die zwar da war, aber nichts tat?

Es sind Gedankenspiele, Versuche, die Diskrepanz in der Wahrnehmung der Menschen in Mali und vieler Analysten in Europa und den USA erklärbar zu machen. Es braucht wohl noch mehr Erkläransätze. In der ersten Jahreshälfte 2024 starben in den drei Sahel-Staaten laut Acled bereits mehr als 7.000 Menschen, darunter rund 3.000 Zivilisten. Eine hohe Zahl. Allerdings verpuffte auch in diesem Zeitraum die immer wieder geäußerte Warnung einiger westlicher Beobachter: Dass bei einem Abzug von Barkhane und Minusma die bewaffneten Gruppen die Sahel-Staaten überrennen könnten. Davon, dass JNIM oder der ISSP in absehbarer Zeit eine der Hauptstädte der Region einnehmen, kann keine Rede sein.

Belastbare Analysen der Entwicklungen im Sahel werden immer schwerer. Die Junten drangsalieren auch westliche Journalistinnen und Journalisten, verweigern Akkreditierungen, insbesondere, wenn es um französische Medienhäuser geht. Mit der Minusma ist eine Struktur weggebrochen, die ihnen bei Recherchen in schwierigen Regionen einen gewissen Schutz garantiert hat. Immer häufiger wird aus der Ferne berichtet. Mit der Gefahr, dass immer holzschnittartigere Narrative entstehen. So könnten sich letztlich die Perspektiven der Menschen in Europa und in Afrika noch weiter verschieben. Dabei erscheint es wichtiger denn je, einander zu verstehen.

Eines ist bei all diesen Ungewissheiten allerdings sicher: Der Aufstand Afrikas gegen Europas Kolonialismus in Afrika hat nicht erst mit den putschenden Soldaten begonnen. Er tobte schon viel länger in den Köpfen der Menschen auf dem Kontinent. Die Soldaten mögen auf ganzer Linie scheitern, sie mögen sich an die Macht krallen, sie mögen ihre Gegner bedrohen mit all ihren Mitteln, doch dieser Aufstand wird nicht mit ihnen enden, weder mit Goïta noch mit Traoré und auch nicht mit Tchiani.

DIE ENTFESSELTE DEMOKRATIE

Der Himmel über Dakar verschlingt die letzten Sonnenstrahlen. Nur noch ein paar Laternen beleuchten das größte Gefängnis in der Hauptstadt des Senegal. »Cent Mètres« nennen die Bewohnerinnen und Bewohner die Anlage. »100 Meter«. So hoch wirken die Mauern.

Auf einer Seite des Gefängnisses hat ein Straßenkünstler einen Totenkopf auf die Fassade gesprüht. In der linken Augenhöhle: Gitterstäbe, Hände, die sie umklammern, dahinter Dunkelheit. In der rechten Augenhöhle: ein offenes Fenster, aus dem eine weiße Taube flattert. »Frieden ist mit jenen, die dem rechten Weg folgen.« So steht es neben dem Totenkopf.

Es ist fast 20 Uhr, als an diesem Abend im Mai 2024 ein olivgrüner Bus heranrollt und mit quietschenden Bremsen am Gefängnistor hält. Auf den Rückbänken des Busses sitzen junge Männer in weißen Hemden. Einer blickt mit geweiteten Augen um sich. Ein anderer starrt zu Boden.

»Die tun mir leid«, sagt Ndongo Diop, während er die Ankunft des Busses beobachtet. Diop steht ein paar Meter neben dem Tor. Kahler Kopf, Gebetsmal auf der Stirn, Dreitagebart, markante anthrazitfarbene Brille. In »Cent Mètres« gebe es Platz für 300 Männer, derzeit seien dort mehr als 3.000 eingesperrt, sagt er. »Auf der anderen Seite, da ist die Hölle.«

Diop weiß, wovon er spricht. Vor ein paar Monaten hat er selbst noch auf der anderen Seite der Mauer gelebt. Auch er war ein Insasse.

Die Vorwürfe gegen Diop: Aufruf zum Aufstand, Aufruf zu Gewalt und Hass, Todesdrohungen gegen Justizbehörden, die Verbreitung von Falschmeldungen. Diop sagt, der einzige Grund für seine Inhaftierung sei seine Mitgliedschaft bei Pastef gewesen. Pastef, das Kürzel steht für »Patriotes africains du Sénégal pour le travail, l'éthique et la fraternité«. Die Afrikanischen Patrioten des Senegal für Arbeit, Ethik und Brüderlichkeit. Mit Diop saßen laut Human Rights Watch rund 1.000 Parteimitglieder in Haft[293]. Pastef war die stärkste Oppositionspartei des Senegal. Einst.

Das Gefängnistor schwingt auf, der Bus mit den jungen Männern verschwindet im Inneren der Anlage. »Der Zustand in den Gefängnissen im Senegal ist fatal«, sagt Diop. »Wir brauchen dringend eine Justizreform.« Es gebe viel zu wenige Richter. Menschen verbrächten Jahre ohne Urteil im Knast. Und dann würden sie nicht mal für ihr Leid entschädigt. »Die Regeln für die Untersuchungshaft sind völlig inakzeptabel«, sagt Diop. »Das werden wir jetzt natürlich alles ändern.«

Mit »wir« meint Diop Pastef. Die Partei ist nicht mehr weggesperrt. Sie ist auch nicht mehr Opposition. Am 18. März 2024 wurde Diop entlassen, so wie Hunderte andere Mitglieder der Partei in jenen Tagen. Am 24. März 2024, kaum eine Woche später, übernahmen sie das Land.

Der neue Präsident des Senegal: ein ehemaliger Gefängnisinsasse. Der Premierminister: Ex-Häftling. Mehrere Minister ebenso. Im Senegal ist etwas passiert, womit im Sahel kaum noch jemand gerechnet hatte. Es kam zu einem radikalen Machtwechsel. Ohne Putsch.

Diop war von Anfang an dabei beim Aufstieg von Pastef. Er kam 1994 zur Welt. Schon als Teenager ging er gern auf Proteste. Er wollte schon als junger Mann dabei helfen, die

Entwicklung der Gesellschaft voranzutreiben. Früh nutzte er soziale Medien, um Kritik an der Regierung des Landes zu üben. 2012 kam Macky Sall, ein enger Partner Europas, an die Macht. Ein Präsident, dessen Machtapparat Diop zufolge in unzählige Affären verwickelt war. Diop, da bereits ein junger Aktivist, machte sich daran, diese Affären aufzudecken. Er baute sich, so sagt er es, einen so guten Ruf auf, dass ihm bald Insider aus Politik und Wirtschaft unter der Hand Informationen schickten, die er veröffentlichte.

2014 gründete sein Onkel, ein Beamter, zusammen mit anderen Staatsbediensteten Pastef. Es waren Männer, die Salls Regentschaft ähnlich kritisch beäugten wie Diop. Ihr Ziel: ein politischer Neuanfang. Diop trat sofort bei. Auch weil er seinen Onkel als einen »aufrichtigen Mann mit dem Herzen am rechten Fleck« schätzte.

Für Diop begann eine Zeit, in der er immer wieder festgenommen wurde. Insgesamt 49 Mal. Das erste Mal, dass er im Gefängnis landete, war 2016: zwei Wochen. 2017: wieder zwei Wochen. 2021: sechs Monate. Doch das schreckte Diop nicht ab. Das Motto von Pastef: »Le don de soi pour la Patrie«. Also: »Aufopferung für das Vaterland«.

Eine wichtige Inspiration für Diop war der Chef der jungen Partei, ein Steuerbeamter namens Ousmane Sonko. Sonko prangerte 2016 eine Reihe korrupter Praktiken der senegalesischen Eliten an. Sie kreisten unter anderem um Präsident Sall. Er veröffentlichte später auch einige der Episoden in seinem Buch »Öl und Gas im Senegal – die Geschichte einer Enteignung«.

Nachdem Sonko zum Whistleblower geworden war, wurde er vom senegalesischen Staat gefeuert. Doch das verlieh ihm bloß den Status des Märtyrers. Sonko entwickelte sich vom einfachen Steuerbeamten zu einem der bekanntesten Politiker des Landes. Und Sonko war nicht nur ein

Whistleblower, der Korruption und Misswirtschaft bekämpfte. Er hatte ein scharfes antikoloniales Profil, setzte sich als Panafrikanist in Szene[294]. Es sind genau die Konzepte, die im Sahel wieder an Beliebtheit gewonnen haben. Sonkos Agenda ähnelte in vielen Punkten der Politik, die mittlerweile die Militär-Herrscher in Mali, Burkina Faso und Niger für sich in Anspruch nehmen.

2019 trat Sonko erstmals gegen Macky Sall bei den Präsidentschaftswahlen an. Er bekam fast 16 Prozent der Stimmen. Kein Sieg, aber ein beachtlicher Erfolg, der auch auf Sonkos Alter zurückzuführen sein dürfte. Sonko war damals Anfang 40, dem Großteil der Bevölkerung des Senegal deutlich näher als andere Politiker. Drei von vier der 18 Millionen Einwohnerinnen und Einwohner sind jünger als 35 Jahre alt[295]. Eine Generation, die genug hat von den alten Polit-Eliten. Eine Generation, die sich von jungen Machern begeistern lässt, Männern wie Assimi Goïta in Mali, Ibrahim Traoré in Burkina Faso oder ebenjenem Ousmane Sonko im Senegal.

2022 gewann Pastef bei den Kommunalwahlen in mehreren großen Städten, auch in der Hauptstadt Dakar. Bei den Parlamentswahlen im selben Jahr war Pastef so stark, dass das Regierungslager von Macky Sall die absolute Mehrheit verlor. Mit dem Erfolg wuchsen allerdings auch die Repressionen gegen die Partei.

Ndongo Diop hatte in Pastef seine politische Heimat gefunden. Obwohl die zunehmende Unterdrückung auch ihn traf. 2022 sei die Lage so angespannt gewesen, dass er als Pastef-Aktivist nirgends mehr angestellt wurde, sagt Diop. Er habe als Selbstständiger im Hafen arbeiten müssen. Im Auftrag seiner Kunden organisierte er die Ausfuhr von Containern. Im Oktober 2022 warnte ihn eine seiner Quellen, dass er verhaftet werden solle. Diop hatte gerade ein polemisches Video auf Youtube veröffentlicht, in dem er den Sicherheitskräften des Senegal unter anderem vorwarf, falsche Beweise zu fabrizieren, um Pastef-Mitglieder einzusperren. Die senegalesische Justiz würde ihm später vorwerfen, darin auch zur Gewalt gegen Justizbeamte aufgerufen zu haben[296]. Die Quelle empfahl Diop, schnellstmöglich das Land zu verlassen. Doch Diop blieb.

»Ich konnte nicht gehen«, sagt er »Ich habe mich gefragt, was ich dann für ein Vorbild wäre.« Diop saß in einem Restaurant, nicht weit vom Hafen, als Polizisten hereinkamen und angeblich eine Routineuntersuchung durchführten. »Mich kontrollierten sie als Letztes«, sagt er. Diop wurde festgenommen und in das Gefängnis Cent Mètres gebracht. Er würde 18 Monate dort bleiben. »Meine Frau erfuhr über das Internet, dass ich verhaftet wurde«, sagt Diop. »Sie war im siebten Monat schwanger. Wir sollten Zwillinge bekommen.« Als sie von der Festnahme hörte, sei sie ohnmächtig geworden, gestürzt. »Sie hatte eine Fehlgeburt.«

Ndongo Diop blickt auf die Mauern des Gefängnisses. »Drinnen ist es wirklich die Hölle«, sagt er nochmal. Er verschränkt seine Finger ineinander. »So haben wir geschlafen.« Fuß an Kopf, Kopf an Fuß, eng gedrängt auf dem Boden. »Es gab keine Betten.« 250 Insassen, so erzählt es Diop, mussten sich eine Dusche und eine Toilette teilen. »Ja«, sagt er, natürlich habe es Gewalt gegeben. »Die ganze Zeit.«

Auch Pastef-Chef Sonko war wiederholt das Ziel der Justiz unter Macky Sall geworden, er wurde mehrmals angeklagt und festgenommen. Im Juni 2023 kam es nach einem langen Prozess zu einem Urteil: zwei Jahre Haft. Der Anklagepunkt: »corruption de la jeunesse«, sexuelle Verführung einer Minderjährigen. Sonko soll die zum Tatzeitpunkt

19-jährige Adji Sarr missbraucht haben. Volljährigkeit im Senegal beginnt mit dem 21. Lebensjahr[297].

Während des Prozesses kam es immer wieder zu Protesten. Die Regierung setzte die Armee ein, um sie niederzuknüppeln. Allein an den Tagen rund um die Urteilsverkündung im Fall Sonko töteten Sicherheitskräfte laut Amnesty International 23 Menschen. 390 weitere wurden verletzt[298].

Ende Juli erklärte die Regierung Pastef für aufgelöst und blockierte zeitweise das Internet[299]. Der amtierende Präsident Macky Sall ahnte, dass Pastef seiner Macht gefährlich werden könnte. Und er setzte alles daran, seinen ärgsten politischen Herausforderer aus dem Weg zu räumen. Rechtzeitig zu den für Februar 2024 geplanten Präsidentschaftswahlen. Doch weder die Volten der Justiz noch die Gewalt der Sicherheitsbehörden konnten den Aufschwung der Partei bremsen. Salls Kandidat, Amadou Ba, fehlte der Rückhalt bei den Wählern[300]. Sall selbst hatte schon zwei Legislaturperioden lang regiert, er durfte nicht nochmal antreten. Eigentlich.

Nur ein paar Wochen vor dem angesetzten Termin im Februar verkündete Sall, die Wahlen auf unbestimmte Zeit zu verschieben. Eine Entscheidung, die Wellen der Entrüstung durch Senegal und die Welt schwappen ließ. Kritiker warfen Sall einen »Verfassungs-Putsch« vor. Sie fürchteten, dass er im Begriff sein könnte, sich allen Regeln zum Trotz selbst eine dritte Amtszeit zu sichern. Wie so viele seiner Amtskollegen vor ihm.

Doch der Druck auf Sall war gewaltig: Die Justiz erklärte die Verschiebung der Wahl für unrechtmäßig. Zudem gingen Tausende Senegalesinnen und Senegalesen auf die Straßen und protestierten. Dann geschah, womit im Sahel kaum noch jemand gerechnet hatte. Ein Präsident lenkte ein, änderte den Kurs, hörte auf die Stimmen seiner Bürgerinnen und Bürger. Vermutlich ahnte er, dass auch er sonst einem Putsch zum Opfer fallen könnte. Sall setzte eilig einen neuen Wahltermin an. Und nicht nur das. Er erließ auch ein Amnestie-Gesetz. Es sah vor, dass politische Gefangene freikommen, auch Diop, ja selbst Ousmane Sonko.

Pastef startete einen Blitzwahlkampf. Doch es war nicht Sonko, der das Sall-Lager herausforderte. Weil zeitweise unklar war, ob er wegen einer früheren Verurteilung antreten dürfte, baute er einen bis dahin weitgehend unbekannten Mann als Präsidentschaftskandidaten auf: Bassirou Diomaye Faye. Der 44-Jährige saß mit Sonko im Gefängnis, unter anderem weil er die senegalesische Justiz kritisiert hatte, doch er war nicht verurteilt. Als er am 14. März aus dem Gefängnis kam, hatte er nur zehn Tage Zeit für den Wahlkampf. Er gewann trotzdem. Faye schlug den Kandidaten Salls im ersten Durchgang mit 54 Prozent der Stimmen.

Ein paar Kilometer vor Dakar liegt das Internationale Konferenzzentrum CICAD. Dicke Teppiche, ein Kronleuchter, der aussieht wie glühende Bienenwaben. Dutzende Stuhlreihen. In einer sitzt Ndongo Diop und blickt auf die Bühne. Dort stehen klobige Ledersessel und ein Rednerpult. »Seine Exzellenz, der Präsident der Republik, hat sich zu uns gesellt, um eine Eröffnungsrede zu halten«, sagt ein Moderator. »... Herr Präsident!«

Bassirou Diomaye Faye tritt auf die Bühne. Er trägt ein graues traditionelles Gewand, darunter ein schwarzes Hemd. Faye dankt den klatschenden Gästen. Fast zwei Minuten dauert das. »In Zeiten des Friedens miteinander zu reden und dabei die Menschlichkeit teilen, die in jedem von uns steckt (...), daran bemisst sich die Größe der Nation«, sagt Faye. «Das ist der Sinn dieses Tages, an dem es um die Reform und die Modernisierung der Justiz geht.« Seine Stimme klingt jung, ein bisschen nasal. Seine Worte geschliffen. Ziemlich papieren. Das höchste Amt des Staates ist noch ungewohnt für ihn. Er spricht von Rechtsstaatlichkeit, von einer modernen Justiz. »Recht wird im Namen des Volkes gesprochen, daher ist es relevant, dass das Volk ein Wort mitzureden hat«, sagt er. Und fügt hinzu: »Dabei sollten wir uns jedoch davor hüten, eine Richterrepublik aufbauen zu wollen, die das Kardinalprinzip der Demokratie in Frage stellen würde, nämlich die Regierung des Volkes durch und für das Volk.« Faye holt Luft. »Ich bin zuversichtlich, dass wir dies durch ruhige, offene und friedliche Beratungen erreichen können.«

Faye spricht auf dem »Nationalen Dialog«, einem Gesprächsforum, das die Grundlage für eine Justizreform sein soll. Ausdrücklich sagt er, dass dies ein Unterfangen sei, das er ohne parteipolitische Erwägungen meistern wolle. Er wolle nach vorn blicken, nicht zurück.

Im Publikum sitzen neben Diop noch etliche andere ehemalige Gefängnisinsassen. Pape Abdoulaye Touré zum Beispiel, der von den Sicherheitskräften im Gewahrsam so heftig mit Schlagstöcken verprügelt wurde, dass er auch Monate nach seiner Entlassung noch humpelt. Die Schläge zertrümmerten sein Bein und einen seiner Arme. Doch es sind auch Angehörige der früheren Regierung da. Macky Sall hat sich nach seiner Wahlniederlage zwar nach Marokko abgesetzt, aber sein ehemaliger Verteidigungsminister ist gekommen.

In der Mittagspause steht Diop am Rande einer Treppe. Er hat einen kleinen schwarzen Rucksack umgeschnallt, ist bereit für die nächste Arbeitssitzung des Nationalen Dialogs. »Wenn ich an seine Rede denke, dann ist es eine Rede der Versöhnung«, sagt Diop über Fayes Auftritt. Und er meint nicht nur eine Versöhnung mit der alten Elite, sondern vor allem mit den Institutionen des Senegal, mit der Demokratie und der Justiz. Er wolle nicht alles zertrümmern, erklärt Diop.

Das Programm von Pastef hat ein Schlagwort: »la rupture«, der Bruch. Doch es geht eher um eine Reform unter panafrikanischen und antikolonialen Prämissen. Während des Nationalen Dialogs ist Pastef erst wenige Wochen an der Macht. In Dakar sind die ersten Spuren der Politik der Partei aber schon sichtbar.

Am Ufer des Atlantiks stehen halbfertige Bauprojekte. An die Fassaden wurde in roten Lettern »ARRET« gesprüht. Baustopp. Die Regierung Fayes prüft, ob hinter den Projekten korrupte Machenschaften der senegalesischen Eliten stecken.

An den Stränden Dakars tummeln sich zwischen ihren bunten Pirogen unterdessen unzählige traditionelle Fischer. Viele von ihnen sprechen euphorisch über die neue Regierung. Nicht nur wegen des Baustopps. Es gebe endlich wieder mehr Fisch, sagen sie. Pastef hat kurz nach der Amtsübernahme eine Liste mit Schiffen veröffentlicht, die vor der Küste des Senegal auf Fang gehen dürfen. Und die Regierung plant eine umfangreiche Analyse des Marktes. Eine Transparenz, die es so zuvor nicht gab. Die traditionellen Fischer beklagen, dass die Meere überfischt seien, vor allem durch ausländische Unternehmen, die teils verdeckt mit senegalesischen Partnern operierten. Einige hätten überhaupt keine Lizenzen, fischten mitunter gar innerhalb der Zwölf-Meilen-Zone, die dazu dient, den Fang von Jungfischen zu verhindern. Die Maßnahmen von Pastef zeigten bereits Wirkung, sagen die Männer zwischen den bunten Pirogen.

Zunächst ist die Liste der Projekte, die Pastef bereits umgesetzt hat, deutlich kürzer als die Liste der Versprechen der Partei. Die Regierung will diverse Verträge mit ausländischen Staaten und Unternehmen überprüfen. Ähnlich wie in Mauretanien gibt es auch im Senegal ein Fischereiabkommen mit der EU. Pastef will es neu verhandeln. Gleiches gilt für Energie-Kooperationen, wie für die Öl- und Erdgasvorkommen des Landes. Aus der Parteispitze heißt es mit Blick auf Deutschland, dass es mehr Kooperation geben werde. Allerdings mit besseren Deals für den Senegal.

Zu Frankreich geht Pastef auf Distanz. Der Franc CFA soll weg. Die Präsenz französischer Soldaten im Land steht auf dem Prüfstand. Aber Pastef legt es nicht auf einen offenen Konflikt an. Präsident Faye besuchte kurz nach seinem Amtsantritt mehrere der Putsch-Staaten im Sahel. Africa First, so die Devise. Doch dann, im Juni 2024, machte er seine Aufwartung in Europa. Zuerst traf er Emmanuel Macron. Offiziell ein Arbeitsessen, das mehr als zwei Stunden dauerte. In der gemeinsamen Erklärung danach heißt es: »Die beiden Staatschefs haben ihren gemeinsamen Willen zum Ausdruck gebracht, der auf gegenseitigem Respekt beruhenden Partnerschaft zwischen dem Senegal und Frankreich einen neuen Impuls zu verleihen, einer ausgewogenen Partnerschaft im Dienste der gegenseitigen Interessen beider Völker, die durch geteilte demokratische Werte, durch menschliche Bande und eine freundschaftliche Beziehung verbunden sind.«[301]

Pastef setzt auf einen politischen Neuanfang. Aber die Regierung Fayes will, so sieht es zumindest aus, mit dem Westen und sogar mit der in der Bevölkerung unbeliebten ehemaligen Kolonialmacht im Gespräch bleiben.

»Die Militärs in Mali und den anderen Staaten wollen alles für ihre Bevölkerungen, 100 Prozent«, sagt Diop. »Wir wollen 50-50-Deals.«

Senegal wirkt wie ein dritter Weg, wie eine Alternative zur ewigen Françafrique und dem Pfad, den die Junten eingeschlagen haben. Vielleicht ist Senegal unter Pastef gar ein Staat, der Brücken reparieren könnte, die gesprengt wurden.

Vor seinem Treffen mit Macron warb Faye bei seinen Besuchen in Mali und Burkina Faso für eine Rückkehr der AES-Staaten in die Ecowas[302]. Faye zielt nicht auf den Zerfall des Bündnisses, sondern auch dort auf eine Reform. Die Ecowas ist »sehr angeschlagen«, sagte er und fügte hinzu: »Wir dürfen nicht resignieren und sagen, dass wir nichts mehr tun können. Es gibt Schwierigkeiten, man muss mit den einen und den anderen sprechen und sie verstehen und ausgehend von der Ebene des Verständnisses und der Unterschiede in den Positionen sehen, was man auf dem Fundament, das vorhanden ist, aufbauen kann.«

Faye als Mediator, als gewählter Präsident, der nicht im Verdacht steht, bloß eine weitere Spielfigur der Françafrique zu sein: Gibt es womöglich auch einen demokratischen Weg in die Unabhängigkeit? Einen ohne den totalen Bruch mit den früheren Kolonialmächten? Einen, bei dem nicht die Gefahr neuer Formen von Autokratie und Ausbeutung besteht, von neuen Militärdiktaturen auf dem Kontinent?

Vor dem Gefängnis Cent Mètres fährt noch ein Bus vor. Diop schaut durch die Fenster ins Innere. »Keine Gefangenen«, sagt er. Aber es kämen jeden Tag neue. Eine Schwäche der Justiz und des Rechtsstaats: Es sei einfacher, Leute im Senegal erstmal wegzusperren, statt ein vernünftiges Verfahren einzuleiten. »Wir haben so viel Arbeit vor uns«, erklärt er. Diop blickt auf die verzierten Mauern von Cent Mètres und sagt: »Es fühlt sich gut an, dass Pastef jetzt die Verantwortung übernimmt.« Doch es mache ihm auch Angst. »Pastef trägt nun eine gewaltige Verantwortung.« Ganz Afrika schaue zu, was im Senegal geschieht. »Wenn wir nicht umsetzen, was wir versprochen haben, dann ist es vorbei«, sagt Diop. »Wenn wir scheitern, ist alles möglich: mehr Putsche, Terrorregime, alles.« Menschen im Senegal, im Sahel, in weiten Teilen Afrikas würden dann womöglich wirklich den Glauben an die Demokratie verlieren.

Diop hat sich ein Moped angehalten. Er will nach Hause. Am nächsten Tag geht die Arbeit in seiner Kommission für den Nationalen Dialog weiter. Es bleibt nicht mehr viel Zeit, bis seine Arbeitsgruppe ihre Ergebnisse ihrem Präsidenten vorstellen muss. »Es ist unsere letzte Chance«, sagt Diop über die Regentschaft von Pastef.

Diop steigt auf den Rücksitz des Mopeds und rollt an der Mauer von Cent Mètres vorbei – am Totenkopf mit den Gitterstäben im linken und dem offenen Fenster in der rechten Augenhöhle. An dem Schriftzug, den ein Straßenkünstler danebengesprüht hat: »Frieden ist mit jenen, die dem rechten Weg folgen.« Ob der Weg von Pastef der richtige ist? Geht es auch ohne Revolte? Haben die Fassaden-Demokraten in Afrika und ihre Partner in Europa schon begriffen, was sie ändern müssen? Und falls ja: Sind sie dazu auch bereit?

Diop biegt hinter dem Gefängnis ab, das zu einem Symbol für Demokratie und Rechtsstaatlichkeit in Afrika werden könnte. Er verschwindet in dem Gewirr aus Straßen, das Dakar durchzieht.

NACHWORT

Die Essenz dieses Buches sind die Geschichten von Menschen aus der Sahelzone. Menschen, die mich in ihren Bann geschlagen haben. Nicht nur wegen der Dinge, die sie mir erzählten. Sie ließen mich in ihren Alltag eintauchen, immer wieder auch in ihre Gefühlswelt. Sie öffneten sich mir in einem Maße, das mich in Erstaunen versetzte. Ich kann ihnen nicht genug danken für ihr Vertrauen, für ihren Mut.

Immer wieder waren es auch meine lokalen Mitarbeiter, die durch ihren Charme und ihre Professionalität dazu beigetragen haben, dass sie sich stundenlang von mir befragen ließen, mich zu den entlegensten Orten führten. In Niger Omar Hama Saley und El Mikkaiel Adam Maiga. In Mali Soumana Amadou Maiga und Batrou Saye. In Mauretanien Ely Cheickh Mohamed Vadel. Im Senegal Ngagne Diouf. Es gibt noch viele mehr. Leider müssen sie angesichts der zunehmenden Repressionen im Sahel wegen der Recherchen, an denen sie beteiligt gewesen sind, anonym bleiben.

Entstehen konnte dieses Buch nur, weil ich über Jahre immer wieder in die Region reisen konnte. Das habe ich vor allem Redaktionen zu verdanken, die auch in schwierigen Zeiten bereit sind, in aufwändige Recherchen zu investieren. Besonders die DIE ZEIT und GEO haben mir viel ermöglicht. Recherchen, die eine wichtige Grundlage für dieses Buch wurden, sind in Reportagen und Berichten im Greenpeace Magazin, WOZ Die Wochenzeitung, Reportagen, der taz und in Internationale Politik erschienen. Der Verlag Quadriga hat mir das Fundament dafür geschaffen, die vielen Erlebnisse, die ich von unserem Nachbarkontinent mitgebracht habe, in diesem Buch teilen zu können.

Besonders danken möchte ich dem Fotografen Gaël Turine, der mich bei der Auswahl der Bilder unterstützt hat, Andrea Böhm von der ZEIT, die auch in den stressigsten Situationen da war, um mit mir über das Buch und die Lage im Sahel zu sprechen. Christina Peters, Westafrika-Korrespondentin der dpa, und Olaf Bernau, Autor und Mitgründer von Afrique-Europe-Interact, mit denen ich meine Thesen zur Region intensiv diskutieren konnte. Den vielen Expertinnen und Experten in Afrika und Europa, die ihre klugen Gedanken mit mir geteilt haben. Meinem Agenten Thomas Schmoll, der von dem Projekt sofort begeistert war, und Verena Schmitt-Roschmann, die das Buch lektoriert hat.

Meinen Eltern, großen und kleinen Geschwistern, Freundinnen und Freunden, die ich in den Monaten seit dem Coup d'État in Niger viel zu selten gesehen habe.

ANMERKUNGEN

1 Powell, Jonathan & Clayton Thyne (2011): Global Instances of Coups from 1950-Present, Journal of Peace Research, Ausgabe 48(2): S. 249–259
2 Bundeszentrale für politische Bildung (2024, 1. August): Weg zur Demokratie in den 1990er-Jahren. https://www.bpb.de/themen/afrika/dossier-afrika/58956/weg-zur-demokratie-in-den-neunziger-jahren/
3 Mc Kinsey (2024, 1. August): Reimagining Economic Growth in Africa. https://www.mckinsey.com/mgi/our-research/reimagining-economic-growth-in-africa-turning-diversity-into-opportunity
4 Acled (2024, 1. August): Data Explorer. https://acleddata.com/explorer/)
5 Global Terrorism Index (2024, 1. August): https://www.visionofhumanity.org/maps/global-terrorism-index/#/
6 RFI (2024, 1. August): »Une démocratie durable ne prendra pas racine à coup de bazooka«. https://www.youtube.com/watch?v=Cpiw-z8JLumo
7 Friedrich-Ebert-Stiftung: Mali Métre (2024, 1. August): https://library.fes.de/pdf-files/bueros/mali/10100/2024.pdf
8 New York Times (2024, 1. August): Old world – young Africa. https://www.nytimes.com/interactive/2023/10/28/world/africa/africa-youth-population.html
9 Atlantic Council: Putins anti colonial posturing should not fool the global south. https://www.atlanticcouncil.org/blogs/ukrainealert/vladimir-putins-anti-colonial-posturing-should-not-fool-the-global-south/
10 Bundeszentrale für politische Bildung (2024, 1. August): Ausbreitung des Kolonialismus. https://www.bpb.de/themen/afrika/dossier-afrika/58868/ausbreitung-des-kolonialismus/
11 Al Jazeera: How Russia tried to colonize Africa and failed. https://www.aljazeera.com/opinions/2023/5/24/how-russia-tried-to-colonise-africa-and-failed
12 IDOS (2024, 1. August): Russia in Africa – Is Great Power Competition Returning to the Continent. https://www.idos-research.de/fileadmin/migratedNewsAssets/Files/BP_15.2020.pdf

13 IDOS (2024, 1. August): Russia in Africa – Is Great Power Competition Returning to the Continent. https://www.idos-research.de/en/briefing-paper/article/russia-in-africa-is-great-power-competition-returning-to-the-continent/

14 Bundeszentrale für politische Bildung (2024, 1. August): Hybride Kriegsführung. https://www.bpb.de/themen/kriege-konflikte/dossier-kriege-konflikte/504273/hybride-kriegsfuehrung/

15 IDOS (2024, 1. August): Russia in Africa – Is Great Power Competition Returning to the Continent. https://www.idos-research.de/en/briefing-paper/article/russia-in-africa-is-great-power-competition-returning-to-the-continent/

16 European Union (2024, 1. August): Russia in Africa. https://www.europarl.europa.eu/thinktank/en/document/EPRS_BRI(2024)757654

17 CSIS (2024, 1. August): Russia still progressing. https://www.csis.org/analysis/russia-still-progressing-africa-whats-limit

18 Rand Corporation (2024, 1. August): Mapping Chinese and Russian Military and Securits Exports to Africa https://www.rand.org/pubs/tools/TLA2045-3.html

19 CSIS (2024, 1. August): Russia still progressing. https://www.csis.org/analysis/russia-still-progressing-africa-whats-limit

20 Le Monde (2024, 1. August): Comment fonctionne la machine de propagande russe en Afrique. https://www.lemonde.fr/international/article/2023/07/28/faux-medias-et-reseaux-sociaux-au-c-ur-de-la-machine-de-propagande-russe-en-afrique_6183719_3210.html

21 Microsoft (2024, 1. August): Africas Coup Playbook. https://blogs.microsoft.com/on-the-issues/2023/09/01/russias-african-coup-strategy/

22 Microsoft (2024, 1. August): Africas Coup Playbook. https://blogs.microsoft.com/on-the-issues/2023/09/01/russias-african-coup-strategy/

23 New York Times (2024, 1. August): The Hottest New Accessory in Niger? A Russian Flag. https://www.nytimes.com/2023/10/01/world/africa/russian-flags-west-africa-niger.html

24 Adelphi (2024, 1. August): Shoring up Stability. https://adelphi.de/en/publications/shoring-up-stability

25 Destatis (2024, 1. August): Basistabelle Niger. https://www.destatis.de/DE/Themen/Laender-Regionen/Internationales/Staat/Afrika/NE.html

26 Destatis (2024, 1. August): Basistabelle Mali. https://www.destatis.de/DE/Themen/Laender-Regionen/Internationales/Staat/Afrika/ML.html

27 Destatis (2024, 1. August): Basistabelle Burkina Faso. https://www.destatis.de/DE/Themen/Laender-Regionen/Internationales/Staat/Afrika/BF.html

28 International Monetary Fund (2024, 1. August): African Century. https://www.imf.org/en/Publications/fandd/issues/2023/09/PT-african-century#:~:text=Africa's%20population%2C%20estimated%20to%20be,its%20share%20has%20since%20doubled.

29 Paice Edward (2021): Youthquake – Why African Demography Matters, 1. Auflage, London, S. XV f.

30 International Monetary Fund (2024, 1. August): African Century. https://www.imf.org/en/Publications/fandd/issues/2023/09/PT-african-century

31 New York Times (2024, 1. August): Old World – young Africa. https://www.nytimes.com/interactive/2023/10/28/world/africa/africa-youth-population.html

32 Adelphi (2024, 1. August): Shoring up Stability. https://adelphi.de/en/publications/shoring-up-stability

33 CSIS (2024, 1. August): Russia still progressing in africa. https://www.csis.org/analysis/russia-still-progressing-africa-whats-limit

34 Reuters (2024, 1. August): I talk ›every day‹ to Niger's ousted president Bazoum. https://www.reuters.com/world/french-president-macron-i-talk-every-day-nigers-ousted-president-bazoum-2023-09-01/

35 BBC (2024, 1. August): Niger junta says ousted President Mohamed Bazoum tried to escape. https://www.bbc.com/news/world-africa-67166122

36 New York Times (2024, 1. August): The Bleak Life of a Deposed President and His Wife, Held Captive. https://www.nytimes.com/2024/05/04/world/africa/niger-bazoum-captivity.html

37 United Nations (2024, 1. August): Human Development Insights. https://hdr.undp.org/data-center/country-insights#/ranks

38 BMZ (2024, 1. August): Soziale Situation. https://www.bmz.de/de/laender/niger/soziale-situation-16962

39 Mohamed Kamara (2005): French Colonial Education and the Making of the Francophone African Bourgeoisie,Dalhousie French Studies, Vol. 72, S. 105 ff.

40 Abdourahmane Idrissa, Samuel Decalo (2012): Historical Dictionary of Niger. 4. Auflage. Scarecrow, Plymouth, S. 85

41 Süddeutsche Zeitung (2024, 1. August): Adieu, Frankreich. https://www.sueddeutsche.de/kultur/putsch-niger-neokolonialismus-frankreich-uran-1.6105015

42 Africa Confidential (2024, 1. August): Election results spark riots. https://www.africa-confidential.com/article-preview/id/13286/Election_results_spark_riots
43 Vereinte Nationen (2024, 1. August): Niger – President Addresses United Nations General Debate. https://www.youtube.com/watch?v=QjMW2697Kek&t=397s
44 Le Monde (2024, 1. August): Présidentielle au Niger : la candidature du principal opposant, Hama Amadou, rejetée. https://www.lemonde.fr/afrique/article/2020/11/13/presidentielle-au-niger-la-candidature-du-principal-opposant-hama-amadou-rejetee_6059694_3212.html
45 Amnesty International (2024, 1. August): Niger – Post-election period marred by violence, mass arrests and internet disruption. https://www.amnesty.org/en/latest/news/2021/03/niger-post-election-period-marred-by-violence/
46 Le Monde (2024, 1. August): Niger : l'ex-président Mahamadou Issoufou compte porter plainte contre l'ambassadeur de France. https://www.lemonde.fr/afrique/article/2024/02/22/niger-l-ex-president-mahamadou-issoufou-compte-porter-plainte-contre-l-ambassadeur-de-france_6217941_3212.html
47 Afrobarometer 2023 (2024, 1. August): Analyse Online. https://www.afrobarometer.org/online-data-analysis/
48 Thomas Borrel et al. (2021): Une Histoire De La Françafrique, 1. Auflage, Paris, Les Editions Points, S. 27
49 Thomas Borrel et al. (2021): Une Histoire De La Françafrique, 1. Auflage, Paris, Les Editions Points, S. 27
50 Bundeszentrale für politische Bildung (2024, 1. August): Frankreichs Stellung in der Welt. https://www.bpb.de/shop/zeitschriften/apuz/archiv/535843/frankreichs-stellung-in-der-welt-weltmacht-oder-mittelmacht/
51 Fanny Pigeaud und Ndongo Samba Sylla (2024): De La Démocratie En Françafrique, 1. Auflage, Paris, La Découverte, S. 135 f.
52 Fanny Pigeaud und Ndongo Samba Sylla (2024): De La Démocratie En Françafrique, 1. Auflage, Paris, La Découverte, S. 153 f.
53 African Election Database (2024, 1. August): Elections in Niger. https://africanelections.tripod.com/ne.html#1970_National_Assembly_Election
54 JFK Presidential Library (2024, 1. August): President Hamani Diori. https://jfk.artifacts.archives.gov/people/2257/president-hamani-diori?ctx=0e07528125ef2845ad30da989f0da3caa36dab39&idx=32
55 Fanny Pigeaud und Ndongo Samba Sylla (2004): »De La Démocratie En Françafrique«, 1. Auflage, Paris, La Découverte, S. 175 f.

56 Fanny Pigeaud und Ndongo Samba Sylla (2024): »De La Démocratie En Françafrique«, 1. Auflage, Paris, La Découverte, S. 174

57 The Africa Report (2024, 1. August): Togo – Who killed Sylvanus Olympio. https://www.theafricareport.com/142678/togo-who-killed-sylvanus-olympio-the-father-of-togolese-independence/

58 Thomas Borrel et al. (2001): Une Histoire De La Françafrique, 1. Auflage, Paris, Les Editions Points, S. 267

59 Thomas Borrel et al. (2001): Une Histoire De La Françafrique, 1. Auflage, Paris, Les Editions Points, S. 325 f.

60 Fanny Pigeaud und Ndongo Samba Sylla (2024): De La Démocratie En Françafrique, 1. Auflage, Paris, La Découverte, 2024, S. 171

61 Fanny Pigeaud und Ndongo Samba Sylla (2024): »De La Démocratie En Françafrique«, 1. Auflage, Paris, La Découverte, 2024, S. 170 ff.

62 Französische Regierung (2024, 1. August): Chronologie des interventions de l'armée française en Afrique depuis 1981. https://www.vie-publique.fr/eclairage/20138-chronologie-interventions-de-larmee-francaise-en-afrique-depuis-1981

63 Fanny Pigeaud und Ndongo Samba Sylla (2024): De La Démocratie En Françafrique, 1. Auflage, Paris, La Découverte, S. 125.

64 Le Figaro (2024, 1. August): Après le départ prévu du Niger, où l'armée française est-elle encore présente en Afrique? https://www.lefigaro.fr/international/apres-le-depart-du-niger-ou-l-armee-francaise-est-elle-encore-presente-en-afrique-20230925

65 Bundeszentrale für politische Bildung (2024, 1. August): Der CFA Franc. https://www.bpb.de/shop/zeitschriften/apuz/geldpolitik-2022/507738/der-cfa-franc/

66 Hervé Gaymard (2024, 1. August): Relancer la présence économique française en Afrique: l'urgence d'une ambition collective à long terme. http://www.economie.gouv.fr/remise-rapport-relancer-presence-economique-francaise-en-afrique-lurgence-dune-ambition-collective

67 Thomas Borrel et al. (2021): Une Histoire De La Françafrique, 1. Auflage, Paris, Les Editions Points, S. 483 ff.

68 IPG (2024, 1. August): Ungewollte Herrschaft. https://www.ipg-journal.de/regionen/afrika/artikel/ungewollte-erbschaft-6724/

69 Fanny Pigeaud und Ndongo Samba Sylla (2024): De La Démocratie En Françafrique, 1. Auflage, Paris, La Découverte, S. 147

70 Dschamaat Nusrat al-Islam wal-Muslimin

71 Jolijn Geels (2006): The Bradt Travel Guide Niger, 1. Auflage, Bucks, Bradt Travel Guides, S. 41

72 Guardian (2024, 1. August): Tourism in Mali fades away.
https://www.theguardian.com/world/2013/jan/09/tourism-mali-fades-away-instability
73 Deutsches Historisches Museum (2024, 1. August): Lebendiges Museum.
https://www.dhm.de/lemo/bestand/objekt/sitzung-der-internationalen-kongo-konferenz-in-berlin-1884.html
74 Friedbert Ottacher und Thomas Vogel (2016): Entwicklungszusammenarbeit im Umbruch, Brandes und Apsel, Frankfurt am Main, 2. Auflage, S. 42 ff.
75 United Nations (2024, 1. August): The Development Goals Report.
https://www.un.org/millenniumgoals/2015_MDG_Report/pdf/backgrounders/MDG%202015%20PR%20Bg%20SSA.pdf
76 Statista (2024, 1. August): Countries with the highest GDP growth in the world from 2001 to 2010.
https://www.statista.com/statistics/240666/rapid-economic-growth-by-country/
77 UNDP (2024, 1. August) Sahel Human Development Report 2023.
https://www.undp.org/africa/waca/publications/sahel-human-development-report-2023 S. 27
78 Nolutshungu, Sam C. (1996): Limits of Anarchy – Intervention and State Formation in Chad, University Press of Virginia, 1. Auflage, Virginia, S. 220
79 FAZ (2024, 1. August): Gaddafi rekrutiert Söldner unter den Tuareg.
https://www.faz.net/aktuell/politik/ausland/naher-osten/aus-mali-und-niger-nach-libyen-gaddafi-rekrutiert-soeldner-unter-den-tuareg-1605626.html
80 Afrik (2024, 1. August): Allucation de Nicolas Sarkozy, prononcée à l'Université de Dakar.
https://www.afrik.com/allocution-de-nicolas-sarkozy-prononcee-a-l-universite-de-dakar#google_vignette
81 Deutsche Welle (2024, 1. August): Krieg als Rachefeldzug.
https://www.dw.com/de/libyen-krieg-als-rachefeldzug-sarkozys/a-43090503
82 Human Rights Watch (2024, 1. August): Death of a Dictator.
https://www.hrw.org/report/2012/10/16/death-dictator/bloody-vengeance-sirte
83 Reuters (2024, 1. August): Libyan leader says Sarkozy funding letter fake.
https://www.reuters.com/article/world/libyan-leader-says-sarkozy-funding-letter-fake-idUSJOE8410B8/
84 Tagesschau (2024, 1. August): Sarkozy muss wegen Wahlkampfspenden vor Gericht.

https://www.tagesschau.de/ausland/europa/sarkozy-aussage-libyen-affaere-100.html#:~:text=In%20der%20Affäre%20um%20eine,mit%20Sitz%20in%20Paris%20mitteilte.

85 Bundeszentrale für politische Bildung (2024, 1. August): Der schwierige Abschied von der Franćafrique. https://www.bpb.de/themen/europa/frankreich/166091/der-schwierige-abschied-von-der-francafrique-die-franzoesische-afrikapolitik-zwischen-kontinuitaet-und-wandel/

86 Africa News (2024, 1. August): Understanding the recovery of Kidal. https://www.africanews.com/2023/11/15/mali-understanding-the-recovery-of-kidal/

87 Reuters (2024, 1. August): After crushing Mali Islamists, France pushes deal with Tuaregs. https://www.reuters.com/article/world/after-crushing-mali-islamists-france-pushes-deal-with-tuaregs-idUSBRE94I064/

88 SWP (2024, 1. August): Operation Barkhane im Sahel. https://www.swp-berlin.org/publikation/operation-barkhane-im-sahel

89 New York Times (2024, 1. August): A Wedding, an Airstrike, and Outrage at the French Military. https://www.nytimes.com/2021/03/30/world/africa/mali-wedding-french-airstrike.html

90 UNDP (2024, 1. August): Journey to extremism. https://journey-to-extremism.undp.org/enter S. 73

91 Französischer Rechnungshof (2024, 1. August): Les actions civiles et militaires de la France dans les pays du G5 Sahel. https://www.ccomptes.fr/fr/publications/les-actions-civiles-et-militaires-de-la-france-dans-les-pays-du-g5-sahel

92 African Center for Strategic Studies (2024, 1. August): Deaths Linked to Militant Islamist Violence in Africa Continue to Spiral. https://africacenter.org/spotlight/mig2024-deaths-militant-islamist-violence-africa-rise/

93 UNDP (2024, 1. August): Sahel Human Development Report 2023. https://www.undp.org/africa/waca/publications/sahel-human-development-report-2023 S. 27

94 Global Terrorism Index (2024, 1. August): How illicit economies fund terrorism. https://www.visionofhumanity.org/how-illicit-economies-fund-terrorism/

95 Süddeutsche Zeitung (2024, 1. August): Kampf um die Wüste. https://www.sueddeutsche.de/politik/sahel-macron-bundeswehr-terrorismus-1.5209445

96 ISS (2024, 1. August): Is Nigers counter terrorism approach an exception?

https://issafrica.org/iss-today/is-nigers-counter-terrorism-approach-an-exception-in-the-sahel

97 Acled (2024, 1. August): Data Explorer. https://acleddata.com/explorer/

98 Friedrich-Ebert-Stiftung (2024, 1. August): Mali Mètre 2022. https://library.fes.de/pdf-files/bueros/mali/10100/2022–13.pdf

99 Orano (2024, 1. August): Annual Results 2022. https://www.orano.group/en/news/news-group/2023/february/annual-results-2022

100 Greenpeace (2024, 1. August): Left in the dust. https://media.greenpeace.org/archive/Report--Left-in-the-Dust-27MZIFIXELWO.html

101 Bundesamt für Strahlenschutz (2024, 1. August): Höhenstrahlung beim Fliegen. https://www.bfs.de/DE/themen/ion/umwelt/luft-boden/flug/flug.html#:~:text=μSv%20)%20pro%20Jahr.-,Ein%20Flug%20von%20Frankfurt%20nach%20New%20York%20und%20zurück%20führt,also%20um%20zirka%20fünf%20Prozent.

102 Süddeutsche Zeitung (2024, 1. August): Krebsrate bei Flugpersonal. https://www.sueddeutsche.de/gesundheit/strahlenrisiko-krebsrate-bei-flugpersonal-erhoeht-1.4032289

103 Bundesamt für Strahlenschutz (2024, 1. August): Wismut Uranbergarbeiter-Kohortenstudie. https://www.bfs.de/DE/bfs/wissenschaft-forschung/wirkung-risiken-ion/laufend/wismut.html

104 Eberhaard Baage (2009): Sächsisches Uran und Stalins Kernwaffen, 1. Auflage, Leipzig, Engelsdorfer Verlag, S. 316

105 PNDS (2024, 1. August): Le President de la République. https://pnds-tarayya.net/president-republique/

106 Orano (2024, 1. August): Niger. https://www.orano.group/en/nuclear-expertise/orano-s-sites-around-the-world/uranium-mines/niger/mining-sites

107 Tagesschau (2024, 1. August): »Renaissance der französischen Atomkraft. https://www.tagesschau.de/ausland/europa/frankreich-windparks-101.html

108 Euractiv (2024, 1. August): Niger coup: France's Orano confirms nuclear uranium supplies not at risk. https://www.euractiv.com/section/energy/news/niger-coup-frances-orano-confirms-nuclear-uranium-supplies-not-at-risk/

109 Le Monde (2024, 1. August): Uranium : la filiale d'Orano au Niger en « grande difficulté financière ». https://www.lemonde.fr/afrique/article/2024/07/10/uranium-la-

filiale-d-orano-au-niger-en-grande-difficulte-financiere_6248347_3212.html

110 Le Monde (2024, 1. August): Orano au Niger : la junte au pouvoir prive le groupe d'un de ses plus gros gisements d'uranium. https://www.lemonde.fr/afrique/article/2024/06/21/orano-au-niger-la-junte-au-pouvoir-prive-le-groupe-d-un-de-ses-plus-gros-gisements-d-uranium_6242170_3212.html

111 Jeune Afrique (2024, 1. August): Le russe Rosartom lorgne-t.il les mines d'Orano au Niger? https://www.jeuneafrique.com/1573975/economie-entreprises/le-russe-rosatom-lorgne-t-il-les-mines-dorano-au-niger/

112 Le Monde (2024, 1. August): Uranium : «L'espoir de la mine Imouraren s'envole et avec c'est l'adieu au Niger qui se dessine pour la France nucléaire». https://www.lemonde.fr/economie/article/2024/06/21/uranium-l-espoir-de-la-mine-imouraren-s-envole-et-avec-c-est-l-adieu-au-niger-qui-se-dessine-pour-la-france-nucleaire_6242011_3234.html

113 Kerner, Ina (2021): Postkoloniale Theorien zur Einführung, 4. Auflage, Hamburg, Junius Verlag, S. 20

114 Kerner, Ina (2021): Postkoloniale Theorien zur Einführung, 4. Auflage, Hamburg, Junius Verlag, S. 158

115 Mbembe, Achille (2020): Postkolonie, 2. Deutsche Auflage, Wien, Thuria und Kant, S. 41

116 Mbembe, Achille (2020): Postkolonie, 2. Deutsche Auflage, Wien, Thuria und Kant, S. 41

117 Mbembe, Achille (2020): Postkolonie, 2. Deutsche Auflage, Wien, Thuria und Kant, S. 40

118 Do Mar Castro Varela, Maria und Dhawan Nikita (2020): Postkoloniale Theorie, 3. Auflage, Bielefeld, transcript Verlag, S. 24

119 Do Mar Castro Varela, Maria und Dhawan Nikita (2020): Postkoloniale Theorie, 3. Auflage, Bielefeld, transcript Verlag, S. 40

120 BMZ (2024, 1. August): Kolonialismus und Aufarbeitung der Vergangenheit. https://www.bmz.de/de/themen/postkolonialismus/historischer-hintergrund-168850

121 Do Mar Castro Varela, Maria und Dhawan Nikita (2020): Postkoloniale Theorie, 3. Auflage, Bielefeld, transcript Verlag, S. 29

122 Do Mar Castro Varela, Maria und Dhawan Nikita (2020): Postkoloniale Theorie, 3. Auflage, Bielefeld, transcript Verlag, S. 39

123 Bundeszentrale für politische Bildung (2024, 1. August): Bismarck und der Kolonialismus. https://www.bpb.de/shop/zeitschriften/apuz/202989/bismarck-und-der-kolonialismus/

124 Deutsches Historisches Museum(2024, 1. August): Die Kolonie Deutsch Ostafrika.
https://www.dhm.de/lemo/kapitel/kaiserreich/aussenpolitik/die-kolonie-deutsch-ostafrika.html

125 Böhm, Andrea: Rebellion auf den Plantagen, DIE ZEIT, Ausgabe 4/2019, S. 81 f.

126 Böhm, Andrea, Rebellion auf den Plantagen, DIE ZEIT, Ausgabe 4/2019, S. 84

127 Bundeszentrale für politische Bildung (2024, 1. August): Vor 100 Jahren – Der Maji Maji Aufstand.
https://www.bpb.de/kurz-knapp/hintergrund-aktuell/209829/vor-115-jahren-der-maji-maji-aufstand/

128 Böhm, Andrea, Rebellion auf den Plantagen, DIE ZEIT, Ausgabe 4/2019, S. 84 f.

129 United Nations (2024, 1. August): Security worsens.
https://www.ohchr.org/en/press-releases/2020/06/589-killed-central-mali-so-far-2020-security-worsens-bachelet

130 Human Rights Watch (2024, 1. August): How much more blood to spill?
https://www.hrw.org/report/2020/02/10/how-much-more-blood-must-be-spilled/atrocities-against-civilians-central-mali#:~:text=March%202019%20attack%3A%20Ogossagou&text=-Human%20Rights%20Watch%20interviewed%2026,of%20the%20village%20was%20burned.

131 Unicef (2024, 1. August): A shettered life, slowly on the mend in Mali.
https://www.unicef.org/stories/shattered-life-slowly-mend-mali

132 International Criminal Court (2024, 1. August): Statement of the ICC Prosecutor, Fatou Bensouda, on reported upsurge of violence and mass killings in Mopti region, central Mali.
https://www.icc-cpi.int/news/statement-icc-prosecutor-fatou-bensouda-reported-upsurge-violence-and-mass-killings-mopti

133 United Nations (2024, 1. August): Central Mali: Top UN genocide prevention official sounds alarm over recent ethnically-targeted killings.
https://news.un.org/en/story/2019/03/1035661

134 Sipri (2024, 1. August): Central Mali: Violence, local perspectives and diverging narratives.
https://www.sipri.org/sites/default/files/2018-02/sipriinsight_1713_mali_3_eng.pdf

135 FIDH/AMDH (2024, 1. August): In Central Mali, Civilian Populations Are Caught Between Terrorism and Counterterrorism.
https://www.fidh.org/IMG/pdf/fidh_centre-of-mali_population-sized-between-terrorism-and-counter-terrorism_727_en_november2018.pdf

136 Reuters (2024, 1. August): Mali plans to increase the size of its army to rein in jihadists.

https://www.reuters.com/article/world/mali-plans-to-increase-the-size-of-its-army-to-rein-in-jihadists-idUSKBN1ZS2ZG/

137 Jeune Afrique (2024, 1. August): Amadou Koufa – le visage peul d'al Qaida. https://www.jeuneafrique.com/mag/665565/politique/mali-amadou-koufa-le-visage-peul-dal-qaida/

138 Deutsche Welle (2024, 1. August): Mali PM resigns after Massacre https://www.dw.com/en/mali-prime-minister-resigns-after-ogossagou-massacre/a-48395948

139 Konrad Adenauer Stiftung (2024, 1. August): Massive Proteste gegen Staatspräsident. https://www.kas.de/de/kurzum/detail/-/content/mali-massive-proteste-gegen-staatsprasident-ibrahim-boubacar-keita

140 Acled: (2024, 1. August): Actor Profile: Dan Na Ambassagou. https://acleddata.com/2022/05/09/actor-profile-dan-na-ambassagou/

141 CSIS (2024, 1. August): Massacres, Executions, and Falsified Graves. https://www.csis.org/analysis/massacres-executions-and-falsified-graves-wagner-groups-mounting-humanitarian-cost-mali

142 United Nations (2024, 1. August): Malian troops, foreign military personal killed over 500 people. https://www.ohchr.org/en/press-releases/2023/05/malian-troops-foreign-military-personnel-killed-over-500-people-during

143 Reuters (2024, 1. August): Mali rejects UN report on alleged execution of 500 villagers by troops. https://www.reuters.com/world/africa/mali-rejects-un-report-alleged-execution-500-villagers-by-troops-2023-05-14/

144 Bundeswehr (2024, 1. August): Darum zieht die Bundeswehr aus Mali ab. https://www.bundeswehr.de/de/aktuelles/meldungen/darum-zieht-die-bundeswehr-aus-mali-ab

145 ACLED (2024, 1. August): Data Explorer. https://acleddata.com/explorer/

146 France Info (2024, 1. August): Mali : »Nous tirons un bilan sur le plan militaire qui est globalement positif« de l'opération Barkhane, assure l'État-major des armées. https://www.francetvinfo.fr/monde/afrique/mali/mali-nous-tirons-un-bilan-sur-le-plan-militaire-qui-est-globalement-positif-de-l-operation-barkhane-assure-l-etat-major-des-armees_4967250.html

147 Polizei Berlin (2024, 1. August): Dienststellen. https://www.berlin.de/polizei/dienststellen/artikel.1073551.php

148 Friedrich-Ebert-Stiftung (2024, 1. August): Mali-Metre 2023. https://library.fes.de/pdf-files/bueros/mali/10100/2023.pdf

149 Tagesschau (2024, 1. August): Mali-Einsatz kostet Deutschland 4,3 Milliarden Euro. https://www.tagesschau.de/inland/innenpolitik/mali-einsatz-kosten-100.html
150 IRSEM (2024, 1. August): The European Training Mission. https://www.irsem.fr/data/files/irsem/documents/document/file/3233/RP_IRSEM_89.pdf
151 Bundeswehr (2024, 1. August): Darum zieht die Bundeswehr aus Mali ab. https://www.bundeswehr.de/de/aktuelles/meldungen/darum-zieht-die-bundeswehr-aus-mali-ab/gruende-abzug
152 Bundeswehr (2024, 1. August): Darum zieht die Bundeswehr aus Mali ab. https://www.bundeswehr.de/de/aktuelles/meldungen/darum-zieht-die-bundeswehr-aus-mali-ab/bundeswehr-mali-chronik
153 Der Spiegel (2024, 1. August): Zweifel an Bundeswehrmission in Mali wachsen. https://www.spiegel.de/politik/deutschland/zweifel-an-bundeswehr-mission-in-mali-wachsen-a-f16fdca0-abc3-4d17-b75b-4601b1498dbf
154 Friedrich-Ebert-Stiftung (2024, 1. August): Mali Mètre 2024. https://mali.fes.de/e/mali-metre-2024
155 SWP (2024, 1. August): Mali: Friedensprozess ohne Stabilisierung. https://www.swp-berlin.org/publications/products/aktuell/2016A75_tll.pdf
156 Acled (2024, 1. August): Data Explorer. https://acleddata.com/explorer/
157 Human Rights Watch (2024, 1. August): Mali: Army, Wagner Group Atrocities against Civilians. https://www.hrw.org/news/2024/03/28/mali-army-wagner-group-atrocities-against-civilians
158 BMVG (2024, 1. August): Bundesregierung richtet Sahel-Politik neu aus. https://www.bmvg.de/de/presse/bundesregierung-richtet-sahel-politik-neu-aus-5618936
159 BMZ (2024, 1. August): Mali. https://www.bmz.de/de/laender/mali
160 Konrad Adenauer Stiftung (2024, 1. August): Frankreich zieht aus Burkina Faso ab. https://www.kas.de/de/laenderberichte/detail/-/content/frankreich-zieht-auch-aus-burkina-faso-ab-das-neue-mali-2-0#:~:text=Nach%20Mali%20muss%20Frankreich%20seine,Soldaten%20nach%20Hause%20zu%20schicken.
161 Reuters (2024, 1. August): Macron says French bases in Africa to be co-run with host nations. https://www.reuters.com/world/africa/macron-flies-africa-counter-waning-french-influence-2023-02-27/

162 Deutsche Welle (2024, 1. August): Frankreich gibt Kunst an Benin. https://www.deutschlandfunk.de/restitutionsgesetz-frankreich-gibt-kunst-an-benin-und-100.html

163 New York Times (2024, 1. August): Many African Nations Want France Out. This Country Wants It In. https://www.nytimes.com/2024/06/24/world/africa/rwanda-france-kagame.html

164 Vie publique (2024, 1. August): France, Rwanda and the Tutsi – Genocide (1990–1994) – Report submitted to the President of the Republic on 26 March, 2021. https://www.vie-publique.fr/rapport/284672-france-rwanda-et-le-genocide-des-tutsi-1990-1994-english-version

165 Tagesanzeiger (2024, 1. August): Paris steht zu seiner finsteren Rolle. https://www.tagesanzeiger.ch/30-jahre-genozid-in-ruanda-paris-steht-zu-seiner-finsteren-rolle-spaet-und-historisch-530240122661

166 Der Spiegel (2024, 1. August): Emmanuel Macron bittet Ruanda um Verzeihung. https://www.spiegel.de/ausland/emmanuel-macron-bittet-ruanda-um-verzeihung-fuer-die-rolle-frankreichs-beim-genozid-a-eca80ffc-2a08-4e65-8b57-608a7d408ef8

167 Powell, Nathanial K. (2021): France's Wars in Chad – Military Intervention and Decolonization in Africa, 1. Auflage, Cambridge, Cambridge University Press, S. 1

168 Reuters (2024, 1. August): In tribute to friend Deby, Macron says France will not tolerate threats to Chad. https://www.reuters.com/world/africa/french-president-macron-says-he-will-not-let-anybody-threaten-chad-2021-04-23/

169 Le Monde (2024, 1. August): L'armée française restera au Tchad, affirme Jean-Marie Bockel, envoyé spécial d'Emmanuel Macron en Afrique. https://www.lemonde.fr/afrique/article/2024/03/07/l-armee-francaise-restera-au-tchad-affirme-jean-marie-bockel-envoye-special-d-emmanuel-macron-en-afrique_6220751_3212.html

170 Reuters (2024, 1. August): Casualties reported in Chad from gunfire celebrating junta leader's victory. https://www.reuters.com/world/africa/casualties-reported-chad-gunfire-celebrating-junta-leaders-victory-2024-05-10/

171 Tagesschau (2024, 1. August): Deutscher Botschafter ausgewiesen. https://www.tagesschau.de/ausland/afrika/tschad-deutscher-botschafter-ausgewiesen-101.html

172 EU (2024, 1. August): Statement by the High Representative on behalf of the EU on the situation in Niger.

https://www.consilium.europa.eu/en/press/press-releases/2023/07/28/niger-statement-by-the-high-representative-on-behalf-of-the-eu/

173 EU (2024, 1. August): Niger : Déclaration du Haut représentant Josep Borrell sur les derniers développements concernant EUCAP Sahel et EUMPM.
https://www.eeas.europa.eu/eeas/niger-déclaration-du-haut-représentant-josep-borrell-sur-les-derniers-développements-concernant_en

174 Jeune Afrique (2024, 1. August): Les bons plans de l'Italie seront-ils également ceux de l'Afrique? https://www.jeuneafrique.com/1543737/politique/les-bons-plans-de-litalie-seront-ils-egalement-ceux-de-lafrique/

175 Jeune Afrique (2024, 1. August): Les bons plans de l'Italie seront-ils également ceux de l'Afrique? https://www.jeuneafrique.com/1543737/politique/les-bons-plans-de-litalie-seront-ils-egalement-ceux-de-lafrique/

176 Italienische Regierung (2024, 1. August): A bridge for common growth.
https://www.governo.it/sites/governo.it/files/Tabella_partecipanti.pdf

177 Iari (2024, 1. August): The Misin Mission in Niger.
https://iari.site/2024/05/28/the-misin-mission-in-niger-an-opportunity-for-italy/

178 US-Kongress (2024, 1. August): Consolidated Appropriations Act, 2023.
https://www.congress.gov/bill/117th-congress/house-bill/2617?q=%7B%22search%22%3A%5B%22%5C%22military+coup%5C%22%22%5D%7D&s=9&r=45

179 Munich Security Conference (2024, 1. August): Lose Lose.
https://securityconference.org/assets/01_Bilder_Inhalte/03_Medien/02_Publikationen/2024/MSR_2024/MunichSecurityReport2024_Lose-lose.pdf

180 New York Times (2024, 1. August): After Niger Coup, U.S. Scrambles to Keep a Vital Air Base.
https://www.nytimes.com/2024/01/06/world/africa/niger-us-air-base.html

181 Wallstreet Journal (2024, 1. August): After Niger Coup, U.S. Scrambles to Keep: Niger Termination of U.S. Military Ties Followed Accusation of Iran Uranium Deal.
https://www.wsj.com/world/africa/niger-once-key-u-s-counterterrorism-ally-ends-military-ties-7db66dbe

182 Washington Post (2024, 1. August): U.S. threats led to rupture of vital military ties, Nigerien leader says.
https://www.washingtonpost.com/world/2024/05/14/us-threats-led-rupture-vital-military-ties-nigerien-official-says/

183 Foreign Policy: https://foreignpolicy.com/2024/04/02/us-niger-sahel-military-deal-russia-china/

184 Washington Post (2024, 1. August): U.S. threats led to rupture of vital military ties, Nigerien leader says. https://www.washingtonpost.com/world/2024/05/14/us-threats-led-rupture-vital-military-ties-nigerien-official-says/
185 Foreign Policy (2024, 1. August): How the United States Lost Niger. https://foreignpolicy.com/2024/04/02/us-niger-sahel-military-deal-russia-china/
186 New York Times (2024, 1. August): Year After Failed Mutiny, Russia Tightens Grip on Wagner Units in Africa. https://www.nytimes.com/2024/06/25/world/africa/russia-wagner-africa-corps.html
187 Friedrich-Ebert-Stiftung (2024, 1. August): https://library.fes.de/pdf-files/bueros/mali/10100/2024.pdf
188 Afrobarometer (2024, 1. August): Africans influence Chinas influence. https://www.afrobarometer.org/wp-content/uploads/2022/02/ad489-pap3-africans_welcome_chinas_influence_maintain_democratic_aspirations-afrobarometer_dispatch-15nov21.pdf
189 Reuters (2024, 1. August): Chinese loans to Africa plummet to near two-decade low – study. https://www.reuters.com/world/africa/chinese-loans-africa-plummet-near-two-decade-low-study-2023-09-19/#:~:text=Boston%20University%27s%20Chinese%20Loans%20to,billion%20were%20signed%20in%202021.
190 Frankfurter Rundschau (2024, 1. August): Nach dem Putsch: Profitiert China von der Krise in Niger? https://www.fr.de/politik/china-niger-afrika-putsch-putschisten-coup-militaer-tbl-zr-92457358.html
191 Tagesschau (2024, 1. August): Der größte E-Autobauer der Welt ist chinesisch. https://www.tagesschau.de/wirtschaft/byd-tesla-elektro-autos-marktfuehrer-100.html
192 Open Democracy (2024, 1. August): How the lithium rush in West Africa is harming rural communities. https://www.opendemocracy.net/en/how-the-lithium-rush-in-west-africa-is-harming-rural-communities/
193 IISS (2024, 1. August): From Client to Competitor: The Rise of Turkiye's Defence Industry. https://www.iiss.org/de-DE/research-paper/2024/05/from-client-to-competitor-the-rise-of-turkiyes-defence-industry/
194 Africa Report (2024, 1. August): Turkey's arms industry takes off in Africa. https://www.theafricareport.com/325048/turkeys-arms-industry-takes-off-in-africa/

195 Le Monde (2024, 1. August): Sadat, le «Wagner turc» dont l’ombre plane sur le Sahel. https://www.lemonde.fr/afrique/article/2024/06/07/sadat-le-wagner-turc-dont-l-ombre-plane-sur-le-sahel_6237821_3212.html
196 The Guardian (2024, 1. August): The struggle for Mali. https://www.theguardian.com/world/2015/nov/25/the-struggle-for-mali
197 Jeune Afrique (2024, 1. August): Niger: rencontre avec Abdourahamane Oumarou, le »Che« de Niamey. https://www.jeuneafrique.com/1211919/politique/niger-rencontre-avec-abdourahamane-oumarou-le-che-de-niamey/
198 The Africa Report (2024, 1. August): Burkina Faso’s Ibrahim Traoré: Saviour or dictator? https://www.theafricareport.com/343690/burkina-fasos-ibrahim-traore-saviour-or-dictator/
199 Universität Mainz (2024, 1. August): Burkina Faso. https://download.uni-mainz.de/fb07-ifeas/50_Jahre_Blog/36291.html#:~:text=Erst%201984%20wurde%20das%20Land,politisch%20und%20gesellschaftlich%20radikal%20erneuern.
200 Internationale Politik (2024, 1. August): Rätselhafter Regent. https://internationalepolitik.de/de/raetselhafter-regent
201 Ecowas (2024, 1. August): About. https://www.ecowas.int/about-ecowas/
202 Africa Center for Strategic Studies (2024, 1. August): Term Limit Evasions and Coups in Africa. https://africacenter.org/spotlight/term-limit-evasions-coups-africa-same-coin/
203 Bundestag (2024, 1. August): Das Phänomen des »Third-Termism« in Afrika. https://www.bundestag.de/resource/blob/897378/1c20e9107b-207be83ef2971c0dc12ce8/WD-2-104-20-pdf-data.pdf
204 Africa Center for Strategic Studies (2024, 1. August): Term Limit Evasions and Coups in Africa. https://africacenter.org/spotlight/term-limit-evasions-coups-africa-same-coin/
205 France 24 (2024, 1. August): France supports ECOWAS intervention in Niger, foreign minister says. https://www.france24.com/en/france/20230805-france-supports-ecowas-intervention-in-niger-foreign-minister-says
206 Al Jazeera (2024, 1. August): https://www.aljazeera.com/features/2024/2/23/burkina-faso-mali-and-niger-debate-exiting-cfa-zone
207 Konrad Adenauer Stiftung (2024, 1. August): https://www.kas.de/de/laenderberichte/detail/-/content/das-geschaeft-mit-armutsmigration-in-niger

208 EU (2024, 1. August): Debate on ditching CFA begins as Burkina Faso, Mali, Niger forge new path. https://www.consilium.europa.eu/en/infographics/yearly-irregular-arrivals-and-fatalities/

209 SWP (2024, 1. August): Flüchtlingspolitik: Frankreichs Abkehr von Deutschland. https://www.swp-berlin.org/publikation/fluechtlingspolitik-frankreichs-abkehr-von-deutschland

210 Sueddeutsche Zeitung (2024, 1. August): Ab jetzt ohne den Dickkopf. https://www.sueddeutsche.de/politik/front-national-neuanfang-ohne-uebervater-1.2429451

211 Tagesschau (2024, 1. August): Ein bitteres Urteil für die AfD. https://www.tagesschau.de/inland/innenpolitik/afd-urteil-muenster-ovg-analyse-100.html

212 Deutschlandfunk (2024, 1. August): Milliarden statt Migranten. https://www.deutschlandfunk.de/eu-tuerkei-abkommen-milliarden-statt-migranten-100.html#:~:text=Am%2018.,östliche%20Mittelmeer-route%20nach%20Europa%20flüchten.

213 Refworld (2024, 1. August): Niger: Loi No. 2015–36 du 26 mai 2015 relative au Trafic Illicite de Migrants. https://www.refworld.org/legal/legislation/natlegbod/2015/fr/123771

214 Sahel Alliance / Misereor (2024, 1. August): Niger – The Gate to the Sahel. https://www.misereor.org/fileadmin/user_upload_misereororg/publication/en/human_rights/country-brief-migration-partnership-niger.pdf S2 f.

215 IOM (2024, 1. August): Info Sheet September 2022. https://niger.iom.int/sites/g/files/tmzbdl1221/files/documents/Infosheet%20-%20MRRM%20Programme%20-%20September%202022%20-EN.pdf S. 7

216 Italien Defense Technologies (2024, 1. August): Niger: Misin, air Sahel Task Group established. https://www.italiandefencetechnologies.com/niger-misin-air-sahel-task-group-established/

217 New York Times (2024, 1. August): Remote African Hub Reopens for Migrants Headed Toward Europe. https://www.nytimes.com/2024/01/23/world/africa/agadez-niger-migration.html

218 Der Spiegel (2024, 1. August): Abgefangen, verschleppt, ausgesetzt. https://www.spiegel.de/ausland/migranten-in-nordafrika-abgefangen-und-ausgesetzt-eu-finanziert-die-verantwortlichen-a-91fc2c46-9253-4324-8748-a04e06c94244

219 Bundeszentrale für politische Bildung (2024, 1. August): Non-Refoulement.
https://www.bpb.de/kurz-knapp/lexika/glossar-migration-integration/270616/non-refoulement/
220 CIA Factbook (2024, 1. August): Chad.
https://www.cia.gov/the-world-factbook/countries/chad/#people-and-society
221 WFP (2024, 1. August): Chad. https://www.wfp.org/countries/chad
222 UNHCR (2024, 1. August): Africa.
https://www.unhcr.org/about-unhcr/where-we-work/africa
223 Border Forencics (2024, 1. August): Mission accomplished? The deadly effects of Border Control in Niger.
https://www.borderforensics.org/investigations/niger-investigation/
224 Reuters / IOM (2024, 1. August): Desert as deadly as sea for surge of Europe-bound migrants.
https://www.reuters.com/article/us-europe-migrants-niger-idUSKBN0O01TN20150515/
225 Süddeutsche Zeitung (2024, 1. August): Der Stoff, aus dem Europas Albträume sind.
https://www.sueddeutsche.de/politik/niger-putsch-migration-europa-russland-1.6310457
226 New York Times (2024, 1. August): Remote African Hub Reopens for Migrants Headed Toward Europe.
https://www.nytimes.com/2024/01/23/world/africa/agadez-niger-migration.html
227 Konrad Adenauer Stiftung (2024, 1. August): Das Geschäft mit der Armutsmigration in Niger.
https://www.kas.de/de/laenderberichte/detail/-/content/das-geschaeft-mit-armutsmigration-in-niger
228 Relief Weg (2024, 1. August): How has Mauritania managed to stave off terror attacks?
https://reliefweb.int/report/mauritania/how-has-mauritania-managed-stave-terror-attacks
229 United Nations (2024, 1. August): Death Penalty: UN Experts urge Mauritania to repeal anti-blasphemy law.
https://www.ohchr.org/en/press-releases/2018/06/death-penalty-un-experts-urge-mauritania-repeal-anti-blasphemy-law
230 Timbuktu Institute for Peace (2024, 1. August): Positions in the Sahel: Between Western Powers and the Gulf Kingdoms. http://timbuktu-institute.org/index.php/toutes-l-actualites/item/214-positions-in-the-sahel-between-western-powers-and-the-gulf-kingdoms

231 Africa Center for Strategic Studies (2024, 1. August): The Puzzle of JNIM and Militant Islamist Groups in the Sahel. https://africacenter.org/wp-content/uploads/2020/11/ASB-38-EN.pdf
232 Constitute Projekt (2024, 1. August): Verfassung Malis 1902. https://www.constituteproject.org/constitution/Mali_1992
233 Africa Center for Strategic Studies (2024, 1. August): Mauritania: Terrorists Prison Attack and Jailbreak. https://caert.org.dz/incident-reports/Mauritania%20Terrorists%20Prison%20Attack%20and%20Jailbreak.pdf
234 Congressional Research Service (2024, 1. August): Mauritania. https://crsreports.congress.gov/product/pdf/IF/IF11444
235 BMZ (2024, 1. August): Bindeglied zwischen Nord- und Subsahara-Afrika. https://www.bmz.de/de/laender/mauretanien#:~:text=80%20Prozent%20des%20Landes%20sind,Landes%2C%20der%20ganzjährig%20Wasser%20führt.
236 Primature Mauretanie (2024, 1. August): Conseil des ministres: Adoption d’un projet de loi portant protection des symboles nationaux et incrimination des atteintes à l’autorité de L’État et à l’honneur du citoyen. https://www.primature.gov.mr/fr/node/318
237 ZDF (2024, 1. August): Schulze besucht Mauretanien. https://www.zdf.de/nachrichten/heute-19-uhr/schulze-mauretanien-sahel-zone-besuch-video-100.html
238 BMZ (2024, 1. August): Sahel Allianz. https://www.bmz.de/de/laender/sahel-allianz
239 Reportagen (2017): Sudan 1998, Ausgabe 35, Juli 2017, Seite 95
240 Fisheries Transparency Initiative (2024, 1. August): FITI Report 2022.
241 Fisheries Transparency Initiative (2024, 1. August): FITI Report 2022.
242 Greenpeace (2024, 1. August): Feeding a Monster. https://www.greenpeace.org/static/planet4-africa-stateless/2021/05/47227297-feeding-a-monster-en-final-small.pdf
243 Destatis (2024, 1. August): Basistabelle. https://www.destatis.de/DE/Themen/Laender-Regionen/Internationales/Thema/Tabellen/Basistabelle_Geburtenziffer.html
244 Deutsche Welle (2024, 1. August): Staatsstreich in Nouakchott. https://www.dw.com/de/militär-putsch-in-mauretanien/a-3542215
245 Transparency International (2024, 1. August): Corruption Perception Index. https://www.transparency.org/en/cpi/2023
246 FAO (2024, 1. August): Fishery Committee For The Eastern Central Atlantic – Summary Report. https://openknowledge.fao.org/server/api/core/bitstreams/1ba65126-902e-4469-a587-70fa76a3f16d/content
247 EU (2024, 1. August): Fischereiabkommen zwischen der EU und Mauretanien und das dazugehörige Protokoll.

https://www.europarl.europa.eu/RegData/etudes/ATAG/2022/729458/EPRS_ATA(2022)729458_DE.pdf

248 Brayham et al. Fisheries Reseayrch (2024, 1. August): Overexploitation of round sardinella may lead to the collapse of flat sardinella: What lessons can be drawn for shared stocks. https://www.sciencedirect.com/science/article/pii/S0165783623002667?dgcid=author#ab0010

249 Global Roundtable on Martitime Ingredients (2024, 1. August): Track the Fish. https://img1.wsimg.com/blobby/go/20e99f05-a548-4933-91bd-89ca35e3187d/downloads/Partner%20Africa%20report_HRIA%20of%20the%20small%20pelagi.pdf?ver=1696496840541

250 BMZ (2024, 1. August): Benin. https://www.bmz.de/de/laender/benin

251 BMZ (2024, 1. August): Sahel-Plus-Initiative. https://www.bmz.de/de/themen/sahel-plus-initiative

252 ISS (2024, 1. August): Benin must target the illicit activities that enable violent extremism. https://issafrica.org/iss-today/benin-must-target-the-illicit-activities-that-enable-violent-extremism

253 APA (2024, 1. August): Benin deploys 3,000 troops in the north to fight terrorism. https://apanews.net/benin-deploys-3000-troops-in-the-north-to-fight-terrorism/

254 Africa News (2024, 1. August): Residents in western Benin feel safe despite fears of spillover of terrorists from the Sahel. https://www.africanews.com/2023/11/08/residents-in-western-benin-feel-safe-despite-fears-of-spillover-of-terrorists-from-the-sah/

255 BMZ (2024, 1. August): Benin. https://www.bmz.de/de/laender/benin

256 Botschaft Benin (2024, 1. August): Entwicklungspolitische Zusammenarbeit. https://cotonou.diplo.de/bj-de/willkommen-in-berlin/weitere-themen/-/2065598

257 VAD (2024, 1. August): Neue Sahel-Politik: Forderungen an die Bundesregierung und den Deutschen Bundestag. https://vad-ev.de/wp-content/uploads/2023/05/VAD-Ausschuss-Kernforderungen-zur-deutschen-Sahelpolitik-August-2021.pdf S. 3

258 VAD (2024, 1. August): Neue Sahel-Politik: Forderungen an die Bundesregierung und den Deutschen Bundestag. https://vad-ev.de/wp-content/uploads/2023/05/VAD-Ausschuss-Kernforderungen-zur-deutschen-Sahelpolitik-August-2021.pdf S. 5

259 Ottacher Friedbert und Vogel Thomas (2016): Entwicklungszusammenarbeit im Umbruch, 2. Auflage, Frankfurt a. M., S. 32

260 Fanny Pigeaud und Ndongo Samba Sylla (2024): De La Démocratie En Françafrique, 1. Auflage, Paris, La Découverte, S. 218

261 Thomas Borrel et al. (2021): Une Histoire De La Françafrique, 1. Auflage, Paris, Les Editions Points, S. 992 f.

262 Lemo (2024, 1. August): Marshall-Plan und Währungsreform. https://www.hdg.de/lemo/kapitel/nachkriegsjahre/doppelte-staatsgruendung/marshall-plan-und-waehrungsreform.html#

263 Ottacher Friedbert und Vogel Thomas (2016): Entwicklungszusammenarbeit im Umbruch, 2. Auflage, Frankfurt a .M., S. 20 ff.

264 Ottacher Friedbert und Vogel Thomas (2016): Entwicklungszusammenarbeit im Umbruch, 2. Auflage, Frankfurt a. M., S. 24 ff.

265 Ottacher Friedbert und Vogel Thomas (2016): Entwicklungszusammenarbeit im Umbruch, 2. Auflage, Frankfurt a. M., S. 26

266 Ottacher Friedbert und Vogel Thomas (2016): Entwicklungszusammenarbeit im Umbruch, 2. Auflage, Frankfurt a. M., S. 27

267 Ottacher Friedbert und Vogel Thomas (2016): Entwicklungszusammenarbeit im Umbruch, 2. Auflage, Frankfurt a. M., S. 30

268 World Bank (2024, 1. August): GDP – Benin. https://data.worldbank.org/indicator/NY.GDP.MKTP.CD?-locations=BJ

269 Statistisches Landesamt Saarland (2024, 1. August): Zensus 2022. https://www.saarland.de/stat/DE/aktuelles/medieninformationen/Pressemitteilungen/PM_2024/pm_2024-06-25-Ergebnisse-Zensus_032

270 Ottacher Friedbert und Vogel Thomas (2016): Entwicklungszusammenarbeit im Umbruch, 2. Auflage, Frankfurt a. M., S. 126

271 Ottacher Friedbert und Vogel Thomas (2016): Entwicklungszusammenarbeit im Umbruch, 2. Auflage, Frankfurt a. M., S. 126

272 DIW (2024, 1. August): Angleichung der Lebensverhältnisse in Ost und West. https://www.diw.de/de/diw_01.c.696580.de/angleichung_der_lebensverhaeltnisse_in_ost_und_west__gemischte_bilanz_30_jahre_nach_dem_mauerfall.html

273 WFP (2024, 1. August): Year in review: World Food Programme stories you may have missed in 2023. https://www.wfp.org/stories/year-review-world-food-programme-stories-you-may-have-missed-2023#:~:text=For%20the%20World%20Food%20Programme,humanitarian%20financial%20requirement%20remains%20unmet.

274 Le Monde (2024, 1. August): L'armée française cherche à finaliser sa réorganisation en Afrique. https://www.lemonde.fr/international/article/2024/06/20/l-armee-francaise-cherche-a-finaliser-sa-reorganisation-en-afrique_6241753_3210.html

275 Der Spiegel (2024, 1. August): Bundeswehr zieht aus Niger ab. https://www.spiegel.de/politik/niger-bundeswehr-zieht-vom-luftdreh-kreuz-in-westafrika-ab-a-8b7a41d1-1594-463f-addc-2d85427db734
276 Bloomberg (2024, 1. August): Cote d'Ivoire, Known for Ist Cocoa, Is Facing an Unvertain Future. https://www.bloomberg.com/opinion/articles/2024-07-14/cote-d-ivoire-known-for-its-cocoa-is-facing-a-democratic-crisis
277 BBC (2024, 1. August): Niger deposed President Mohamed Bazoum's son freed by coup leaders. https://www.bbc.com/news/world-africa-67920502
278 Africa News (2024, 1. August): Western officials: Niger junta warned they'd kill deposed president after any military intervention. https://www.africanews.com/2023/08/11/western-officials-niger-junta-warned-theyd-kill-deposed-president-after-any-military-inter/
279 Amnesty International (2024, 1. August): Burkina Faso 2023. https://www.amnesty.org/en/location/africa/west-and-central-africa/burkina-faso/report-burkina-faso/
280 Africa Defense Forum (2024, 1. August): Controversial Burkinabé Law Sends Junta Critics to Frontlines of War. https://adf-magazine.com/2023/12/controversial-burkinabe-law-sends-junta-critics-to-frontlines-of-war/
281 Weltbank (2024, 1. August): Niger. https://www.worldbank.org/en/country/niger/overview#1
282 Weltbank (2024, 1. August): Burkina Faso. https://www.worldbank.org/en/country/burkinafaso/overview
283 Weltbank (2024, 1. August): Mali. https://www.worldbank.org/en/country/mali/overview
284 Weltbank (2024, 1. August): Niger. https://www.worldbank.org/en/country/niger/overview
285 Acled (2024, 1. August): Data Explorer. https://acleddata.com/explorer/
286 Jeune Afrique (2024, 1. August): Achille Mbembe : « La critique de la Françafrique est devenue le masque d'une indigence intellectuelle ». https://www.jeuneafrique.com/1471632/politique/achille-mbembe-la-critique-de-la-francafrique-est-le-masque-dune-indigence-intellectuelle/
287 Friedrich-Ebert-Stiftung (2024, 1. August): Mali-Mètre 2024. https://mali.fes.de/e/mali-metre-2024.html
288 Friedrich-Ebert-Stiftung (2024, 1. August): Mali-Mètre 2024. https://mali.fes.de/e/mali-metre-2024.html
289 Acled (2024, 1. August): Conflict Watch List 2024. https://acleddata.com/conflict-watchlist-2024/sahel/

290 Friedrich-Ebert-Stiftiung (2024, 1. August): Mali-Mètre 2024. https://mali.fes.de/e/mali-metre-2024.html

291 Dipo Faloyin: Afrika ist kein Land (2023): Suhrkamp, 3. Auflage, Berlin

292 Olaf Bernau (2024, 1. August): Sicherheitslage im Sahel: Zahlen und (westliche) Diskurse. https://olafbernau.de/2024/07/26/09-05-2024-sicherheitslange-im-sahel-zahlen-und-westliche-diskurse/#more-1431

293 Human Rights Watch (2024, 1. August): Senegal: Pre-Election Crackdown. https://www.hrw.org/news/2024/01/22/senegal-pre-election-crackdown

294 Le Monde (2024, 1. August): Sénégal : le premier ministre, Ousmane Sonko, s'en prend à la France et à la présidence Macron https://www.lemonde.fr/afrique/article/2024/05/17/senegal-le-premier-ministre-ousmane-sonko-s-en-prend-a-la-france-et-a-la-presidence-macron_6233737_3212.html

295 Heinrich-Böll-Stiftung (2024, 1. August): Jungsein im Senegal – Trotz Mehrheit keine Stimme. https://www.boell.de/de/2024/03/22/jungsein-im-senegal-trotz-mehrheit-keine-stimme

296 Seneweb (2024, 1. August): Loi d'amnistie : Ndongo Diop de l'ex-Pastef libéré, après 18 mois de prison. https://www.seneweb.com/news/Societe/loi-d-amnistie-ndongo-diop-de-l-ex-paste_n_435875.html

297 Le Monde (2024, 1. August): Au Sénégal, l'opposant Ousmane Sonko a été condamné à deux ans de prison ferme pour «corruption de la jeunesse». https://www.lemonde.fr/afrique/article/2023/06/01/au-senegal-l-opposant-ousmane-sonko-a-ete-condamne-a-deux-ans-de-prison-ferme-pour-corruption-de-la-jeunesse_6175715_3212.html

298 Amnesty International (2024, 1. August): Senegal: Amnesty International calls for independent enquiry into deadly crackdown on protests. https://www.amnesty.org/en/latest/news/2023/06/senegal-amnesty-international-demande-une-enquete-independante-sur-la-repression-meurtriere-lors-des-manifestations/

299 Human Rights Watch (2024, 1. August): Senegalese Government Dissolves Opposition Party, Cuts Internet. https://www.hrw.org/news/2023/08/01/senegalese-government-dissolves-opposition-party-cuts-internet

300 Africa Condidential (2024, 1. August): Fury as Sall's vote delay unleashes mayhem. https://www.africa-confidential.com/article/id/14834/Fury_as_Sall%27s_vote_delay_unleashes_mayhem

301 Élysée (2024, 1. August): Communiqué conjoint – Entretien avec le Président de la République du Sénégal, Bassirou Diomaye Diakhar Faye. https://www.elysee.fr/emmanuel-macron/2024/06/20/communique-conjoint-entretien-avec-le-president-de-la-republique-du-senegal-bassirou-diomaye-diakhar-faye

302 Le Monde (2024, 1. August): Le président sénégalais juge une réconciliation possible entre les pays du Sahel et la Cedeao. https://www.lemonde.fr/afrique/article/2024/05/31/le-president-senegalais-juge-une-reconciliation-possible-entre-les-pays-du-sahel-et-la-cedeao_6236562_3212.html

Tunesien
Marokko
Algerien
Westsahara
Mauretanien
Mali
Niger
Senegal
Gambia
Guinea-Bissau
Guinea
Burkina Faso
Benin
Nigeria
Sierra Leone
Elfenbeinküste
Ghana
Liberia
Togo
Kamerun
Äquatorialguinea
Gabun
500 km
Sahelzone
Länder, in denen Staats- und Regierungschefs Amtszeitbeschränkungen umgangen haben
(Auch in der Geschichte der jüngsten Putsch-Staaten klammerten sich Präsidenten mitunter an die Macht.)